Barbara Bartos-Höppner
Rettet den großen Khan

Barbara Bartos-Höppner

Rettet den großen Khan

Vom Kampf des
Tatarenfürsten Kutschum
um sein Reich Sibir

Verlag Freies Geistesleben

Für Christoph und Burghard

ISBN 3-7725-1949-0
1. Auflage der Neuausgabe 2000
Verlag Freies Geistesleben
Landhausstraße 82, 70190 Stuttgart
Internet: www.geistesleben.com
Die erste Ausgabe erschien 1961 im K. Thienemanns Verlag, Stuttgart
© 2000 Verlag Freies Geistesleben & Urachhaus GmbH, Stuttgart
Umschlagmotiv: Holzstich nach dem Gemälde
«Eroberung Sibiriens 1582» von W.J. Surikow. Foto: AKG, Berlin
Ausstattung: Thomas Neuerer
Druck: Wiener Verlag, Himberg

Inhalt

Wie Wespenschwärme die Horden wimmeln im Kampfe,
von tropfendem Blute die weißen Klingen sich röten,
Wasserläufe und Sand davon sich purpurn verfärben.

Wo ist der große Feldherr dann wie in früheren Zeiten?
Aufgerieben wurde das Heer, es ist traurig zu sagen.

Li Tai-Pe

Gestalten aus der Finsternis

Pfeifend fegt der Sturm über die Steppe. Er scheint aus der Unendlichkeit zu kommen und sich in die Unendlichkeit zu verlieren. Auf seiner wilden Fahrt nimmt er den Flüssen die Breite, trocknet sie aus, wie alles, was noch Saft und Leben in sich hat. Dürr wird das Gras, das die niedrigen Hügel und weiten Täler überzieht. Dürr wird das Schilf, das sich um die Seen drängt.

Es ist Herbst, wenn der Sturm aus der Wüste Gobi über der Steppe tobt, wenn er die mannshohen Distelbüsche über den Wurzeln abreißt, sie fest zusammenballt, hoch emporhebt und heulend dahinträgt: die Steppenhexen fliegen!

Das Feuer in der einsamen Jurte brennt unruhig. Sobald die Luft zum Rauchloch hereindrückt, ducken sich die Flammen. Dann ist es wieder, als wollten sie mit dem Sog hinauslodern. Dick und beizend lagert der Qualm. Von Zeit zu Zeit fährt aus der Dunkelheit der Jurte eine Hand über das Feuer, um neues Schilf oder trockene Distelzweige darauf zu legen. Im Aufflammen beleuchtet die Glut jedes Mal das Männergesicht: einen grauen, spärlichen Bart um die zusammengepressten Lippen, hervortretende Backenknochen, eine flache Nase, eine niedrige Stirn mit dünnen Brauen und helle, schräge Augen, die starr in das Feuer sehen. Kein Liderzucken vor der Helligkeit der Flammen, kein abwehrendes Blinzeln. Nur hin und wieder ein kurzes, heiseres Husten, wenn der Rauch unerträglich wird.

Draußen um die Tatarenjurte weidet die Schafherde, die jetzt, da es dunkel geworden ist, wiederkäuend zur Ruhe kommt. Wie große, schwarze Schatten tauchen zwei Pferde, einmal näher, einmal weiter entfernt, bei der Jurte auf. Ihre Mäuler zerren am mageren Gras, ihre Schweife fächert der Sturm um die schlanken Schenkel. Sie halten sich eng zusammen. Plötzlich werfen sie fast zugleich die Köpfe hoch. Ihre spitzen Ohren drehen sich rückwärts. In das stete Sausen des Windes stößt eines der Pferde ein schrilles Wiehern. Dann treten beide unruhig auf der Stelle.

In diesem Augenblick bewegt sich das Fell an der Jurte, das den Eingang verschließt. Der Mann kommt heraus und horcht in die Finsternis. Die Pferde traben heran, als hätte er ihnen ein Zeichen gegeben. Das größere reibt den Kopf an seiner Schulter.

«Ja, Goldbraune, ich habe das Stampfen auch gespürt», sagt er, «die Erde hat es mir zugetragen. Es kann nur ein kleiner Trupp sein. Vielleicht findet er uns nicht. Viele sind schon an uns vorbeigezogen. Wenn nur die Kleine, die Dumme, still geblieben wäre.»

Wieder reibt das Pferd an der Schulter.

«Du kannst nichts dafür, ich weiß. Sie lernt es nicht, die Dumme. Aber was macht es! Ich habe ein gutes Messer, ein scharfes Messer. Du weißt ja, von wem es ist. Ich habe es dir oft erzählt, nicht wahr, Goldbraune?» Der Mann streicht über den Pferdehals und kichert vor sich hin. «Du hast es doch nicht etwa vergessen, Goldbraune?»

Die nasse Pferdenase stößt in sein Gesicht.

Der Mann zuckt zusammen. Er reckt sich hoch, sein Körper strafft sich.

«Gut, dass du mich geweckt hast, gut.» Er hebt den Kopf in den Wind wie die Pferde. «Sie kommen näher», murmelt er. Seine Hände suchen den Messerschaft. Dann schüttelt er den Kopf und geht in die Jurte zurück.

Jetzt ist aus der Ferne dumpfer Hufschlag zu hören. Die beiden Pferde rühren sich nicht von der Jurte weg. Auch die lagernden Schafe heben eines nach dem anderen die Köpfe. Als das Stampfen der Herankommenden lauter wird und Rufe durch die Dunkelheit zu hören sind, steht die Herde wieder vollzählig auf den Beinen. Der Mann hat den Jurteneingang offen gelassen und sich mit dem Rücken vor das Feuer gesetzt. Er lauscht – und er versteht sich darauf.

Die Reiter kommen von Mittag, von Süden her. Es müssen vier – nein, fünf Pferde müssen es sein. Sie reiten einen langsamen, gleichmäßigen Trab. Nein, nicht gleichmäßig. Eines der Pferde kann ihn nicht mithalten: es lahmt. Jetzt halten sie an. Stimmen. Sie reiten wieder. Kein Zweifel: sie kommen genau auf die Jurte zu. Die Augen des Mannes spähen in die Finsternis.

Da sind sie!

Er steht auf und wartet am Eingang. Nur weil sie sich bewegen, kann er die Reiter von dem tintenschwarzen Himmel unterscheiden. Die Pferde gehen jetzt im Schritt, zögernd, um die Richtung nicht zu verlieren.

Die Goldbraune neben dem Mann vor der Jurte steht wie festgewachsen. Aber die Kleine, die Dumme, hält es nicht länger aus. Wie ein Hornruf gellt ihr Wiehern – sie fliegt den Reitern entgegen. Abermals Stimmen, ganz nahe. Die Worte klingen dem Mann unverständlich in den Ohren. Dennoch kennt er diese Sprache. Er weiß, wer so spricht: die Untertanen des Weißen Zaren, die Russen. Wie ein Blitz überfällt ihn die Erregung. Sein Atem wird schnell.

«He! He!», kommt es jetzt aus der Finsternis, «wo ist der Herr des Jurtenfeuers zu finden? Das Wiehern des Pferdes hat uns den Weg gewiesen!»

So jäh die Erregung kam, so jäh verebbt sie. Das waren tatarische Worte! Sind es doch Leute meines Volkes?

«Hier steht der Herr der Jurte!», ruft er den Reitern zu. Einer von ihnen lenkt das Pferd heran.

«Wir kommen in Frieden!», sagt er, als er das Pferd anhält.

«Friede sei zwischen uns!», antwortet der Mann aus der Jurte.

«Woher kommt ihr und wohin soll euch der Ritt führen?»

«Wir sind seit Tagen unterwegs», beginnt der Fremde. Und dann redet er in derselben umständlichen, blumenreichen Sprache weiter, mit der sich die Tataren unterhalten. «Wir kommen vom Süden, vom Kaspi-See. Unser Ziel ist weit im Norden, die neu erbaute Stadt Tobolsk, wo wir zu Hause sind. Aber heute hat uns Ungemach getroffen. Die giftigen Zähne einer Schlange fuhren in den Fuß meines Reitpferdes, und wir können erst weiter reiten, wenn es geruht hat. Durch sein Lahmen haben wir unser Tagesziel, das Ordu des Fürsten Binei, nicht erreicht.» Der Reiter hört auf zu sprechen. Er weiß, dass es besser ist, nicht um Nachtquartier zu bitten.

Eine Weile ist Stille, nur die Pferde prusten ungeduldig.

«Meine Jurte ist klein und armselig. Ich sehe, ihr seid drei Reiter. Sie hat nicht Platz für alle. Aber wenn einer von euch Fremden sie mit mir teilen will, so soll er mein Gast sein, dem alles gehört, was mein ist. Euch allen, ihr Fremden, will ich die Milch meiner Schafe holen, und ich will euch mit dem Fleisch eines Jungtieres sättigen, das ich vorhin geschlachtet habe, als ob ich gewusst hätte, dass in meine Jurte heute noch Gäste einkehren. Auch das Feuer brennt für euch alle, ihr Fremden.» Nach anfänglichem Zögern hat er immer schneller gesprochen, er ist näher an sie herangetreten, obwohl er in der Dunkelheit ihre Gesichter nicht erkennen kann.

«Ich danke dir, Herr der Jurte. Sage uns nur noch, wo wir Wasser finden für unsere Pferde.»

«Ich werde sie zur Tränke führen. Deinem kranken Tier lasse mich Wasser holen, während ihr in der Jurte ausruht.»

Die Reiter sitzen ab, koppeln die Pferde zusammen und treten durch den niedrigen Jurteneingang. An die frische Luft gewöhnt, beginnen ihre Augen zu tränen und der Qualm reizt ihre Lungen. Aus einem hart gegerbten, ledernen Sack gießt der Tatar Milch in eine flache Tonschüssel, während sich die Reiter auf die Felle um das Feuer setzen. Einer von ihnen bekommt sie zugereicht. Es ist ein grauhaariger Alter, dem das struppige Haar unter einer hohen Pelzmütze hervorsieht. Mit seinen kantigen, großen Händen greift er nach der Schüssel.

«Mein Herr soll zuerst trinken», sagt er und reicht sie seinem Nebenmann hin. – «Danke, Wladimir.»

Unter halb geschlossenen Lidern sieht der Tatar zu dem Fremden hinüber, den der Alte «seinen Herrn» genannt hat. Es ist ein breitschultriger Mann mit einem gleichmäßigen Gesicht, einem dunklen, vollen Bart und ruhig umherblickenden Augen. Jetzt hebt er die Schüssel an den Mund und trinkt. Bevor er sie dem Alten wiedergibt, verschüttet er von der Milch einige Tropfen vor sich, hinter sich und zu beiden Seiten.

Die Augen des Tataren werden groß. Als sie den Blick des Fremden finden, fahren sie hastig zurück.

Ehe der Alte die Schüssel dem dritten Reiter hinreicht, will er es seinem Herrn gleichtun. Doch er schwappt mehr Milch heraus, als es Tatarenbrauch ist. Im Gesicht des Gastgebers zuckt es spöttisch. Die Fremden bemerken es nicht, zu schnell hat es sich wieder ins Unbewegliche zurückgezogen.

Der dritte Reiter ist jung. Während er trinkt, fällt ihm die hohe Pelzmütze von dem dichten, brandroten Schopf. Er nimmt so lange, gierige Züge, dass ihm die Milch in den krausen Bart läuft. Als er aufhört und seinen Herrn fragend anblickt, nickt der ihm zu. Aber es sind zu wenige Tropfen in der Schüssel. Sie reichen noch, um sie vor sich zu schütten, nicht aber für die anderen Seiten. Sein Herr nimmt ihm das Gefäß aus den Händen und gibt es dem Tataren zurück.

«Die Milch hat uns gut getan. Meine Begleiter und ich waren vom Wind ausgetrocknet wie Gras und Sträucher.»

«Du bist der Herr?», fragt der Tatar. «Ja.»

«Willst du mir sagen, wie dich deine Begleiter nennen?»

«Sie nennen mich Herr oder Gospodin, wie es Sitte ist für Dienstleute in meinem Volk. Mein Name aber ist Mitja Nikolajewitsch Jelnikow. Dieser Mann hier heißt Wladimir.» Mitja Nikolajewitsch zeigt auf den Alten. «Und dieser Mann ist Fedja.» Er klopft dem Rotschopf auf die Schulter. «Wirst du mir nun auch sagen, wie dich die Leute nennen?»

Der Tatar sieht nicht auf. Er dreht die Schüssel in den Händen, zuerst langsam, dann schneller, immer schneller. Die Reiter wissen nicht, ob er die Frage gehört hat, so beschäftigt ist er. Plötzlich werden seine Hände steif – die Schüssel fällt auf den Boden. «Mir hat niemand einen Namen gegeben», sagt er, und sein Blick bohrt sich in Mitja Nikolajewitschs Augen. «Niemand! Oder vielleicht doch. Ich weiß es nicht mehr.» Seine Lider sinken über die Augen. Er greift suchend nach der Schüssel. «Nein, es war anders», sagt er wie zu sich selber. «Einmal hatte ich einen Namen. Ich gehörte auch zu einem Ordu. Aber dann kam ein Unglück über mich, und als ich wieder zu mir kam, war ich allein, ganz allein in der Steppe. Meine Sippe war weitergezogen. Seitdem weiß ich meinen Namen nicht mehr. Nenne mich Hirt, denn ich bin ein Hirt. Wer mir begegnet, der nennt mich so.» Er stochert im Feuer herum, und die Reiter lassen ihre Augen nicht von ihm. Etwas Seltsames ist um diesen einsamen tatarischen Hirten, das sich wie eine Mauer um ihn baut. Wie in gegenseitigem Einvernehmen werfen sie sich vorsichtige Blicke zu, denn sie wollen von seinen schnellen Augen nicht dabei ertappt werden.

«Würdest du uns jetzt die Tränke zeigen, Hirt?», fragt Mitja

Nikolajewitsch, als hätte ihn nicht das Geringste verwundert. Der Tatar springt auf. «Verzeih, Fremder, verzeih! Ich habe vergessen, was ich vorhin versprach.» Er rumort in der Dunkelheit der Jurte und bringt einen Lederkübel ans Licht. «Lass uns zu dem kranken Pferd gehen!»

Der Eingang bleibt offen, als die Männer hinausgetreten sind. Im schmalen Lichtkreis des Feuers tränken sie das lahmende Tier. Während es gierig das Maul in den Kübel taucht, tätschelt es sein Reiter und hebt ihm vorsichtig den linken Hinterhuf auf. «Hier, Wladimir, halt fest! – Ruhig, Schwälbchen, ruhig», redet er auf das Pferd ein. Seine Hände betasten die dick geschwollene Fessel. Das Tier fährt mit dem Kopf aus dem Kübel, den der Tatar hält. Es versucht das Bein wegzuziehen, aber der grauhaarige Alte hat es eisern umklammert.

«Hier am Huf hat ein Schnitt wenig Zweck, Wladimir. Das Gift ist schon zu weit nach oben gedrungen. Aber hier über dem Gelenk könnte er vielleicht noch nützen. Gib mir den Beutel aus dem Gepäck!»

Mitja Nikolajewitsch verständigt sich mit dem Hirten und Fedja. Die beiden halten das Pferd am Zügel, als Mitja Nikolajewitsch das Messer ansetzt.

Das Blut fließt eine ganze Zeit, bevor der Alte seinem Herrn helfen muss, die Adern oberhalb des Sprunggelenks abzubinden. «Bist du ein Scham, Fremder?», fragt der Tatar.

«Ja, ich bin Arzt.»

«Kannst du auch Menschen heilen?»

«Vor allem Menschen.»

«Gibt es Menschen, die ohne deine Hilfe gestorben wären?»

«Ja, Hirt, die gibt es.»

«Sind sie glücklich gewesen, dass du sie gerettet hast, oder gibt es welche, die dir geflucht haben?»

Mitja Nikolajewitsch versucht den Hirten anzusehen.

«Du stellst Fragen, die ich dir nicht beantworten kann, denn ich habe noch keinen gefragt, ob er glücklich war, dass er weiterleben durfte. Aber liebt nicht jeder das Leben?»

«Ich weiß nicht. Du solltest sie fragen, bevor du sie heilst, fremder Scham.»

Jetzt hält es den alten Wladimir nicht länger, und damit der Tatar es nicht verstehen kann, poltert er auf russisch los:

«Das fehlte gerade noch, Herr, dass du dir von diesem schlitzäugigen, plattnasigen Tatarenkopf gute Lehren geben lässt! Sag ihm, er soll sein ungewaschenes Maul halten und uns endlich zeigen, wo die Tränke ist!»

«Aha, er soll uns zeigen, wo die Tränke ist. Siehst du, wir brauchen ihn also. Er hat uns aufgenommen, er hilft uns. Lass ihn reden und denken, was er will. Außerdem, Wladimir, manches stößt einen im ersten Augenblick vor den Kopf und ist doch des Nachdenkens wert.»

Wladimir zuckt die Schultern.

«Ach, Herr, vor dir findet jeder Gerechtigkeit. Aber jetzt frage ihn, wo die Tränke ist!»

Das Wasserloch liegt nicht weit von der Jurte entfernt. Eins hinter dem andern führen sie die Pferde auf dem Pfad, den die Schafe getreten haben, an die Tränke heran. Unheimlich saust der Wind im Schilf, dass den Männern die hohen, breiten Halme ins Gesicht, um Schultern und Arme schlagen.

Auf dem Rückweg drängt Fedja sein Pferd neben Wladimir.

«Ich weiß nicht», sagt er und dämpft seine Stimme so sehr, dass der Alte ihn eben noch verstehen kann, «mir ist der Hirt nicht geheuer. Geht es dir nicht auch so, Väterchen Wladimir? Zuerst war ich froh, dass wir die Jurte gefunden haben, aber jetzt wäre es mir fast lieber, wenn wir nicht Halt gemacht hätten.»

«Dir sitzen wohl die Steppenhexen im Gehirn?», brummt der alte Wladimir zurück. Aber Fedja weiß, wie so etwas gemeint ist.

«Hast du gesehen, wie er die Schüssel gedreht hat, Wladimir?»

«Bin ich vielleicht blind?»

«Kannst du eine Schüssel so schnell drehen?»

«Du meinst wohl, ich will mir die Finger abbrechen.»

Fedja lacht. «Tu nicht so! Du denkst wie ich, Wladimir. Warum hat er seinen Namen nicht gesagt?»

«Er ist verdreht im Kopf, das ist es!»

«Ja, ja, das denke ich auch, Väterchen Wladimir. Aber Narren können manchmal gefährlich sein!»

«Mir ist auch nicht wohl dabei, dass der Herr mit ihm in der Jurte schlafen will, Fedja. Aber der Herr wird es sich nicht ausreden lassen. Er wird sagen, dass er den Tataren beleidigt, wenn er mit uns draußen schläft.»

«Was liegt schon daran, wie so ein Tatar über uns denkt?»

«Das stimmt, aber unser Herr kennt die Tataren. Du weißt, er ist einer von denen, die unter Jermak Timofejewitsch Sibirien erobert haben – und das ist jetzt schon über zwanzig Jahre her. Unser Herr kennt sie alle: die Tataren, die Wotjaken, die Ostjaken, die Wogulen – und er versteht mit ihnen umzugehen. – Aber sprechen werde ich mit ihm.»

Nachdem der Tatar jedem der Reiter ein Stück Hammelfleisch aus dem Kessel gespießt hat und die Mahlzeit schweigsam beendet ist, gehen Wladimir und Fedja vor die Jurte, um sich schnell ihr Lager zurechtzumachen.

«Legt euch neben den Eingang, dann trifft euch der Sturm nicht», sagt Mitja Nikolajewitsch, «und nehmt euch meinen Mantel. Ich brauche ihn in der Jurte nicht.»

«Ja, Herr. Und wenn etwas in der Nacht sein sollte», sagt der alte Wladimir, «du brauchst nur zu rufen, ich habe keinen festen Schlaf. Schade, dass du nicht bei uns ruhen willst.»

«Du mit deiner ständigen Besorgnis! Bin ich denn ein Wickelkind, das gehütet werden muss?», fragt Mitja Nikolajewitsch ungeduldig.

«Nein, Herr, nein, aber …» Wladimir erfasst blitzschnell die Hand seines Herrn und küsst sie, «… ich habe es der Herrin bei dem Licht meiner Augen versprochen, dass ich auf dich achten will wie auf …»

«Ja, ja, es ist gut, Wladimir. Die Herrin macht sich immer zu viel Sorgen – wie du!»

«Wären wir nur wieder daheim in Tobolsk.»

«Ungeduld, Wladimir, ist ein Vorrecht der jungen Menschen. In deinem Alter solltest du das Warten eigentlich gelernt haben.»

«Das schon, Herr, aber wenn man so lange fort ist von daheim! Als das Frühjahr begann, sind wir losgeritten, und nun kann der Winter jeden Tag kommen, und wir sind noch so weit von Tobolsk entfernt!»

«Dich zieht es aber mächtig nach den vollen Töpfen der Herrin und dem warmen Lager auf dem Ofen», lacht Mitja Nikolajewitsch.

«O ja, Herr», gibt der Alte ehrlich zu, «aber das ist es nicht allein. Mich zieht es noch mehr zu deiner kleinen Anja, zu Alexej und …»

«… zu Wassja, ich weiß! Ja, sie werden sehr auf uns warten, Wladimir, und mir geht es nicht anders als dir. Aber nun lass uns schlafen. – Fedja, hast du noch einmal nach den Pferden gesehen?»

«Ja, Herr. Das Schwälbchen frisst nicht.»

«Ich kann es mir denken. Morgen werden wir sehen, wie es mit ihm ist. Gute Nacht, ihr beiden!»

«Gute Nacht, Herr!»

Als sich der alte Wladimir niedergelegt hat, zieht er sich den Mantel nur über das eine Ohr. Angestrengt lauscht er auf jedes Geräusch, auf jedes Wort in der Jurte, aber er kann nicht viel verstehen. Der Sturm heult pausenlos. Als ein rumpelndes Schnaufen neben ihm unter dem Mantel zu hören ist, fährt er zusammen, dann stößt er Fedja unwillig mit dem Fuß.

«Kein bisschen Pflichtgefühl hat dieses junge Kroppzeug», brummt er in sich hinein. «Der Kerl ist mitgenommen worden, weil er auf den Herrn aufpassen soll, und was macht er? Legt sich hin und schnarcht sofort wie ein Bär im Winterlager.»

Der alte Wladimir lauscht weiter: auf das Gespräch in der Jurte, auf Fedjas Schnarchen und auf den Sturm aus der Gobi. Aber es dauert nicht lange, da entfernen sich die Stimmen und Fedjas Schnarchen immer weiter und weiter, und der Sturm pfeift über den schlafenden Wladimir …

Traum und Wirklichkeit

«Ich werde das Feuer die Nacht über brennen lassen, fremder Scham», sagt der Tatar zu Mitja Nikolajewitsch.

«Dann müsstest du die ganze Zeit wachen. Nein, Hirt, das will ich nicht. Die Jurte allein ist ein guter Schutz. Schlafe auch, Hirt.»

«Die Nächte, in denen der Sturm tobt, bringen mir wenig Schlaf. Ich kann das Feuer gut hüten.»

«Wie du willst, aber nicht um meinetwillen!» Mitja Nikolajewitsch hat sich auf die Schaffelle gestreckt und sieht zu dem Tataren hinüber. Der sitzt da, die Schultern nach vorn gebeugt, das Gesicht dem Feuer zugekehrt. Die Dunkelheit verwischt seine Züge. Wie alt mag er sein? Warum lebt er nicht in der Gemeinschaft eines Jurtendorfes? Warum sagt er seinen Namen nicht? Warum schläft er schlecht, wenn der Herbststurm über der Steppe ist? Sollte er den Sturm nicht kennen von Kindheit an?

«Schläfst du schon, fremder Scham?», kommt es von der anderen Seite des Feuers.

«Nein.»

«Dann sage mir noch, bevor du der Müdigkeit nachgibst, wie es kommt, dass du den Weg durch die Steppe so gut findest.»

«Im Frühjahr, als sich die Wasser der Schneeschmelze verlaufen hatten, bin ich mit meinen Begleitern südwärts geritten, nach Saraitschik. Und wer den Hinweg findet, der findet auch wieder zurück.»

Plötzlich kommt es Mitja Nikolajewitsch vor, als wüchse die Gestalt hinter dem Feuer steil in die Höhe: es ist ihm, als ob er die Züge des Mannes deutlich erkennt und dessen Augen vor dem eigenen Gesicht hat. Es ist die Müdigkeit, die es mir vorgaukelt, denkt er und kneift die Lider zusammen.

«Du kommst aus Sarai?»

Ist es wirklich die Müdigkeit? Auch die Stimme klingt verändert.

«Aus Saraitschik, wie es in der Sprache meines Volkes heißt.»

«Was hast du in Sarai gewollt?»

«Ich war beim Khan der nogaiischen Tataren, um ihn zu heilen.»

Mitja Nikolajewitsch hört die hastigen Atemzüge des Hirten.

«Ist er ein alter Mann, der Khan der nogaiischen Tataren?»

Mitja Nikolajewitsch kommt es vor, als ob die Gestalt noch höher wüchse, die Stimme des Hirten noch heiserer klinge.

«Ja, Khan Gulai ist alt, sehr alt.»

«Und warum will er nicht sterben, wenn er schon sehr alt ist? Warum lässt er noch einen Scham aus dem Volk des Weißen Zaren zu sich kommen?»

«Er hat mir gesagt, dass er noch Zeit braucht.»

«Zeit? Wofür?»

«Er sagte, dass er auf jemanden warte, den er noch einmal sehen müsste.»

«Hat er dir gesagt, auf wen er wartet?»

Mitja Nikolajewitsch setzt sich mit einem Ruck auf. Er lässt den Tataren nicht mehr aus den Augen, der steif wie ein Brett dasitzt, die Lider geschlossen hat und ununterbrochen Schilf auf das Feuer wirft, dass es hell lodert. Das Gesicht ist grau und auf der Stirn perlt der Schweiß.

«Ja, er hat mir gesagt, dass er auf Daukais Sohn wartet.»

«Auf Daukais Sohn?»

Noch schneller raffen die Hände das Schilf, noch schneller werfen sie es ins Feuer.

«Wird Gulai-Khan sterben?» Das Rascheln mit den dürren Halmen bricht ab, die Augen sind wieder nahe vor Mitja Nikolajewitsch. Draußen über der Steppe hält der Sturm einen Augenblick den Atem an. Ganz still ist es um die Jurte.

«Ja, er wird sterben. Ich habe ihn nicht heilen können.» So jäh das Schilffeuer ohne Nahrung zusammenfällt, so jäh fällt auch der Tatar hintenüber.

Nur sein Lachen erfüllt die Jurte.

Im nächsten Augenblick ist Mitja Nikolajewitsch neben ihm, packt ihn an der Schulter und schüttelt ihn.

«Was hast du, Hirt? Warum erregst du dich so sehr über das, was ich dir erzählt habe? Kennst du Khan Gulai? Oder kennst du Daukais Sohn?»

«Wer sagt dir, dass ich erregt bin, fremder Scham?» Der Tatar hat sich aufgerichtet. Er spricht in demselben gleichmütigen Tonfall wie vor dieser Unterhaltung. «Ich wundere mich nur, dass einer, der alt ist, nicht sterben will. Denn siehst du, fremder Scham, es gibt Jüngere, zu denen der Tod als Freund käme.» Und ohne Unterbrechung fährt er fort: «Lass uns jetzt ruhen.»

Mitja Nikolajewitsch liegt regungslos, aber in seinen Adern pocht es. Welches Geheimnis hütet dieser fremde Hirt? Warum beschäftigt ihn der Tod fortwährend, von dem alle Tataren so ungern sprechen? – Er ist krank, darüber gibt es keinen Zweifel, aber er ist ebenso wenig zu heilen wie der alte Khan in Saraitschik. Diese Art Krankheit kann man nicht herausschneiden oder verbinden. Um wie viel besser ist einer dran, den ein Pfeil trifft oder eine Bärenpranke! Solche Wunden kann man heilen – oder alles ist schnell vorbei. Doch eine Krankheit, die aus den Gedanken kommt, ist wie ein Gift, das langsam zerstört.

Aber habe ich nicht auch schon solchen Menschen geholfen? Ja, gewiss. Ich brauche dafür nur sehr viel Zeit, weil ich mit ihnen sprechen muss. Und dazu wird dieser Tatar ebenso wenig bereit sein wie Gulai-Khan.

Wenn der Sturm aussetzt, horcht Mitja Nikolajewitsch zu dem Hirten hinüber. Ganz regelmäßig geht dessen Atem. Er schläft jetzt. Ich sollte es auch. Aber wenn ich einschlafen will, brauche ich freundliche Gedanken.

Und Mitja Nikolajewitsch schickt sie heimwärts, auf den Weg, den er mit seinen Begleitern noch vor sich hat. Er denkt an seine Kinder und an Irina, seine Frau in Tobolsk. Irina, die ihm vor mehr als zwanzig Jahren aus dem heimatlichen Dorf gefolgt ist. Zuerst bis Orjol, wo ihn Doktor Iwan gelehrt hat, wie man Menschen gesund macht. Es waren unbeschwerte, glückliche Jahre, damals in Orjol.

Die Erinnerung kommt so stark über Mitja Nikolajewitsch, dass er meint, er könne noch jeden einzelnen Tag genau beschreiben. Es ist ihm, als fühle er die Hände des Doktors wieder auf seinen Schultern, der nach Jahren eines Abends vor ihm stand und sagte: «Nun kannst du nichts mehr von mir lernen, Mitja. Du bist dazu geboren, Menschen zu heilen.» Ein paar Jahre später war er mit seiner Frau weitergezogen – nach Tobolsk, nach Sibirien. Dieses Land, das er unter dem Kosaken-Ataman Jermak eroberte, das ihn lockte und enttäuschte, das ihn den Hass lehrte und das ihn zuletzt doch überwand. Denn nun ist ihm dieses Land zur geliebten Heimat geworden. In Gedanken steht Mitja Nikolajewitsch daheim am Fenster seines Studierzimmers und sieht auf den Irtysch hinunter. Und wenn er das Fenster öffnet, kann er sogar aus der Ferne das Rauschen des Flusses hören. Aber seltsam, heute klingt es nahe, sehr nahe …

Als Mitja Nikolajewitsch eingeschlafen ist, erwacht der Tatar wieder. Er hat einen Traum gehabt, der ihm den Schweiß aus dem Körper getrieben hat. Er kommt immer, dieser Traum, in jedem Jahr, wenn sich der Herbststurm aufmacht aus der Gobi. Der Tatar fürchtet sich vor diesem Traum. Deshalb verbringt er die Nächte lieber wachend am Feuer. Denn es ist ja nicht nur ein Traum. Einmal, vor Jahren, war es Wirklichkeit!

Aber heut ist nicht jene Nacht vor vielen Jahren, in der das Furchtbare geschehen ist, heute fragt niemand: «Sind wir allein?» Und heute brennt auch das Feuer in der Jurte. Der Tatar reißt die Augen auf. Er fährt hoch. Wo ist das Feuer?

Die Jurte liegt in tiefer Dunkelheit.

Wirklichkeit und Traum verwirren sich wieder in seinem Kopf. Im Dahocken fühlt er einen Druck in der Seite. Seine Hand greift nach dem Messer. Er hält es in der Hand. Er spürt, wie ihm das Herz gegen die Rippen schlägt. Warum brennt das Feuer nicht? Warum rast der Steppenwind so laut? Warum halte ich das Messer? – Da fängt sein Ohr das Atmen eines schlafenden Menschen auf, drüben, von der anderen Seite der Feuerstelle. Im Hinhorchen schwillt es an, mit jedem Atemzug wird es lauter. Es übertönt den Sturm, erfüllt seine Ohren wie ein Rauschen. Vor seinen Augen beginnt es zu tanzen: Steppenhexen – Flammenkreise!

Es ist kein Traum, alles ist Wirklichkeit! Ich muss es tun, ich muss!

Lautlos wie ein Fuchs tastet er sich hinüber. Da stößt er an den Kessel über dem Feuer. Das Geräusch weckt ihn nicht aus seinem Fieber. Er lässt sich sinken und hebt die Hand, in der er das Messer hält …

Mitja Nikolajewitsch fährt zusammen. Das Kesselklappern hat ihn aufgeschreckt. Alles ist still. Da trifft ihn ein Atemhauch ins Gesicht. Wie der Blitz ist er hoch und stößt beide Hände nach vorn. Der Tatar fällt zur Seite. Mitja Nikolajewitsch wirft sich über ihn und hält ihn fest. Er findet keinen Widerstand, auch dann nicht, als er vorsichtig aufsteht.

«Was wolltest du von mir, Hirt? Was wolltest du tun?»

Statt einer Antwort fühlt er, wie ihm der Tatar ein Messer in die Hand schiebt.

«Töte mich», sagt er leise und seine Stimme ist ruhig. «Ich habe das Gastrecht, das ich dir gewährte, furchtbar missachtet. Ich wollte dich umbringen – nein, dich nicht. Aber wie kannst du das verstehen! Es sind diese Nächte, die mich dazu zwingen. Nein, auch nicht diese Nächte. Ich weiß nicht mehr, was Wirklichkeit ist und Traum. Dir ist das Niederträchtigste widerfahren, das einem Gast in der Jurte eines Tataren geschehen kann. Ich habe kein Recht mehr zu leben. Töte mich. Hier, nimm dieses Messer.»

Mitja Nikolajewitsch greift danach und steckt es in seinen Gürtel. Mit äußerster Willenskraft zwingt er seine Erregung nieder. «Mach zuerst das Feuer wieder an, Hirt. Zu allem, was ich tue, brauche ich Licht.» An den Geräuschen erkennt er, dass der Tatar sich aufrichtet und nach den Feuersteinen sucht. Grüngolden sprüht es in der Jurtenmitte. Das Schilf flammt auf.

Als die Distelzweige gluten, beobachtet Mitja Nikolajewitsch, wie der Hirt den ledernen Gürtel öffnet und die Fellmütze abnimmt. In seinem vom Jurtenfeuer beleuchteten Gesicht ist nicht die geringste Angst abzulesen vor dem, was er erwartet. Eher drückt es Zufriedenheit aus. Und während Mitja Nikolajewitsch ihn eingehend betrachtet, glaubt er plötzlich zu wissen, dass der Tatar nur wenig jünger ist als er selbst. Das verwundert ihn, denn er hat die ganze Zeit den Eindruck gehabt, bei einem alten Mann zu sein. Wie aufrecht und gelassen er den Gürtel zu meinen Füßen legt! Und es ist doch das Bitterste, das einem edlen Tataren widerfahren kann. – Ja, das ist es! Er muss ein Edler sein! Aber warum lebt er dann als Hirt?

Das Gespräch, das sie führten, bevor sie sich zum Schlafen

hinlegten, kommt ihm wieder in den Sinn. Saraitschik! Gulai-Khan! Und das rätselhafte Lachen klingt wieder in seinen Ohren.

Ich will ergründen, wer dieser Mensch ist, denkt Mitja Nikolajewitsch, und mit jedem Augenblick wird das Verlangen danach stärker. Vielleicht kann ich ihm helfen, wenn ich ihn zum Sprechen bringe. Aber warum? Wollte er mich nicht töten? Verdanke ich es nicht nur einem lächerlichen Zufall, dass ich noch lebe? Aber wievielmal war es bei mir schon Zufall, dass ich weiteratmen konnte! Darf ich es immer wieder Zufall nennen?

Da sieht der Tatar auf.

«Erfülle mir eine Bitte, fremder Scham. Töte nach mir auch mein Pferd. Ich will nicht, dass der Goldbraunen das Herz verkümmert.»

Mitja Nikolajewitsch nickt. Dann macht er einen Schritt auf den Tataren zu.

«Willst du mir nicht jetzt deinen Namen sagen?»

Der Tatar sieht überrascht auf. Er fühlt, wie das Drehen in seinem Kopf mit einem Schlage aufhört. So empfindlich ist diese plötzliche Klarheit, dass er überzeugt ist, sie wird nie mehr vergehen. Er sieht Gürtel und Mütze zu Füßen des fremden Mannes liegen und begreift erst jetzt, was geschehen ist. Stolz richtet er sich auf.

«Du willst wissen, wen du töten wirst, nicht wahr? Gut, ich will es dir sagen. Ich bin Daritai, Daukais Sohn.» Er sieht die Überraschung, die seine Worte auslösen, spürt den harten Griff an der Schulter.

«Du bist Daukais Sohn? Und wer ist dein Vater?»

«Mein Vater?» Der Tatar senkt den Kopf, dann ballt er die Fäuste und schleudert es hin: «Gulai-Khan in Sarai!»

«Hirt! Weißt du, was du sagst?»

«Du hältst mich auch für einen, der nicht mehr richtig im Kopf ist, nicht wahr? ‹Da ist ja der alte Narr wieder mit seinen Schafen und seinen zwei Pferden›, sagen alle, die mir hier und da begegnen, und sie lachen, wenn sie glauben, dass ich es nicht sehe. Und die Händler möchten mich übers Ohr hauen, wenn ich meine Felle eintauschen will, aber …»

«Warum lebst du als Hirt», unterbricht ihn Mitja Nikolajewitsch, «wenn du der Sohn eines Fürsten bist? Warum gehst du nicht nach Saraitschik zu deinem Vater? Khan Gulai ist der mächtigste Tatarenfürst. Warum führst du dieses unwürdige Leben?»

Zuerst ist es Mitja Nikolajewitsch, als ob der Tatar zusammengezuckt wäre. Dann sieht er, wie sich der Hirt auf die Erde fallen lässt, die Hände vor das Gesicht schlägt und wieder in ein Gelächter ausbricht. Mitja Nikolajewitsch setzt sich neben ihn.

«Fremder Scham», sagt der Tatar, als er sich beruhigt hat, «du redest in Unwissenheit. Würdest du mein Geschick kennen – ich weiß nicht, ob du dann mein Leben oder das des Khans in Sarai unwürdiger fändest.»

«Dann erzähl mir dein Leben, Daritai!»

Der Tatar beugt den Kopf nach vorn, als ob er angestrengt lausche. Daritai? Wie das Wort in seinen Ohren schwingt! Daritai! Wie lange ist es her, dass ihn jemand bei seinem Namen genannt hat? Daritai! Nicht mehr Hirt, nicht mehr Narr, kein Lachen hinter seinem Rücken. Daritai! Die Jurte beginnt zu versinken. Er klammert sich noch einmal fest:

«Aber wenn ich dir alles erzählen soll, brauche ich viel Zeit. Ich weiß nicht, ob du sie mir gibst?»

«Ich gebe dir mehr Zeit, als du dazu brauchst.»

Der Hirt erkennt nicht mehr, was diese Worte für ihn bedeuten. Er ist schon fort … weit fort …

Auf dem Weg ins andere Leben

Seit Tagen schon sind die beiden Reiter im Sattel. Von Tagesanbruch bis in die schnell hereinbrechende Nacht sind sie zu Pferde. Sie folgen der alten Straße, die sich von Osten aus dem noch älteren Kaiserreich China über Buchara nach Westen zieht zum Kaspi-See. Wie viele sind schon vor ihnen diesen Weg gezogen! Händler mit rumpelnden Planwagen, Kamelkarawanen, Boten mit guten und schlechten Nachrichten, Reiter mit schweren Lanzen, spitzen Pfeilen und scharfen Äxten. Reiterscharen zu Hunderten, zu Tausenden, zu Zehntausenden.

Diese beiden tragen weder Lanzen noch Pfeile. Jeder hat nur ein Messer und eine Axt im Gürtel. Im gleichmäßigen Trab der Pferde wippen die Reiter auf und ab. Trotz des stundenlangen Rittes sitzen sie ganz locker, wie es nur jemandem möglich ist, der täglich viele Stunden im Sattel zubringt. Wenn die Pferde verschnaufend in Schritt fallen, sprechen die Reiter oft miteinander. Während des Trabens aber lassen sie die Augen über das Land gehen.

Es ist Frühling in der Steppe, und die zerstampfte, abgeweidete, sonnenverbrannte Erde hat sich königlich zurechtgemacht. Zuerst war es ein Feld Schneeglöckchen, durch das die Reiter mussten, dann spitzblütige, feuerrote Tulpen, danach duftende Hyazinthen, so weit sie sehen konnten, wieder Tulpen, dann Narzissen und dazwischen das neue leuchtende Grün. Ja, die gute alte Steppe hatte sich herausgeputzt.

«Werden wir Sarai heute noch erreichen, Schira?», fragt der Junge auf dem Rotschecken seinen Begleiter.

Schira, dessen Gesicht aussieht, als sei es mit verschimmelter Schafhaut überzogen, lächelt mit schief gehaltenem Kopf.

«Kannst du es nicht erwarten, Daritai?»

«Nein, so ist es nicht.» Daritai drängt sein Pferd dicht an das andere heran. Er weiß, dass Schira den Kopf schlecht drehen kann wegen einer Verletzung, die er vor zwei Jahren im Kampf um Isker erhielt. «Ich kann es gut abwarten, nur, weißt du, ich möchte endlich wissen, woran ich mit mir bin.»

«Wie meinst du das?»

«Ich möchte wissen, ob ich mich auf Sarai freue, oder ob es nur Neugier ist, die mich hinzieht, oder ob ich mich – fürchte vor all dem, was mir fremd ist. Was siehst du mich so an, Schira? Wir sind doch allein. Warum kann ich dir nicht sagen, dass ich mich vielleicht fürchte? Ich möchte es endlich wissen!»

«Wir werden heute Abend in Sarai sein.»

«Heute Abend schon?»

«Na, ich denke, es ist dir recht, Daritai.» Schira dreht den Kopf so weit wie möglich zur Seite, und seine Augen forschen in dem Jungengesicht.

«Jaja», sagt Daritai und sieht seinem Pferd auf die spielenden Ohren.

Schira denkt: Prinz, Prinz! Du grübelst zu viel! Du wirst schon sehen, wie es in Sarai ist. Und du wirst alles gut und richtig finden müssen!

Da sieht er, wie Daritai die Mütze abstreift, sich über die Stirn wischt, wie er den Pelzkragen öffnet und die Mütze vor sich auf den Sattel klemmt. Seine Augen aber hängen immer noch an den Ohren des Rotschecken. Schira beobachtet ihn einige Zeit, dann sagt er:

«Daritai, setz deine Mütze wieder auf!» Der Junge sieht ihn an.

«Die Sonne ist sehr heiß!»

«Deshalb musst du dich vor ihr schützen.»

«Aber daheim habe ich sie auch abgenommen, wenn mir heiß war. Großvater hatte nie etwas dagegen, sobald wir allein ritten. Und du auch nicht, Schira!»

«Du bist jetzt in Sarai zu Hause, Daritai! Dein Großvater ist tot, und ich habe den Auftrag, den Prinzen Daritai zu seinem Vater zu bringen. Und ein Prinz steckt seine Mütze nicht in den Sattel. Ein Prinz ist immer ein Prinz! Wie willst du in Sarai bestehen, wenn du das jemals vergisst?» Schira muss sich Mühe geben, alles sehr streng zu sagen. Er blickt dabei starr geradeaus und weiß trotzdem, dass Daritai zu ihm herüberschielt. Wenn ich ihn jetzt ansehe, ist alles umsonst, denkt der alte Schira, dann hat er mich wieder eingewickelt. Neben ihm gluckst es auch schon los. Immer lauter, immer übermütiger lacht Daritai. Im nächsten Augenblick fliegt etwas herüber – Schiras Rappen genau auf die hochgestellten Ohren. Das Pferd schüttelt erschrocken den Kopf, aber Daritais Mütze bleibt an einem Ohr hängen. Währenddessen galoppiert der Junge laut jauchzend davon. Sofort springt Schira ebenfalls zum Galopp an. Als er Daritai eingeholt hat, schreit er:

«Du treibst es zu weit! Du wirst sehen, dass es nicht gut geht, wenn du dich benimmst wie ein störrischer Schafbock. Niemand wird dich als Prinz achten, wenn du nicht wie einer lebst.»

«Das soll nur einer wagen, hoho!» Daritai reckt sich. «Hast du es gehört, Schira, es soll nur einer wagen!» Plötzlich zügelt er den Rotschecken, dass er mit den Vorderhufen steigt. «Wirf mir die Mütze her!» Und als er sie auf das glänzend schwarze Haar gedrückt hat, fragt er:

«Bist du sicher, Schira, dass sie in Sarai der Mütze und dem Gürtel ebenso viel Bedeutung zumessen wie wir?»

«Natürlich. Fragen stellst du! Es sind doch auch Tataren!»

«Schon, aber können Tataren, die in einer Stadt leben, noch richtige Tataren sein? – Warum antwortest du mir nicht, Schira? Du kannst es dir wohl auch nicht vorstellen, was?»

«Ach, Unsinn! Wo einer lebt, ist doch nicht wichtig. Dass er hier drin ein Tatar bleibt», Schira schlägt sich an die Brust, «darauf kommt es an!»

«Ich weiß nicht.» Daritai beugt sich weit zu seinem Begleiter hinüber und klammert seine Hände um Schiras Arm. «Du», sagt er, und seine Augen bohren sich in Schiras Gesicht, «wenn ich es nicht aushalte, dann komme ich zu euch zurück. Bestimmt!» Der Alte zögert einen Augenblick, bevor er sagt:

«Nein, Daritai, das geht nicht.»

«Warum soll es nicht gehen? Wenn sie mich in Sarai nicht gutwillig ziehen lassen, rücke ich aus. Habe ich nicht den Schecken?»

«Es geht aus einem anderen Grund nicht.»

Daritais helle Augen werden dunkel vor Erregung.

«Sag, warum?» Er schüttelt den Alten am Arm. «Sag, warum?»

«Fürst Itimur, der deinem Großvater auf den Thron gefolgt ist, will nicht, dass du wiederkommst.»

«Warum nicht? Hat er es dir gesagt?»

«Nein, aber ich weiß den Grund trotzdem.»

«Sprich schon!»

«Ich wollte es dir nicht sagen, Daritai, aber vielleicht ist es besser, du weißt es. Fürst Itimur fürchtet dich, weil dich unser ganzes Volk liebt, wie es seit langem keinen Fürstensohn geliebt hat. Sehr viele der Ältesten hätten den Thron lieber ein paar Jahre leer gesehen, bis du erwachsen bist, Daritai.»

Die Augen des Jungen hängen an Schiras Mund. Sein gleichmäßiges, schmales Gesicht mit der olivfarbenen Haut beginnt sich dunkel zu färben. Seine Nasenflügel zittern.

«Ist das wahr, Schira? Meinst du wirklich, dass sie mich so sehr lieben?»

Schira nickt.

«Oh, wie glücklich bin ich!»

«Ja, ja. Aber es hat auch Nachteile. Vergiss nicht, Daritai, was dort hinten ist, die Ordus in der Baraba-Steppe – das muss für dich vorbei sein, für immer!»

Langsam löst Daritai die Hände von Schiras Arm. Seine Augen suchen wieder den Kopf des Rotschecken vor sich.

«Mir bleibt also nur Sarai.» Er zupft unruhig an den Haaren seines kurzen Pelzes. Dann wendet er den Kopf und sieht rückwärts über die blühende Steppe.

Zuerst glaubt Schira zu erkennen, dass Daritai die Zähne aufeinander beißt. Aber dann bemerkt er, wie zwischen Daritais Augen eine steile Falte steht.

«Nicht nur Sarai. Die weite Steppe bleibt mir auch noch!», sagt er trotzig. «Komm, Schira!» Und Daritai galoppiert davon. Er reitet, als sei der Teufel hinter ihnen her. Er reitet, dass dem Rotschecken kein trockenes Haar am Leibe bleibt.

Schira lässt ihn gewähren. Er ahnt, was in Daritai vorgeht: jetzt hat er erst richtig begriffen, was alles mit dem Tode seines Großvaters zu Ende gegangen ist. – Daritai, mein fröhlicher, glücklicher Daritai! Dass dich der Ewige Blaue Himmel immer beschützen möge!

Der Mann mit dem Fuchsgesicht

Weit in der Ferne sehen die beiden Reiter die Stadt Sarai vor sich liegen. Unscheinbar hebt sie sich aus dem flimmernden Dunst der Ebene.

«Du hast gesagt, Sarai wäre groß», wendet Daritai sich nach dem Alten um.

Schira hört den verächtlichen Ton. «Lass uns nur näher kommen!»

Und wirklich, Schira hat Recht. Immer mehr Häuser werden es, immer höher wachsen sie empor, in immer kürzeren Abständen sehen sie Jurten nahe am Wege stehen. Zahlreicher werden die Büffel- und Schafherden, die auf üppiger Weide grasen. Oft verwehren den beiden Reitern hohe Büsche den Blick, und um die Tümpel und Wasserläufe ist ein Schnattern und Flügelschlagen, ein Auffliegen und Niedergehen von Enten und Wildgänsen in solchen Schwärmen, wie Daritai sie noch nicht gesehen hat. Und als er den Blick wieder frei hat, liegt die Stadt im Glanz der verglühenden Sonne.

Schnell bringt er sein Pferd zum Stehen und schaut und schaut. «Schira», ruft er, «Schira, es ist ja alles aus Gold! Die Dächer, die Türme, alles aus Gold!»

«Ja, das könnte man denken. Das macht die Sonne.»

«Schade, dass es nur die Sonne ist. Stell dir vor, wenn mein Vater in einer goldenen Stadt wohnen würde!» Daritais Augen leuchten. Schira lächelt und denkt: nun hat er das erste Mal auf diesem langen Ritt von seinem Vater gesprochen.

Unweit vom Osttor, in einer fest umzäunten Koppel, sehen sie eine riesige Herde von Pferden. Aufmerksam spähen die Reiter hinüber.

«Sie sind langbeiniger als unsere Tiere, Schira, und schmalere Fesseln haben sie auch. Herrliche Köpfe, sieh nur!»

«Schöne Tiere», nickt der Alte.

«Auf Pferde scheint sich der Khan zu verstehen!»

Schira lacht zu Daritais altkluger Rede in sich hinein. «Freust dich wohl?»

«Ja.»

Die Stadtwache will gerade das Tor schließen, als sie die beiden Reiter kommen sieht.

«Was ist denn das für ein Paar dort?», sagt einer der Wächter zu dem anderen.

«Ein alter Mann und ein Junge.»

«Sie haben kaum Waffen und kommen ohne Eile. Bin neugierig, was sie wollen.»

Die Wächter treten ihnen in den Weg und kreuzen die Lanzen. «Wer seid ihr und was ist euer Begehr?»

«Ich bin Schira, der Waffenmeister des Fürsten Altan aus der Baraba-Steppe. Und das ist Daritai. Wir wollen zu Gulai-Khan.»

«Ach, du bist Schira, und dieser Junge ist Daritai, und ihr wollt einfach so zu Gulai, unserem erhabenen Khan?», sagt er, und ein Grinsen tritt in sein Gesicht. «Ja, du hast richtig verstanden.» «Da habt ihr euch eine schlechte Zeit ausgesucht. Gulai-Khan hat viele Gäste in seiner Stadt und wird euch nicht empfangen.» Hinter den Fensteröffnungen der beiden Tortürme stecken Gulai-Khans Krieger die Köpfe zusammen.

«Ich glaube doch, dass Gulai-Khan uns empfängt, wenn ihr ihm meldet, dass Daritai vor dem Tor steht.»

Aus einer der Turmluken ruft es plötzlich «Daritai? Sagtest du Daritai, Alter?»

«Ja, so sagte ich.»

«Dann lasst die beiden in die Stadt!»

Daritais Augen suchen den Mann, der gerufen hat. Als sie durch das Tor kommen, steht er vor ihnen.

«Führst du uns zu Gulai-Khan?», fragt Schira.

«Zuerst bringe ich euch zu Bedschak, dem Anführer meiner Tausendschaft. Ihr habt euch wirklich eine schlechte Zeit ausgesucht. Gulai-Khan, unser erhabener Khan, hat erhabene Gäste.» Der Wächter fasst Daritais Rotschecken am Zügel und geht voran. Von Zeit zu Zeit wirft er einen schnellen Blick in Daritais Gesicht. Ja, der Alte hat die Wahrheit gesagt, es ist wirklich Daritai. Er hat die gleiche olivfarbene Haut wie seine Mutter, das gleiche schmale Gesicht, die gleichen hellen Augen. Ja, es muss Daukais Sohn sein.

Daritai merkt nicht, dass er verstohlen gemustert wird. Er sieht nur die kleinen, grauen Lehmhäuser zu beiden Seiten der Straße, die bald von großen, weißen Steinhäusern verdrängt werden, je weiter sie in das Innere der Stadt kommen. Er sieht Kinder, die sich auf der Straße balgen, dicht verschleierte Frauen von einem Haus zum anderen gehen, einen Korb oder einen Krug auf dem Kopf. Reiter sprengen an ihnen vorbei. Er hört aus den Seitenstraßen das Geblöke von Schafen, das Wiehern von Pferden. Er sieht Planwagen in Toreinfahrten verschwinden, und er ist erstaunt, als der Wächter mit einem Mal das Pferd anhält.

«Wir sind beim Hause Bedschaks. Möchtest du jetzt absitzen, Prinz?»

Daritai nickt. «Ich danke dir. Führe mich und Schira in das Haus.»

Sie treten in einen dämmrigen Vorraum. Ein dicker Teppich dämpft ihre Tritte. Daritais Herz beginnt heftig zu klopfen. Warum bin ich aufgeregt, fragt er in Gedanken und bezwingt sich: dieser Mann, der hier wohnt, ist nicht mein Vater.

Da hört er eine Stimme. Sie klingt heiser.

«Jetzt sitzt er und tafelt mit seinen erhabenen Gästen, und mich, der ich ihm treu gedient habe, Jahr um Jahr treu gedient – mich befiehlt er als Wachkommandanten!»

«Einer musste es schließlich sein», sagt eine andere Stimme. Daritai meint, dass es eine Frauenstimme ist.

«Einer schon, aber nicht ich! Doch das wirst du nie begreifen.»

In diesem Augenblick ruft der Wächter, der Daritai und Schira hergeführt hat:

«Die Wache bittet um Einlass für zwei Gäste, deren Begehr es ist, zu Gulai, unserem erhabenen Khan, geführt zu werden.»

«Bring sie herein!», antwortet es mürrisch hinter der Teppichwand. Ein schwerer Vorhang wird zurückgeschlagen, Daritai und Schira stehen mit wenigen Schritten vor einem Mann, dessen stechende Augen ihnen unfreundlich entgegensehen. Als Schira sagt, wer sie sind und zu wem sie wollen, richtet sich der Mann, der lässig auf einem breiten Diwan gelehnt hat, ruckartig auf.

Er hat das Gesicht eines Fuchses, durchfährt es Daritai, und wer so verschlagen aussieht, wird auch verschlagen sein.

«Du willst Daritai sein?», fragt der Mann und fasst nach seinem Krummsäbel. «Daritai?»

«Ich will es nicht sein, ich bin es! Bringe mich zu meinem erhabenen Vater!»

«Das geht nicht. Ich habe den Befehl, niemanden zu Gulai, unserem erhabenen Khan, zu bringen. Erst wenn der Tag gewechselt hat.»

«Und wenn du meinem Vater sagst, dass sein Sohn Daritai gekommen ist?»

«Ich handle nicht gegen den Befehl meines Khans. Die Wache

wird euch in ein Gästehaus bringen. Morgen werde ich dem Khan melden, dass du gekommen bist.» Er macht eine Bewegung mit der Hand, die bedeutet, dass er das Gespräch beendet hat, und ruft dem Wachsoldaten noch etwas zu, auf das Daritai nicht mehr achtet. Als habe er einen Schlag auf den Kopf bekommen, so benommen ist ihm zumute. Er hastet vor Schira aus dem Haus, stürzt zu dem Rotschecken und sitzt auf. Dunkelrot flammt es über sein Gesicht. Er sieht nicht mehr, wohin die Wache ihn führt.

Erst als er das Gästehaus betritt und mit dem Alten allein ist, kommt er zu sich.

«Er heißt Bedschak!», presst er hervor. «Bedschak! Ich werde seinen Namen nicht vergessen, und wenn ich so alt würde wie unsere Steppe alt ist!»

«Warum häufst du deinen Zorn auf einen, der nichts weiter macht, als nach dem Befehl seines Khans zu handeln?»

Daritai stampft mit dem Fuß auf.

«Warum versuchst du, mir Sand in die Augen zu streuen wie der Steppenwind, Schira? Bin ich ein Gast? Irgendein Gast? Ich gehöre hierher wie der Khan selbst! Und außerdem – hast du nicht gehört, wie er sagte: ‹Du willst Daritai sein?› Schira, wie kommt er dazu, mich so zu beleidigen?»

«Du solltest versuchen, erst einmal ruhig zu werden.»

«Ich will nicht ruhig werden! Immer wenn ich ihm begegnen werde, wird das Verlangen über mich kommen, ihn anzuspringen wie der hungrige Wolf das Schaf. Hast du gesehen, wie er hoch-fuhr, als du ihm sagtest, wer ich bin? Hast du gesehen, wie er mich von der Mütze bis zu den Füßen besehen hat mit seinen hässlichen Augen? Er wusste genau, dass du die Wahrheit gesagt hast.»

«Das kannst du nicht behaupten. Du warst lange fort von

Sarai. Als dich dein Großvater mit sich nahm, warst du fünf Jahre. Nun bist du vierzehn Jahre. Du hast dich sehr verändert.»

«Hoffentlich erkennt mich dann wenigstens mein Vater noch!» Die Bitterkeit, mit der Daritai gesprochen hat, zerrt an Schira. Er ist nicht weniger bestürzt über den bösen Empfang. Aber es wird nur noch schlimmer, wenn ich auf der gleichen Flöte blase, denkt er.

«Dein Vater wird dich erkennen!», sagt er überzeugt. Aber Daritai lässt sich nicht besänftigen.

«Wie willst du das wissen? Für ihn war ich ebenso lange fort wie für den Fuchs, aus dessen Haus wir kommen.»

«Warte ab, Daritai.»

«Abwarten? Weißt du, was ich am liebsten möchte? Auf und davon!»

«Du weißt, dass es nicht …»

«Ja, ja, ich weiß es.» Und dann entspannen sich langsam Daritais geballte Fäuste, er wendet sich mit dem Gesicht weg, lässt den Kopf sinken und geht mit hängenden Schultern zu dem niedrigen Ruhelager. Er lässt sich fallen, dreht sich zur Wand, legt den Kopf auf die Arme und versucht, sein Weinen vor Schira zu verbergen.

«Es macht mich traurig, Daritai, dass du zeigst, wie dir zumute ist. Wenn es in dieser Stadt Leute geben sollte, die dir nicht gewogen sind, dann wird deine Unbeherrschtheit sie geradezu herausfordern, dich immer aufs Neue zu kränken.»

Schiras Worte verfehlen die Wirkung nicht. Daritai schnauft einige Male laut, dann dreht er sich herum.

«Ja, du hast Recht, Schira.»

Als eine alte Sklavin den Türvorhang zurückschlägt, sehen ihre huschenden Augen nichts mehr von Daritais Fassungslosigkeit. Sie breitet vor dem Ruhelager ein Tuch aus und stellt darauf

Krüge mit Kumis und eine große Schüssel mit gebratenem Schaffleisch.

Schweigsam machen sich die beiden an die Mahlzeit. Als Daritai sich ein Stück Fleisch aus der Schüssel spießt, sagt er:

«Nicht einmal eine goldene Gabel haben sie uns geschickt.» Kauend sieht er sich im Raum um.

«Das vornehmste Gästehaus scheint es auch nicht zu sein.» Ein wenig später erinnert er sich:

«Die Dienerin war alt, dick und hässlich.»

Obwohl Schira das alles auch bemerkt hat, sagt er:

«Du solltest dich davor hüten, alles, was dir von heute an begegnet, mit schielenden Augen zu sehen.»

Daritai blickt vor sich hin.

«Du hast gewiss Recht. Ich frage mich nur, wie ich mit all dem fertig werden soll, wenn du nicht mehr bei mir bist.»

«Du wirst es schon lernen, Daritai.»

Plötzlich wirft der Junge das Fleischstück in die Schüssel zurück. «Die Pferde, Schira! Wohin haben sie unsere Pferde gebracht? Wir müssen uns um die Tiere kümmern.»

«Ja, ich», sagt Schira ohne Hast, «du bleibst auf dem Ruhelager, wie es sich für einen Prinzen gehört.»

«Gut.» Daritai streckt sich wieder lang und kreuzt die Arme unter dem Kopf. Während er wartet, bis Schira zurück ist, horcht er in die Stille des kleinen Hauses. Mehrmals ist es ihm, als ob er hinter den Teppichwänden ein leises Scharren höre. Sollte die alte Sklavin nebenan sein?

Er will sich Gewissheit verschaffen. Er klatscht in die Hände. Im gleichen Augenblick durchfährt es ihn: Was soll ich sagen, wenn sie kommt?

Und wirklich, Daritai hat richtig vermutet. Die Teppiche teilen sich, die Sklavin verneigt sich.

«Was wünschst du, erhabener Gast?»

Daritai zögert. Dann zeigt er erleichtert auf das Geschirr vor dem Ruhelager:

«Bring es hinaus!»

«Ja, Prinz Daritai.»

Schnell richtet sich der Junge auf.

«Du hast gut gelauscht!»

Die Alte hat den Kopf gebeugt und ihre Augen huschen wieder. Lautlos hantiert sie mit den Krügen und der Schüssel.

«Man braucht nicht zu lauschen, um zu wissen, wer du bist», sagt sie dann.

«Du meinst, die Teppichwände wären nicht dick genug?»

«Nein. Ich brauche dich nur anzusehen, und ich weiß, wer heimgekommen ist zu seinem Vater.»

Daritai fasst blitzschnell nach ihrem Handgelenk.

«Bei deinem Leben, sag, dass du die Wahrheit sprichst!»

«Wer um deine erhabene Mutter war, der weiß, dass du Daukais Sohn bist.»

«Dann wird mich auch mein Vater erkennen!» Wie erlöst lässt sich Daritai auf den Teppich gleiten.

«Ich bin froh, dass du mir dies gesagt hast. Dem Ewigen Blauen Himmel sei Dank dafür!» Die letzten Worte klingen verschwommen, denn die Sklavin hat ihre Hand schnell auf Daritais Mund gelegt.

«Prinz! Vermeide solche Worte, wenn der erhabene Khan sie hören könnte. In der Stadt deines Vaters dankt man Allah!»

Daritai will ihr gerade erwidern, dass sein Großvater ihn etwas anderes gelehrt hat, als er Schiras Tritte vernimmt. Und weil er nicht sicher ist, ob er sich nach Schiras Ansicht wie ein Prinz benimmt, wenn er mit einer Sklavin spricht, schluckt er hinunter, was er sagen wollte.

«Danke», flüstert er nur noch und nickt der Alten zu. Dann setzt er sich wieder zurecht.

Schira sieht auf den Platz, wo vorher das Geschirr gestanden hat. «Ist die Alte von allein gekommen, oder hast du sie gerufen?»

«Ich habe nach der Sklavin geklatscht!», sagt Daritai würdevoll, als wäre er der Khan selber. Dann blitzt er Schira lachend an.

Schira grinst breit zurück.

«Die Pferde sind auf der Koppel, wo auch die Pferde der anderen Gäste stehen.»

«Wer sind diese Gäste, Schira? Hast du etwas gehört?»

Schira nickt. Er hockt sich zu Füßen des Jungen.

«Ich weiß es. Die Gäste sind der Prinz Amanak, Kutschum-Khans Sohn, Prinzessin Teni, die Tochter Kutschum-Khans, und ihr Gefolge.»

«Schira, ist das wahr? Hast du dich nicht verhört?»

«Bestimmt nicht.»

«Schira, wie bin ich froh, dass ich gerade jetzt nach Sarai komme. Wenn sie nicht morgen schon wieder weiterziehen, werde ich Amanak sehen und mit ihm sprechen. Weißt du auch, warum er meinen Vater besucht?»

«Nein, aber es ist nicht schwer zu erraten. Er wird ein Heer von Gulai-Khan wollen, damit sein Vater gegen die Krieger des Weißen Zaren ziehen kann, die in Sibirien eingefallen sind.»

«Meinst du?»

«Meine ich. Wenn Kutschum Freundschaft will, will er auch Kämpfer.»

«Wie alt muss einer sein, dass er mit in den Kampf ziehen darf?»

«Das hängt von der Lage ab, in der sich sein Volk befindet. Prinz Amanak hat gerade erst den Kopf geschoren bekommen und vertritt schon die Sache seines Vaters.»

«Schira, Schira, ich glaube, ich bin genau zur richtigen Zeit gekommen!» Daritai springt auf. Er läuft in dem kleinen Raum herum, immer im Kreis. In seiner Erregtheit stolpert er über Schiras Beine.

Schira lässt ihn hinschlagen und sagt gelassen:

«Siehst du, so geht es einem, der mit dem Kopf nicht dort ist, wo er seine Füße hinsetzen muss.»

«Spar dir deine klugen Reden, die hast du alle von meinem Großvater aufgeschnappt», sagt Daritai beleidigt und reibt sich die Knie. «Ich kann's doch nicht ändern – mir ist das Haus hier zu eng.»

«Dann lass uns durch die Straßen gehen. Draußen ist es zwar finster, aber es braucht uns auch niemand zu erkennen.»

Fremde Krieger im Hafen

Die Häuser von Sarai, vorhin noch hell und freundlich, liegen jetzt in das Dunkel der Nacht getaucht. Daritai und Schira spüren noch die Sonnenwärme des Tages an den Wänden, wenn sie eng an ihnen vorüber müssen. Nur hin und wieder treffen sie jemand, der, einen Gruß murmelnd, an ihnen vorbeigeht und dann in einer Türöffnung verschwindet.

Auf einer niedrigen Anhöhe, inmitten der Stadt, hebt sich ein großes Gebäude über alle anderen weg. Aus seinen Fenstern blinkt Helligkeit, und manchmal schallt auch ein Fetzen Musik bis zu ihnen.

Daritai, der das Haus auf der Anhöhe gleich entdeckt hat und immer schneller darauf zusteuert, horcht und schaut angestrengt. Schira fasst ihn nach einer Zeit an der Schulter.

«Lass uns umkehren, Daritai. Wir müssen bald die ersten Wachen erreicht haben. Du wirst doch nicht noch eine solche Enttäuschung erleben wollen wie vorhin. Komm, wir gehen zum Fluss hinunter.»

Seufzend lässt sich Daritai in die entgegengesetzte Richtung führen. Sie brauchen nicht lange zu laufen und der Geruch des Wassers weist ihnen den Weg.

Eine starke Mauer umgrenzt das ganze Hafenviertel. Vor dem samtblauen Nachthimmel zeichnen sich die runden Mützen der Wachen ab, die auf der Mauer zwischen den Türmen ihre Runden gehen. Wenn sie still stehen und Ausguck halten, scheinen sie ein Stück der Mauer selbst zu sein. Erst wenn sie sich bewegen, werden es wieder lebendige Menschen.

Als Schira und Daritai an die Befestigung heran sind, hören sie über sich die polternden Schritte der Wachen. Die beiden stören sich nicht daran. Sie stehen an einem Sehschlitz und schauen hinunter in den Hafen, wo die Topplichter an den Rahen der Segler und Barken blinken. Daritai ist gefangen von dem Anblick der vielen Schiffe, die mit ihren hohen Masten und gerefften Segeln schlafenden Riesenvögeln gleichen. Die Brise, die vom nahen Kaspi-See über das Wasser streicht, bewegt das schlaffe Segeltuch, dass es aussieht, als plustern die unheimlichen Vögel im Schlaf ihr Gefieder. Schwappend schlägt das Wasser an Schiffsplanken und Landestege. Holz reibt an Holz, dass es ächzt und knarrt.

Tief saugt Daritai den fremden Geruch ein. Faulende Pflanzen, frischer Tang, Teer und Fische. Woher mögen die Schiffe kommen, denkt er. Haben sie Waren nach Sarai gebracht? Sind auch Schiffe dabei, die sich mit Handelsladung tarnen und im offenen Meer auf Beute gehen? – Dem Jungen aus der Steppe tut sich eine andere Welt auf.

Plötzlich reißt ihn heftiges Poltern auf der Mauer aus seinen Gedanken. Auch Schira lauscht mit schräg gehaltenem Kopf.

«Na, wie gefällt es euch in Sarai, Krieger des großen Kutschum-Khan, der aus dem Blute des mächtigen Dschingis ist?», hören sie einen der Wache rufen.

«Es gefällt uns gut in der Stadt Gulai-Khans. Einen Blick, wie ihr ihn hier von der Mauer habt, bekommen wir nicht jeden Tag vor die Augen.»

«Liegen in Isker nicht so viele Schiffe vor Anker wie bei uns in Sarai?»

«Hin und wieder im Sommer. Aber der Sommer ist kurz in Sibirien, und wenn er vorbei ist, brauchen wir Schlitten, um auf dem Eis der Flüsse voranzukommen.»

«Schlitten? Was ist das?», fragt einer der Wache verwundert.

«Seht ihr, Freunde, das ist etwas, das ihr in Sarai nun wieder nicht kennt. Denkt euch einen Wagen ohne Räder, vor den ein Pferd oder auch manchmal Hunde gespannt werden. In einem solchen Schlitten solltet ihr einmal eine Fahrt machen. Euch würde Hören und Sehen vergehen!»

Immer von neuem poltert es auf der Mauer. Immer mehr Wachen kommen und wollen dem Gespräch mit den fremden Kriegern aus Sibirien zuhören.

«Aber ihr Nogaier versteht euch zu schützen! Eine Mauer habt ihr gezogen, die rennt euch so leicht keiner nieder.»

«Wir haben sie auch nicht zum Vergnügen gebaut, das könnt ihr mir glauben. Unsere Stadt Sarai hat für fremdes Räubervolk immer wieder etwas Verlockendes.»

«Kommen sie noch, die Kosaken aus dem Lande des Weißen Zaren?»

«Vom Lande her wagen sie es schon noch, aber mit Schiffen – das ist vorbei. Einen solchen Angriff wie vor sechs Jahren hat es nicht mehr gegeben, als sie mit Jermak, wie sie ihren Häuptling nannten, über uns herfielen.»

«Ja, ja, Jermak Timofejewitsch. Das war derselbe, der später unsere Stadt Isker eroberte und Kronprinz Mametkul an den Weißen Zaren auslieferte. Aber jetzt ist der Kronprinz gerächt und Isker ist frei. Sibirien gehört wieder Kutschum-Khan.»

«Ganz allein Kutschum-Khan?» – «Was sagst du da? Sibirien ist wieder frei?» Hoch über Daritai und Schira fragt es aufgeregt durcheinander. «Und was ist mit Jermak und seinen Kosaken?»

«Geflohen sind sie – alle geflohen! Oho, sie haben es eilig gehabt, aber wir haben ihnen den Rückzug sauer gemacht!»

«Und was ist mit Jermak, dem Unbesiegbaren, der Gewalt hatte über Donner und Blitz? Ist er auch geflohen?»

«Nein. Jermak ist tot.»

«Hat es eine Schlacht gegeben? Erzählt doch!»

«Lasst es euch von diesem Alten erzählen. Der war dabei, als die Bitten der Gläubigen von Allah erhört wurden.»

Der Mann, der jetzt erzählt, ist heiser. Daritai und Schira müssen sich anstrengen, damit sie jedes Wort verstehen.

«Es gab keine Schlacht», sagt er bedächtig. «Allah hat es anders gefügt. Wir hatten den Unbesiegbaren beobachtet, wie er mit wenigen Männern auf einer Insel im Irtysch lagerte. Es regnete sehr, und die Nacht war schwarz wie Pech. Wir trieben die Pferde durch das Wasser und überraschten die Eindringlinge, die es gewagt hatten, gegen Kutschum-Khan zu ziehen. In dieser Nacht versagte der Zauber des Unbesiegbaren. Der Blitz zündete nicht und der Donner blieb stumm.»

«Ist Jermak erschlagen worden?»

«Er selbst nicht. Er trug eine eiserne Rüstung, an der zwar jeder Schlag abprallte, die ihm aber doch den Tod brachte.»

«Wie denn?»

«Er ist in den Irtysch gesprungen, um sich zu retten, und die schwere Rüstung hat ihn hinabgezogen.»

«Wie habt ihr das gesehen in der stockdunklen Nacht?»

«Wir haben es nicht gesehen, aber der Irtysch hat ihn wieder hergegeben. Männer unseres Volkes haben ihn gefunden, den Unbesiegbaren, der sich Fürst von Sibirien nannte.»

«Was haben sie mit ihm gemacht? Rede doch!»

«Sie haben ihn ausgezogen, bis er so nackt war, wie ihn seine Mutter zur Welt gebracht hat. Dann haben sie ihn, die Füße zuerst, an einem Baum aufgehangen und ihre Pfeile auf ihn verschossen. Tagelang hat er gehangen, und jeden Tag sind andere Männer gekommen, die auf ihn geschossen haben. Den Rest haben ihm Raben und Krähen gegeben, und um seine Knochen haben sich nachts die Wölfe gebalgt.»

«Dann sitzt Kutschum-Khan also wieder in Isker?»

«In Isker sitzt sein Sohn, Prinz Alei, und ist Herr der Stadt. Kutschum-Khan bleibt dort, wo er geboren wurde und wo er in den letzten Jahren Zuflucht gefunden hat – in der Steppe. Er trennt sich nicht mehr von ihr.»

«Dann ist wieder Frieden in Sibirien?»

Es entsteht eine Pause, bevor einer der fremden Krieger sagt: «Ja, es ist Frieden.»

«Und warum ist euer Prinz Amanak bei unserem Khan?»

Bevor wieder eine Pause entsteht, sagt der Alte mit der heiseren Stimme schnell:

«Wir wissen es nicht.»

«Es soll uns auch nicht kümmern», meint einer der Wachen. «Lasst uns in den Turm gehen. Dort steht ein Fass Kumis. Wir wollen auf euren Sieg trinken, kommt!»

Lärmend entfernen sich die Wachen mit den Kriegern Kutschum-Khans. Nur der Schritt eines einzelnen Wachtpostens und das Schwappen des Wassers ist noch zu hören; wie vorhin, als Schira und Daritai an die Mauer traten.

«Wenn ich nur wüsste, warum Amanak gekommen ist!», sagt Daritai flüsternd.

«Das werden wir bald erfahren. Komm, lass uns jetzt wieder zu unserem Hause gehen.»

Als sie ein Stück von der Mauer entfernt sind, ruft Daritai begeistert:

«Sieg! Sieg für Kutschum! Tod und Verderben für die Krieger des Weißen Zaren! Hast du es gehört, Schira?»

«Du weißt doch, dass ich nicht taub bin.»

«Aber mir scheint, du freust dich nicht.»

«Ob es ein Sieg ist, wird sich erst erweisen. Damit, dass der Unbesiegbare ertrank und seine Kosaken davonliefen wie eine

Schafherde, ist noch kein Sieg errungen. Einen Sieg erkämpft man durch eine Schlacht – und die hat es nicht gegeben. Aber über eines solltest du nachdenken, Daritai: wie notwendig in einem Heer der Mann ist, der es führt.»

Als sie das Haus betreten, leuchtet eine kleine Öllampe von der Decke herab. Auf einem niedrigen Tisch stehen zwei Krüge mit Kumis und eine Schale mit frischen Feigen.

«Sieh dir das an», sagt Schira, «werden wir nicht gut versorgt?» Daritai antwortet nicht. Das Gespräch mit der alten Sklavin kommt ihm wieder in den Sinn. Schira glaubt wohl, dass die Sklavin einen Auftrag hatte, uns Kumis und Feigen hinzustellen. Aber das ist nicht sicher. Vielleicht hat sie es von sich aus getan, weil sie weiß, wer ich bin.

Als er sich neben Schira auf das Ruhelager gestreckt hat, fragt er: «Wo werde ich morgen schlafen, Schira?»

«Entweder im Haus deines Vaters, oder du wirst ein Haus allein neben seinem Palast bewohnen.»

«Glaubst du?»

«Na, wie es sich ziemt für einen nogaiischen Prinzen.»

«Was wird mein Bruder zu meiner Rückkehr sagen?»

«Das wirst du ja sehen.»

«Muss ich mich ihm fügen? Er ist nur drei Jahre älter als ich.»

«Trotzdem ist er der Kronprinz. Aber das wird von deiner Haltung abhängen, Daritai.»

«Ich werde niemandem Schande machen.»

«Das weiß ich, Daritai. Und jetzt lass uns schlafen.»

So traumlos wie Daritai schläft nicht jeder in dieser Nacht. Noch wissen nicht viele, dass er in Sarai ist, aber bei denen, die es wissen, löst seine Heimkehr viele Gedanken aus. Und es sind nur wenig freundliche Gedanken.

Der Ritt zum Palast

Stunde um Stunde des nächsten Tages vergeht, ohne dass ein Offizier der Palastwache Daritai zu seinem Vater bringt. Zuerst findet der Junge nichts dabei.

Er lacht leise zu Schira:

«Vielleicht hat der erhabene Khan einen schweren Kopf, weil er mit seinen Gästen ein großes Fest gefeiert hat.»

«Du sprichst von deinem Vater, Daritai!», mahnt Schira.

Als es immer lebhafter auf den Straßen wird und sich mit dem fortschreitenden Tag niemand bei ihnen blicken lässt, wird Daritai ungeduldig.

«Ich bin sicher, der Khan weiß nicht, dass ich hier bin!»

Und abermals nach einer Zeit, als Daritai bemerkt, dass auch Schira seine Erregung nur noch mühsam bezwingt, sagt er:

«Komm, Schira, jetzt machen wir ein Ende!»

«Du willst ohne Aufforderung zum Khan gehen?»

«Nicht gehen, Schira, reiten! Führ mich zu unseren Pferden!» Ohne nach links oder rechts zu sehen, geht Daritai durch die Straßen. Er kümmert sich weder um die neugierigen noch um die verwunderten Blicke, die ihn treffen, wenn er den Leuten nicht ausweicht, sondern wartet, bis ihm Platz gemacht wird.

Als sie zur Koppel kommen, sagt Schira:

«Ich hätte noch einmal zu Bedschak gehen können ...»

«Betteln, Schira?», fällt Daritai ihm ins Wort, und ohne eine Antwort abzuwarten, ruft Daritai sein helles «Scheck-scheck-scheck-scheck!», wie er sein Pferd immer lockt. Laut wiehernd trabt der Rotschecke mit Schiras Braunem heran.

Bevor sie an das Koppeltor treten, warnt Schira den Jungen: «Sei klug vor dem Khan, Daritai. Verklage Bedschak nicht in dieser ersten Stunde. Ergründe erst, wie hoch sein Ansehen ist.» Der Blick aus Daritais Augen sagt Schira, wie ungern sich der Junge fügt.

«Öffnet das Tor!», fährt Daritai die Koppelwachen an.

«Seinen Zorn an Unschuldigen auslassen, bringt einem keine Freunde», raunt Schira.

«Schweig.» Daritai sitzt auf, seine Fersen dreschen dem Pferd in die Seiten, und in wildem Galopp sprengt er davon, dass Schira ihm nicht zu folgen vermag.

Die ersten Wachen an der Straße zum Palast des Khans sehen den Reiter kommen.

Daritai ahnt ihre Absicht, ihm in den Weg zu treten. Ein Ruck am Zügel – der weit ausgreifende Galopp wird kurz und gezielt, Daritai liegt mit dem Körper flach auf dem Pferd, hoch reckt sich der Schecke – und mit einem mächtigen Satz springt er über die Wachen hinweg.

Der Schecke stürmt weiter. Daritais zusammengekniffene Augen sehen nur ein Ziel: den weißen Palast Gulai-Khans. Er hört den Alarm nicht, den die Wache schlägt. Er ist bereit, alles niederzureiten, was sich ihm entgegenstellt.

Das wilde Geschrei der Soldaten, das Durcheinander auf der Straße versetzt die Wache vor dem Palast in Bereitschaft. Die Lanzenträger kreuzen ihre Waffen, vier Schwertträger reißen die gebogenen Klingen aus den Scheiden.

Um Daritais Mund zuckt es verächtlich. Er reitet sein Pferd so dicht heran, dass der Kopf des Schecken zwischen den gekreuzten Lanzen steht. Dann setzt er sich gelassen zurück und fasst mit seinen Händen an den Gürtel, wo Messer und Axt stecken. Und wie er die Soldaten jetzt so drohend dastehen sieht und sich besinnt, weshalb sie diese Haltung eingenommen haben, kommt ihn plötzlich das Lachen an. Er weiß aber im gleichen Augenblick, dass er es nicht zeigen darf, deshalb ruft er schnell:

«Ihr solltet mir den Weg zu meinem erhabenen Vater nicht mit euren Waffen versperren! Meldet dem erhabenen Khan, dass sein Sohn Daritai vor dem Palast steht!»

Zwei der Soldaten werfen sich Blicke zu. Dann geht einer von ihnen mit steifen Schritten in den Palast. Die anderen verändern ihre Haltung nicht, aber ihre Augen blicken neugierig auf den jungen Reiter.

Während alle warten, hört Daritai Pferdegetrappel hinter sich. Ohne hinzusehen weiß er, dass Schira kommt. Aber noch bevor der Alte heran ist, tritt der Soldat wieder aus dem Palast.

«Der erhabene Khan erwartet seinen Sohn, den Prinzen Daritai. Gebt den Weg frei!»

Daritai springt ab. Sein eben noch gerötetes Gesicht wird mit einem Mal blass, sein Hals wird trocken und kratzig. Einen winzigen Augenblick hält er sich am Zügel des Schecken fest, dann geht er durch die Tür des Palastes. Kühle und Dämmerung umfangen ihn. Teppiche verschlucken das Geräusch seines Schrittes. Der plötzliche Wechsel der Umgebung und die Aufregung machen ihn unsicher, als er den Wohnraum betritt. Er bleibt stehen.

«Tritt näher!»

Daritai fährt zusammen. Er sucht mit den Augen in der Richtung, aus der die Stimme kam.

Ihm gegenüber sitzt ein Mann in einem roten, glänzenden Rock. Er hat die Hände auf den Knien liegen, hält den Kopf ein wenig gesenkt und sieht auf den Boden.

«Tritt näher!»

Daritai hört die strengen, fordernden Worte noch einmal. Aber es ist ihm unmöglich, sich vom Fleck zu rühren. Er kann nicht mehr denken: dort ist mein Vater – so wie er es sich vorgenommen hat. Er denkt: was soll ich bei diesem fremden Mann? Aber es ist noch etwas, das seine Verwirrung steigert: er hört ein Klappern, ein feines Klirren, und er weiß nicht, woher es kommt. Er sieht sich um, sieht wieder nach vorn und bemerkt, dass der Khan den Kopf zwar gesenkt hat, aber ihm unter der Stirn her entgegensieht. Und dieser Blick zwingt ihn, auf den Mann zuzugehen.

Daritai ist zumute, als ob ihm das Herz gefriert. Je näher er dem Khan kommt, desto weiter entfernt er sich innerlich. Fort, fort, fort, denkt er.

Plötzlich lassen ihn die Augen los. Gulai-Khan bückt sich, seine Hände suchen auf dem Fußboden und langen nach etwas. Daritai verfolgt jede Bewegung. Und nun weiß er, woher das Klirren kommt: der Khan hebt eine Kette aus roter Jade auf und lässt sie Perle auf Perle durch die Finger gleiten.

Jetzt verwirrt ihn das Geräusch nicht mehr. Er bleibt stehen und verbeugt sich tief.

«Richte dich auf und setz dich an meine rechte Seite.»

An die rechte Seite?, denkt Daritai. An die Seite, die dem Kronprinzen gebührt?

«Ich danke dir für dein Wohlwollen, erhabener Khan», sagt er.

«Warum nennst du mich Khan? Wenn ich für dich der Khan bin, musst du für mich der Prinz sein. Willst du das?»

«Verzeih, erhabener Vater», sagt Daritai und sieht ihm gerade ins Gesicht. «Ich war lange fort, mir ist, als ob ich dich zum ersten Mal sehen würde.»

«Dann hat in den Jahren, die du fern von Sarai gelebt hast, niemand mit dir über mich gesprochen?»

Warum ist er so kalt und abweisend, denkt Daritai. Dann besinnt er sich auf die Frage des Khans.

«O nein, mein Großvater hat immer von dir erzählt. Jeden Tag hat er mir gesagt, wie groß dein Ansehen ist. Jeden Tag hat er von dir gesprochen und von Daukai, meiner Mutter.»

Plötzlich hört das Klirren unter den Händen des Khans auf. Die Kette gleitet über das Handgelenk und pendelt lautlos hin und her. Der Khan wendet Daritai das Gesicht zu. Seine Augen blicken nicht mehr unter der Stirn hervor. Er sieht den Jungen an, als ob er jetzt erst begreifen würde, wer neben ihm sitzt.

Daritai sieht, wie es um den Mund des Khans zuckt und wie damit sein Gesicht die Kälte verliert. Er spürt im nächsten Augenblick einen harten Griff an seinem Handgelenk, er fühlt sich vom Sessel gerissen, umschlungen und gepresst, dass er nicht zu atmen wagt. «Daukai, Daukai», flüstert es über seinem Kopf, «du hast ihn heimgeschickt! – Setz dich zu meinen Füßen, Daritai, wie es deine Mutter immer getan hat, wenn wir allein waren.» Er lässt Daritais Hand nicht los, als der Junge auf dem Teppich hockt. «Bist du allein durch die Steppe zu mir geritten?» «Nein, mein Vater, vor der Tür draußen wartet Schira, der mich begleitet hat.»

«Schira? Das war der Waffenmeister deines Großvaters.»

«Ja, und er soll auch der Waffenmeister des Fürsten Itimur bleiben, der jetzt auf dem Fürstenthron in der Baraba-Steppe sitzt.»

«Wann ist dein Großvater gestorben, Daritai?»

«Woher weißt du, dass er gestorben ist?»

«Weil wir verabredet hatten, dass du bis zu seinem Tode bei ihm bleiben sollst.»

«Mein Großvater ist in den Ewigen Blauen Himmel gegangen, als der Schamane sich zum Opferfest auf dem Eis vorbereitete.» Daritai hält erschrocken inne. Seine Augen suchen verlegen den Blick des Khans. Ich habe vom Ewigen Blauen Himmel gesprochen, denkt er. Was wird der Vater sagen? Aber er sieht weder Missbilligung noch Zorn. Vielmehr glaubt er, dass der Vater ihm nicht richtig zugehört hat. Die dunklen, schrägen Augen sehen durch ihn hindurch.

«Sprich weiter, Daritai», hört er sich aufgefordert. Also hat er doch zugehört.

«Ja, als der Schamane sich zum Opferfest auf dem Eis vorbereitete, ist mein Großvater gestorben.»

«War er krank?»

«Nicht sehr – aber ich war nicht bei ihm, als er starb. Er hat mich nicht mehr zu sich kommen lassen.»

Ein Lächeln huscht über das Gesicht des Khans.

«Auch wenn du bei ihm gewesen wärst, hättest du zu mir heimkehren dürfen. Ich fürchte kein Unglück von Menschen, die bei einem Sterbenden waren, wie es die Tataren der Steppe tun. Ich glaube an Allah, Daritai!»

«Ich weiß es, mein Vater, und es ist schwer für mich, deinen Glauben zu verstehen.»

«Du wirst es lernen.»

«Ich will es versuchen, mein Vater. Aber könnte es nicht sein, dass mir der Glaube an den Ewigen Blauen Himmel lieber ist?» Der Griff an Daritais Hand wird schmerzend.

«Der Sohn muss glauben, was sein Vater glaubt!»

Über Daritai kommt ein kaum bezwingbares Verlangen, die Hand des Khans abzuschütteln. Ich will nicht müssen!

«Daritai!», ruft der Khan mit einem Mal, «bist du überhaupt schon bewirtet worden? Du trägst noch die Reisekleider. Hast du Sarai gerade erst erreicht?»

«Nein, mein Vater, ich habe schon eine Nacht in deiner Stadt geschlafen. Als ich gestern ankam, hast du mit deinen erhabenen Gästen ein Fest gefeiert, bei dem du nicht gestört sein wolltest.»

«Wusste die Wache, wer du bist?»

«Ja.»

«Bedschak!» Der Khan lässt Daritai los. Seine Augen werden schmal wie Schlitze. Er versteckt die geballten Hände in den weiten Ärmeln seines Rockes. «Bedschak!», stößt er noch einmal hervor.

Als Daritai den Khan ansieht, drängt sich ihm der Gedanke auf: er ist zum Fürchten. Was würde der Vater erst sagen, wenn er wüsste, dass Bedschak daran gezweifelt hat, dass ich Daritai bin? Aber er folgt Schiras Rat und schweigt.

«Du wirst mit mir essen, Daritai, und dann werde ich dich in das Haus führen lassen, das du von jetzt ab bewohnen wirst. Heute Abend gebe ich dir zu Ehren ein Fest. Alle sollen wissen, dass du heimgekommen bist zu deinem Vater.»

«Wird Schira bei mir wohnen, bis er wieder zurückgeht in die Steppe?»

«Ist es dein Wunsch?»

«Ja, mein Vater.»

«Dann soll er bei dir wohnen. Aber wir sind beide undankbar. Er hat dich nach Sarai gebracht, und wir lassen ihn vor der Tür stehen. Er soll jetzt bei uns sein!»

«Du bist gut, mein Vater», sagt Daritai und sieht den Khan glücklich an.

Während sie warten, bis die herbeigerufene Wache mit Schira zurück ist, denkt der Khan: Ich habe diesen Sohn gehasst, als er fortging, und ich habe nicht viele gute Gedanken für ihn in all den Jahren gehabt, in denen er fort war. Und jetzt? – Jetzt ist es mir, als ob ich nicht eine Stunde mehr ohne ihn sein möchte.

Prinz Amanak

«Warum hat mir der Khan neue Kleidung bringen lassen, Schira? Ist das, was wir in der Steppe tragen, nicht gut genug für ein Fest in Sarai?»

«Es ist *dein* Fest, Daritai. Du wirst die Hauptperson sein. Deshalb sollst du das Beste anhaben, das in Sarai zu finden ist.»

«Meinst du, Schira? Wenn es ist, wie du sagst, freue ich mich.»

«Du freust dich schon die ganze Zeit. Dein zweites Wort ist: Ich freue mich!» Und nach einer Weile: «Dann wirst du jetzt ja wissen, woran du mit dir bist.»

Daritai versteht ihn zuerst nicht. Dann erinnert er sich an das Gespräch, bevor sie in Sarai ankamen.

«Ja, Schira», sagt er ehrlich, «ich freue mich wirklich auf das Leben hier. Ist das nicht gut, nachdem eine Rückkehr für mich unmöglich ist und nachdem alles erst so böse aussah?»

«Gewiss ist es gut, Daritai.»

«Na, also! Was machst du dann noch für ein sorgenvolles Gesicht? Ach ja, unser Abschied. Ich will nicht daran denken, sonst wird mir das Herz ebenso schwer wie dir. Ich will erst daran denken, wenn ich dich davonreiten sehe.»

«Ja, so wollen wir es machen», sagt Schira, aber er hatte vorhin nicht an den Abschied gedacht.

Als Daritai mit Schira den großen Raum betritt, in dem das Fest gefeiert werden soll, möchte er am liebsten stehen bleiben, so überrascht ist er von der Pracht, die der Khan hat entfalten lassen. Mit blauem Damast ist die Tafel gedeckt, golden ist das Geschirr, das darauf steht, tiefrot sind die Sitzkissen für die

Gäste. Die herrlichen Farben der kostbaren Wandteppiche leuchten im Schein unzähliger Kerzen, die auf silbernen Leuchtern brennen. Duftende, zartrosa Blütenzweige stehen in hohen, dunkelblauen Vasen.

Schira knufft Daritai in den Rücken, damit der Junge weitergeht. Am oberen Tafelende sitzt der Khan. Er ist gekleidet wie Daritai selbst. Sein schimmernder, weißer Rock wird von einem goldbeschlagenen Gürtel gehalten, in dem sich das Kerzenlicht bricht, dass er Lichtpfeile zurücksprüht. Ein brennend roter Überwurf reicht ihm vom Kopf über die Schultern und hängt bis zur Erde hinab. Über der Brust liegt ihm die Kette aus roter Jade.

Auf seiner rechten Seite sitzt ein junger Tatar, ebenso kostbar gekleidet, und neben ihm eine Frau.

Gulai-Khan winkt Daritai zu sich.

«Das ist Duba, dein Bruder, der Kronprinz. Ich wünsche, dass ihr euch vertragt. Und das ist seine Mutter, Prinzessin Abagi. Setz dich an meine linke Seite, Daritai.»

Schira stellt sich hinter Daritai, um zu warten, bis ihm ein Platz zugewiesen wird.

Als Erster der eingeladenen Gäste betrit ein hoch gewachsener Tatar den Raum. Seine stolze Haltung lässt ihn älter erscheinen, als er ist.

Amanak! denkt Daritai und vergisst Duba, dessen hochmütiger Blick ihn abgestoßen hat.

Amanak senkt den Kopf vor Gulai-Khan nicht einen Zoll tiefer, als es die Sitte fordert.

«Ich danke dir für die Einladung zu diesem Fest, erhabener Khan!» Und als er sich aufrichtet, streift sein Blick Daritais Gesicht.

Warum sieht mein Bruder nicht aus wie Amanak, denkt

Daritai und blickt dem Gast aus Sibirien nach, der würdevoll seinen Platz neben Dubas Mutter einnimmt. Kutschum-Khans Sohn!

Daritai achtet nicht darauf, wer nach dem Prinzen vor seinen Vater tritt.

«Ich freue mich, dass du mit uns feiern willst, Prinzessin Teni», hört er den Khan sagen. Erst jetzt gehen Daritais Augen über eine zierliche Gestalt in zartgrünem Gewand. Ein silberdurchwirkter, hauchdünner Schleier liegt über dem glänzenden, schwarzen Haar und wird von einem Reifen aus grüner Jade festgehalten. Große, dunkle Augen sehen den Khan, Duba und Abagi an, forschen eine Sekunde in Daritais Gesicht und wenden sich ab. Mit kleinen, leichten Schritten geht Teni zu ihrem Bruder Amanak und setzt sich neben ihn.

Nacheinander treten die Tausendschaftsführer Gulai-Khans an die Festtafel. Einer von ihnen ist Bedschak. Selbstsicher verbeugt er sich vor dem Khan, und im Weggehen streift er Duba mit einem langen Blick. Daritai sieht er nicht an.

Zuletzt kommen die beiden Offiziere Kutschum-Khans, die den Prinzen Amanak zu den Nogaiern begleitet haben. Als alle versammelt sind, hebt der Khan die Hand. Kein Laut ist zu hören.

«Ich habe euch eingeladen, damit ihr euch mit mir über die Heimkehr meines Sohnes Daritai freut, den sein Großvater, der Fürst Altan, vor acht Jahren zu seinem Volk in die Baraba-Steppe nahm, weil er die letzten Jahre seines Lebens nicht in Einsamkeit verleben wollte. Als sich der Schamane auf dem Eis für das Frühlingsfest vorbereitete, ist Fürst Altan gestorben.» Der Khan legt dem Jungen die Hand auf die Schulter. «Ich danke euch, dass ihr meiner Einladung gefolgt seid, dieses Fest der Freude mit mir zu feiern. Daritai ist inzwischen ein Jungmann geworden, dem nur die Umgebung einer Stadt fremd ist, der aber sonst alles kann, was ein nogaiischer Prinz in seinem Alter können muss. Lasst uns seine Heimkehr feierlich begehen!» Die Sicherheit, mit der sein Vater redete, hat Daritai seine anfängliche Verlegenheit schnell überwinden lassen. Kerzengerade sitzt er an der Tafel und sieht sich jeden der Gäste an. Als die am Spieß gebratenen Hammel aufgetragen werden und der klare Karakumis in den Bechern schäumt, isst und trinkt er mit Wohlbehagen und weiß nichts mehr von seinem Ärger am Abend vorher.

Die Musikanten spielen auf ihren zweisaitigen Geigen während des Mahls, das sich bis in die Nacht hinzieht. Endlos dehnen sich die Gespräche der Männer. Die Gefolgsleute des Prinzen Amanak berichten von ihrem Sieg in Sibirien, dann wieder erzählen die Offiziere Gulai-Khans von ihren siegreichen Kämpfen gegen türkische Seeräuber, die es auf die reiche Stadt Sarai abgesehen hatten. Und Schira schildert die Kämpfe seines Volkes gegen die Kirgisenstämme, die ihnen die besten Pferde von der Weide gestohlen hatten.

Daritai betrachtet während dieser Gespräche alle, die um die Tafel sitzen. Die Offiziere seines Vaters sind keine jungen Männer mehr. Besonders einer ist dabei, dessen Bart weiß und zottig um den faltigen Mund hängt. Wie das Fell an der Kehle eines alten Ziegenbockes, schießt es Daritai durch den Kopf, und ein Lachen steigt ihm im Halse hoch. Freundlich nickt ihm der Alte von drüben zu. Wenn du wüsstest, denkt Daritai und lächelt zurück.

Immer, wenn er an diesem Abend dem Blick eines der Offiziere begegnet, findet er dies gleiche, freundliche Herübergrüßen. Nur Bedschak weicht ihm aus. So auffällig, als wäre Daritai überhaupt nicht an der Tafel. Es ist sein schlechtes Gewissen, denkt Daritai, aber er sieht auch, wie sich Bedschaks und Dubas Augen des Öfteren treffen. Die beiden scheinen sich gut zu verstehen, überlegt Daritai. Ich muss mich vor ihnen hüten!

Duba sitzt steif vor Würde neben seinem Vater. Kaum, dass er isst und trinkt. Dafür huscht sein Blick immer wieder verstohlen zu der kleinen Prinzessin Teni. Aber sie sieht sich nicht einmal nach ihm um.

Wenn Daritai zu Dubas Mutter hinüberschaut, denkt er jedes Mal: nachher muss mir Schira sagen, ob meine Mutter auch so ausgesehen hat. Oder lieber nicht, denn wenn er ja sagt ... Aber hieß meine Mutter nicht Daukai? Daukai – die Rose! Und Rosen sind schön!

Daritai sieht zu Amanak hin. Ist der Prinz eigentlich mit seinen Gedanken bei dem, was die Männer erzählen? Er neigt zwar den Kopf vor, wenn einer spricht, aber schaut er nicht ganz woanders hin? Es sieht aus, als gingen seine Augen durch alles hindurch, sogar durch die Wände dieses Hauses. – Ah, jetzt weiß ich, was in seinem Blick ist. Er sucht die weite Steppe. Amanak hat die Steppe mit bis in dieses Haus gebracht – in seinen Augen. So sehen sie alle über das gute Land, mit denen ich bis jetzt zusammen war. Und Daritai fühlt sich zu Amanak hingezogen. Hoffentlich bleibt er noch für lange Zeit der Gast Gulai-Khans, denkt er, damit ich mit ihm sprechen und reiten kann.

Als Daritai in seinem Haus auf das Lager fällt, ist er von dem, was er gehört und gesehen hat, mehr berauscht als von dem starken Getränk. Schira zieht ihm die Stiefel von den Füßen, streift ihm den roten Umhang und den weißen Rock ab und bedeckt seinen bloßen Oberkörper mit einer weißen Filzdecke, die dazu bereitliegt.

«Daritai, du brauchst einen Freund in dieser Stadt, der dir den Becher wegzieht, wenn es an der Zeit ist, ohne dass es einer merkt. Heute habe ich es noch getan.»

«Ich wüsste einen, den ich als Freund möchte.»

«Wen?»

«Den Prinzen Amanak.»

«Der geht auch wieder fort!»

«Ich will keinen anderen, Schira.»

«Dann wirst du selbst auf dich aufpassen müssen!»

«Das werde ich! Aber warum auf mich aufpassen? Waren nicht alle freundlich zu mir?»

«Lass dich davon nicht täuschen, Daritai. Es sind welche darunter, die eine stinkende Leber haben!»

«Gestern hast du gesagt, ich soll nicht alles mit schielenden Augen sehen, und heute, scheint mir, tust du es!»

«Du musst das Wichtige von Unwichtigem unterscheiden lernen.»

«Ja, Schira, aber jetzt bin ich zu müde dazu.»

«Dazu soll man nie zu müde sein!»

«Gut. Was hältst du von meinem Bruder Duba? Er hat ein ebenso verquollenes Gesicht wie seine Mutter.»

«Dafür kann er nichts. Aber von ihm hast du nur Schlechtes zu erwarten. Ihm sprach der Neid über das Fest dir zu Ehren geradezu aus den Augen – und seiner Mutter nicht weniger. Auch habe ich an manchem verstohlenen Blick gesehen, dass Prinzessin Abagi unter den Offizieren des Khans Günstlinge hat. Sei vorsichtig, Daritai!»

«Ja, Schira, aber heute Abend nicht mehr.»

«Dann schlaf schon, du Faulpelz!»

Ein Schwan für die kleine Schwester

Am nächsten Vormittag empfängt der Khan Kaufleute aus Persien, die mit ihrem Schiff angekommen sind und um die Erlaubnis bitten wollen, eine Niederlassung in Sarai zu eröffnen. Sie bringen Teppiche, Gewürze und Öle zum Handel.

Vor Gulai-Khan breiten sie als Geschenk einen großen Gebetsteppich aus. Der Khan wirft einen Blick darauf und weiß, dass es eine besonders gute Arbeit ist. In seiner Stadt werden die besten Teppiche gehandelt und in seinen Häusern hängen die auserlesensten Stücke. Aber selten sieht er Farben von dieser Leuchtkraft. Er streckt den Fuß aus, um ihn prüfend auf das satte Rot des Teppichrandes zu setzen. Der silberne Brokat seines Schuhes versinkt darin.

«Ich danke euch, Freunde! Baut euch ein Haus, wo ihr einen günstigen Platz in meiner Stadt findet.» Sein Mund verzieht sich zu einem Lächeln, aber sein Blick bleibt kühl. «Mein Baumeister wird mit euch in das Viertel der Handelshäuser gehen. Was erwartet ihr für Waren zum Tausch? Rauchwerk, Honig, Hölzer, wie alle anderen auch?»

«Wir erwarten auch dies, erhabenster aller Herrscher. Aber wir wünschen noch etwas anderes ...»

Die Augen des Khans blicken die Händler scharf an.

«Hoch im Norden dieses Landes, wo Eis und Schnee nur ungern der Sonne weichen, gibt es Sümpfe, in denen Elfenbein liegt. Stoßzähne von riesigen Elefanten, die einmal über diese Erde gezogen sind. Damit wollen wir handeln, erhabenster Khan.» Der Blick Gulais bohrt weiter.

«Was noch?»

«In diesem nördlichen Lande gibt es Tiere, die Marale genannt werden. Sie leben in den dichten Wäldern. Wir möchten ihre Geweihe haben.»

«Die Geweihe? Wozu?»

«Es wohnt eine geheimnisvolle Kraft in ihnen. Wer sie im Mörser zerstampft, in der Mühle zermahlt und das Pulver genießt, dem verleiht es ewige Jugend.»

«Woher weißt du das?»

«Männer der Heilkunde haben es herausgefunden. Aber es müssen die Geweihe der stärksten, der edelsten Marale sein!»

«Verleiht dieses Pulver auch ein langes Leben?»

«Ja, o Khan, ein langes Leben und einen Körper voller Kraft!»

«Wie wollt ihr an diese Geweihe kommen?»

«Wir werden Leute nach Norden schicken, die zu den Hütten der Eingeborenen gehen.»

Einen Augenblick schweigt Gulai-Khan, dann sagt er:

«Ich kann euch behilflich sein. Im Norden ist das Reich Sibir, das Kutschum-Khan regiert. Ich werde euch einen Brief an ihn mitgeben. Dafür erwarte ich euren Besuch, wenn ihr wieder zurückkommt. Seid jetzt meine Gäste!»

Der Khan schickt nach dem Baumeister, und auch Daritai und Duba kommen zum Gastmahl.

Als die persischen Kaufleute mit dem Baumeister aufbrechen, um den Platz für das Haus auszusuchen, bleibt der Khan mit seinen Söhnen allein zurück.

«Hast du dir schon ein Pferd gewählt, Daritai?», fragt er.

«Ein Pferd gewählt, erhabener Vater? Ich habe ein Pferd!»

«Ja, ein schönes zottiges Steppentierchen», sagt Duba, und es zuckt verächtlich um seine aufgeworfenen Lippen.

Daritai ist einen Augenblick sprachlos über Dubas Gehässigkeit. Er möchte am liebsten aufspringen und Duba die Faust ins Gesicht schlagen. Aber noch rechtzeitig sieht er den gespannten Blick des Khans, der ihn abwartend unter der Stirn her ansieht.

Daritai schluckt einmal, zweimal. Und als sei Duba nicht anwesend, sagt er:

«Ich habe deine herrlichen Pferde bewundert, als ich mit Schira nach Sarai kam, erhabener Vater, aber ich wäre sehr froh, wenn du mir erlaubst, meinen Rotschecken zu behalten. Denn mein Großvater hat mich nicht gefragt, ob ich mir schon ein Pferd gewählt hätte; ich habe es mir verdienen müssen.»

«Womit, Daritai?»

«Ich musste drei Wildpferde zureiten. Erst dann durfte ich das Pferd wählen, das mir am besten gefiel: meinen Schecken. Deine Pferde mögen schöner sein; ausdauernder und treuer sind sie nicht!»

«Du darfst ihn behalten, Daritai.»

Jetzt ist es Duba, der sprachlos ist. Der Vater erlaubt, dass die Steppenmähre unter seinen edlen Tieren steht! Der Vater hört sich an, dass Daritai seinen Gaul mit nogaiischen Pferden vergleicht! Wissen die beiden überhaupt, dass ich noch hier bin? Sie sollen es nicht vergessen!

«Dann schneid ihm wenigstens die Trotteln ab, die ihm um die Fesseln baumeln!», zischt Duba in seiner Wut.

«Warum? Mich stören sie nicht!», sagt Daritai und sieht ungerührt in Dubas Gesicht. «Außerdem wird dein Pferd dann noch mehr durch seine Schönheit auffallen.»

«Daritai hat Recht, meinst du nicht auch, Duba?», sagt der Khan. «Mir scheint, du hast vergessen, dass ihr euch vertragen sollt. Ich möchte es dir nicht befehlen, Duba! Außerdem werde ich euch Gelegenheit geben, eure Pferde zu vergleichen. Ich habe für morgen eine Beizjagd angesetzt. Wir reiten nach Sonnenaufgang!»

Hinter Duba verlässt Daritai das Haus. Er sieht den steifen Rücken seines Bruders, sieht dessen breitbeinigen, stelzenden Gang. Wie ein junger Schafbock geht er, der seine Kraft höher einschätzt, als sie ist, denkt Daritai. Ich werde dir zeigen, was du von meinem «zottigen Steppentierchen» zu halten hast.

Und der Khan sieht Daritai nach. Wie mager der Junge ist, denkt er, aber seine Bewegungen sind geschmeidig und sicher. Genauso hat sich Daukai bewegt. Er hat ihre hellen Augen, ihre schöne olivfarbene Haut, und er ist ebenso ehrlich und offen wie sie. Wie er es sagt, so meint er es auch – wie Daukai, die schöne, zarte Rose. Ich will ihm verzeihen, dass er seiner Mutter den Tod gebracht hat.

Schira liegt gähnend auf dem Ruhelager, als Daritai den Wohnraum seines Hauses betritt.

«Dir wird das Gähnen gleich vergehen!», lacht Daritai. «Steh auf, alter Schira, wir wollen unsere Pferde bewegen. Morgen reiten wir alle zur Beizjagd.»

«Deshalb brauchen wir sie doch nicht bewegen! Die Ruhe hat ihnen gut getan nach dem langen Ritt durch die Steppe. Schau sie dir an, wie übermütig sie auf der Weide stehen! Aber sagtest du Beizjagd, Daritai? Hast du dich nicht verhört?»

«Bestimmt nicht. Warum willst du es nicht glauben?»

«Ich will es ja glauben. Aber es ist seltsam.»

«Warum? Der Großvater hat mir erzählt, dass die Beizjagden Gulai-Khans von niemandem zu übertreffen sind. Warum ist es dann seltsam, dass er seinen hohen Gästen ein solches Vergnügen bereiten will?»

«Ja, du hast Recht. Es ist mir auch nur so herausgefahren.»

Daritai stellt sich vor den Alten.

«Verschweigst du mir etwas, Schira?»

«Was du dir gleich für Gedanken machst! Komm, vielleicht sollten wir die Pferde doch bewegen.»

Auf dem Weg zur Koppel erzählt Daritai, wie ausfallend Duba geworden ist.

«Ich sagte dir doch, dass du von ihm nichts Gutes zu erwarten hast. Sei vor ihm auf der Hut, Daritai!»

«Aber was will er von mir? Ich bin Gulais Sohn, wie er!»

«Du bist auch Daukais Sohn, und das ist er nicht. Als deine Mutter Gulai-Khans Frau wurde, hat sich vieles am Hofe in Sarai verändert. Deine Mutter war nicht nur die schönste Prinzessin von allen tatarischen Stämmen, sie war auch die freundlichste Frau, die es gab. Außerdem war sie klug und redete nie ein unüberlegtes Wort. Sie verwandelte alle, die um sie waren – am meisten den Khan. Das hat Dubas Mutter nicht verwinden können, und als du geboren warst, Daritai, hat sie dich ebenso gehasst wie Daukai. Sie hat immer gefürchtet, dass der Khan dich seinem Sohn Duba vorziehen wird, sie hat gezittert, dass er dich womöglich zum Kronprinzen macht. Wenn Duba gegen dich ist, dann kann er nicht einmal etwas dafür. Er hat nur boshafte Reden über dich gehört.»

«Davon hat mir der Großvater nie etwas erzählt.»

«Kannst du dir nicht denken, warum? Du würdest Angst vor Sarai bekommen haben, wenn du es schon damals gewusst hättest. Aber ich glaube, es ist doch besser, wenn du es jetzt erfährst.»

Als sie aufgesessen sind, sehen sie weit in der Ferne, am schilfbestandenen Flussufer, zwei Schimmel traben. Daritai und Schira nicken sich zu, und schon treibt Daritai sein Pferd an:

«He – scheck-scheck-scheck – hee – hee!»

Der Rotschecke spielt mit den Ohren, und als wüsste er, worum es geht, wiehert er laut und galoppiert ab.

Je mehr sich Daritai und Schira den Schimmeln nähern, desto sicherer weiß der Junge, dass er sich nicht getäuscht hat: Die Reiter sind Prinz Amanak und Prinzessin Teni! Immer kleiner wird der Abstand, denn Daritai bestimmt einen fliegenden Galopp. Jetzt biegen die Schimmel um eine Gruppe niedriger Pappeln, und sosehr Daritai auch schaut – sie bleiben dahinter verschwunden.

Als Schira und Daritai die Stelle erreichen, sehen sie, dass die Böschung steil hinab zum Ufer fällt. Unten am Fluss weiden die Pferde. Amanak sitzt auf einem Felsstück und hält Pfeil und Bogen in den Händen. Das Pferdeprusten auf der Böschung lässt ihn hochsehen. Und schon hebt er den Arm, um Daritai und Schira zuzuwinken.

Mit gespreizten Vorderbeinen, die Hinterschenkel über den Boden schleifend, überwinden die Pferde den steilen Abhang.

«Ich hole mir ein wenig Übung für morgen!», ruft Amanak, «denn soviel ich weiß, wird nicht nur gebeizt. Wenn Gelegenheit dazu ist, werden wir auch mit den Pfeilen jagen. Ich habe lange keine Jagd mehr erlebt. Ich bin deinem Vater sehr dankbar für die Freude, die er mir damit bereiten will, Daritai.»

«Ich freue mich auch darauf», sagt Daritai, «aber am meisten freue ich mich, dass ich gerade zu der Zeit heimgekommen bin, in der du in Sarai zu Gast bist.» Daritai sitzt schon neben Amanak, während Schira die Pferde zusammenbindet.

«Warum freust du dich darüber am meisten?»

«Du bist der Sohn Kutschum-Khans, dessen Vorvater der mächtige Dschingis-Khan war. Ich habe mir immer gewünscht, mit deinem erhabenen Vater einmal zu sprechen oder mit einem seiner Söhne. Nun ist es so weit!» Daritai sieht Amanak begeistert an. – Amanak lacht.

«Und nun sitzt einer von Kutschums Söhnen neben dir, im

Jagdanzug und einen kleinen Pfeil auf den Knien. Hattest du dir nicht immer gedacht, einem von uns in Sibir zu begegnen, im Palast von Isker oder in einer Schlacht?»

«Wenn du mich so geradeheraus fragst, muss ich ja sagen. Aber enttäuscht bin ich nicht. Kutschum-Khans Sohn bist du auch im Jagdanzug.»

Amanaks knielanger, grüner Rock aus kostbarem Tuch mit dem breiten Besatz aus glänzendem, dunkelbraunem Zobel fällt über die hochgezogenen Beine. Unter der spitz auslaufenden, grünen Mütze sehen zwei fest geflochtene Zöpfe hervor. Sie verleihen ihm die Würde des Mannes, aber sie wollen nicht zu seinem noch jugendlichen Gesicht passen.

«Außerdem, Amanak, kann sich nicht auch das Wunschbild noch erfüllen?»

Amanaks Gesicht fährt herum.

«Ist es in Sarai Sitte, auf diese Weise zu erfahren, mit welchem Anliegen der Gast gekommen ist?» Amanaks Stimme ist heftig. Er sieht starr geradeaus über das Wasser, aus dem fortwährend blitzende Fische in die Höhe schnellen und klatschend zurückfallen.

«Ich kenne die Sitten in Sarai noch nicht, Amanak, aber ich verstehe auch die Bedeutung deiner Worte nicht», sagt Daritai bestimmt.

Amanak blickt ihn argwöhnisch an, dann wendet er das Gesicht wieder dem Wasser zu.

Plötzlich hört Daritai hinter sich ein Geräusch. Bevor er sich aber umgedreht hat, sagt jemand:

«Warum zweifelst du, Amanak? Neben dir sitzt Daritai – nicht Duba!» Die Prinzessin ist aus dem Gebüsch gekommen und hockt sich neben ihren Bruder.

Daritai blickt überrascht auf.

«Ich hatte vergessen, Teni, dass du mit deinem Bruder vor uns hergeritten bist.»

«Und ich habe mich versteckt, weil ich nicht erkennen konnte, wer uns folgte. Duba oder du.»

«Teni, du sollst nicht so etwas reden», sagt Amanak zurechtweisend, «wir sind Gulai-Khans Gäste, und Duba ist ebenso gut sein Sohn wie Daritai.»

Ohne den Versuch einer Rechtfertigung senkt Teni den Kopf, und Daritai sieht, wie ihr die Röte vom Nacken her ins Gesicht schießt.

Aber Amanak bleibt gereizt. Und als er sieht, wie die Schimmel fortwährend Daritais und Schiras Pferd von der Tränke verdrängen, dass Schira kaum mit ihnen fertig wird, treibt er sie mit überlautem Geschrei auseinander.

«Warum bist du ohne Pferdehalter ausgeritten, Amanak?», fragt Daritai, als würde er die Heftigkeit des Prinzen nicht erkennen.

«Ich habe in der letzten Zeit gelernt, vieles selbst zu tun – außerdem wollte ich allein sein!»

Daritai ringt einen Augenblick mit sich. Dann fragt er: «Bedrückt dich etwas, Amanak?»

«Ja.» Und dann sagt er entschlossen: «Dein Vater gibt mir keine Möglichkeit, über meinen Auftrag zu sprechen. Er weicht mir aus. Er feiert mit uns ein Fest nach dem andern, aber auf einem Fest kann man nicht das sagen, was man will. Deshalb glaubte ich vorhin, er wollte durch dich etwas erfahren.»

«Ich bin von niemandem geschickt, Amanak. Aber warum sollte sich nicht schon morgen ein günstiger Augenblick finden, mit meinem Vater zu reden? Eine Jagd bietet gute Gelegenheiten. Vielleicht kann ich dir behilflich sein. Und lass dir Dank sagen, dass du mir dein Vertrauen geschenkt hast.»

«Ich habe dir wenig anvertraut; aber mehr darf ich nicht sagen, bevor ich nicht die Meinung des Khans weiß.»

«Ich verstehe es, Amanak. – Aber warst du nicht hierher gekommen, um zu jagen? Schau dort oben die Schwäne. Sie kommen näher, pass auf!»

Mit rauschendem Flügelschlag rudert ein Flug Schwäne heran: in blendend weißem Gefieder, die Hälse weit vorgestreckt. Amanak legt den Pfeil an die Sehne und spannt den Bogen. Im Augenblick, als er die Arme heben will, fasst Teni sein Gelenk.

«Lass es», sagt sie bittend, «sie sind so wunderschön.»

«Deshalb sollst du einen haben, kleine Schwester!» Und der Pfeil schwirrt los.

Ein klagender Schrei fällt in die Stille, dass die Pferde verwundert die Köpfe heben und einen Augenblick ihre Zänkereien vergessen.

Die drei an der Böschung verfolgen gespannt den Zug der Schwäne. Plötzlich löst sich einer aus deren Mitte, bleibt zurück, schlägt noch einige Male mit den Flügeln, kraftlos, als seien sie ihm zu schwer geworden. Dann stürzt er kopfüber ins Schilf.

Amanak und Daritai springen auf.

«Er kann nicht weit weg liegen!», ruft Schira, der den Schwan auch beobachtet hat. «Soll ich ihn suchen?»

«Nein, bleib bei den Pferden!», schreit Daritai und stürmt mit Amanak davon. Sie biegen die hohen Schilfhalme auseinander, brechen sie um und treten vorsichtig auf die Stängel, damit sie auf dem unsicheren Grund Halt haben. Immer wieder müssen sie zurück, immer wieder bahnen sie vergebens einen Weg. Als sie es schon aufgeben wollen, sieht Daritai den großen weißen Vogel über ihnen zwischen dicht stehenden Schilfrohren hängen.

«Da! Da!», ruft er Amanak zu und schüttelt den Schwan herunter.

Teni kommt ihnen entgegen, und Amanak schreit schon von weitem:

«Er ist für dich, kleine Schwester!»

«Danke, Amanak», sagt sie, «es ist ein Prachttier, wie du ihn daheim nicht hättest besser schießen können.»

«Siehst du, jetzt freust du dich, und vorhin sollte ich den Bogen nicht spannen.»

Teni nickt. «Ja, du hast Recht, Amanak. Immer ist Angst in mir, wenn getötet werden soll. Nicht vor dem Totsein, das spürt niemand mehr, aber vor dem Töten. Ich denke immer, dass es mich selbst trifft. Es ist dumm, nicht wahr, Amanak?»

«Ja, Teni, denn du hast Angst, weil du weißt, was im nächsten Augenblick geschieht. Außerdem sollst du nicht diese Reden führen. Daritai wird denken, dass wir Heiden sind, wenn wir uns vor dem Sterben fürchten.»

«Ich glaube, vor Daritai dürfen wir sagen, worüber wir beide uns Gedanken machen. Du denkst doch auch nach, Daritai, nicht wahr?»

«Wirst du morgen mit zur Jagd reiten, Teni?», fragt Daritai.

«Ja, ich bin eingeladen.»

«Dann wirst du das Sterben viele Male mit ansehen müssen.»

«Das will ich auch.» Und in Daritais verständnislosen Blick: «Weil ich die Angst verlieren will.»

Adler und Wölfe

Kühl kommt den Reitern der Morgen entgegen. Wenn die Stadt noch vom Aufbruchslärm widerhallte, so verstummen die Gespräche in der Steppe wie von selbst. Der Nachttau liegt fruchtbar und schwer auf der grünen Weite, über die sich von Osten her ein goldener Strom ergießen will. In kurzen Böen fährt der Wind vor der steigenden Sonne her.

Die Falkner führen den Jagdzug an. Hinter ihnen reitet der Khan mit Amanak und dem Kronprinzen. Danach Daritai und Schira, die Teni in ihre Mitte genommen haben. Dann folgen zwei Waffenmeister und drei Tausendschaftsführer – einer von ihnen ist Bedschak! Dahinter die Köcher- und Lanzenträger. Den Schluss bilden zwei Wagen auf hohen Holzrädern, in denen der Mundvorrat, Zelte und Decken untergebracht sind.

Die Falkner reiten einer hinter dem andern. Der Erste trägt den Adler auf dem Kopf. Der große Raubvogel hat seine Fänge in die dicke, wulstige Mütze geschlagen. Die anderen vier Adler sitzen auf den Schultern ihrer Falkner. Das Auf und Ab des Reitens stört sie nicht, sie sind daran gewöhnt. Der Wind spielt mit ihren kurzen Brust- und Beinfedern, dass es aussieht, als ob die Vögel unruhig wären. Ihre goldenen Hauben mit den bunten Federbüschen leuchten im Frühlicht.

Der Zug reitet, bis die Sonne hoch steht und vom Nachttau nichts mehr zu spüren ist. Zu dieser Zeit hat er den Fuß einer kleinen Anhöhe erreicht. Die hohen Offiziere versammeln sich um den Khan, und die Waffenträger reichen jedem Jäger die Lanze, Köcher und Bogen. Auch jetzt wird nur das Notwendige gesprochen. Alle lauschen angestrengt, ob nicht aus der Ferne schon das Geschrei der Treiber zu hören ist.

In allen Gesichtern steht die Spannung und das Jagdfieber. Daritai sieht seinen Vater an. Wie er sich verändert hat, denkt er. Jetzt blickt er nicht mehr kalt und hart unter der Stirn hervor – seine schwarzen Augen gehen aufmerksam in das Jagdgelände. Die hohe Pelzmütze und der knappe, braune Jagdrock lassen ihn jung erscheinen. Daritai merkt, wie alle auf den Khan sehen, und er ist stolz, dass dieser Mann sein Vater ist.

Jetzt reitet der erste Falkner heran.

«Erlaube, erhabener Khan, dass wir den Vögeln die Hauben abnehmen.»

Der Khan nickt.

Der Adler springt auf die in dickem Lederschutz emporge-streckte Hand. Ein Griff, der Kopf des Vogels ist frei. Die Sonne fällt in seine hellbraunen Augen, er dreht den Kopf hin und her und spreizt die Schwingen. Daritai hört das Lockgeflüster des Falkners, der dem Vogel mit einer Feder über Kopf und Rücken streicht. Auch die anderen Adler sind jetzt ohne Kappe.

«Es ist an der Zeit, erhabener Khan, auf die Anhöhe zu reiten», sagt der erste Falkner. Wieder nickt der Khan und reitet mit Amanak los.

Duba wartet auf den nächsten Falkner und winkt der Prinzes-sin. «Ich werde dich führen, Teni. Komm!»

Daritai sieht, wie sie zögert, aber dann lenkt sie ihren Schim-mel neben Duba. Einen Augenblick lang ist Daritai alle Freude an der Jagd verdorben, und er glaubt, dass es Teni nicht anders geht. Enttäuscht sieht er hinter den beiden her.

«Willst du mir mit deinem Begleiter folgen, Prinz Daritai?» Es ist ein Falkner, der sich mit dem Pferd vor Daritai setzt. Im Trab geht es die Anhöhe hinauf. Noch während sie sich aufstellen, hören sie aus der Ferne wüstes Schreien und Stampfen. Die Vögel sind mit einem Mal unruhig, recken die Köpfe, schlagen mit den Flügeln.

Wie ein Spuk, der alle genarrt hat, ist das Geschrei in der Ferne plötzlich verstummt. Noch ein kurzes Abwarten, dann lösen die Falkner den Adlern die Fußfesseln. Der Arm des ersten Falkners streckt sich vorwärts – und im nächsten Augenblick wirft er den Adler dem Morgenwind entgegen!

Zweimal, dreimal schlägt er mit den Flügeln, zieht die Fänge ein und fliegt, die Schwingen weit gebreitet, über das Gebüsch. Der zweite Adler wird geworfen, der dritte, der vierte, der letzte. Höher und höher steigen sie, kaum erkennbar ist jetzt noch ihr Flügelschlag. Sie segeln mit den Wellen des Windes, als seien sie nur aufgestiegen, um denen, die ihnen nachschauen, den Anblick ihres herrlichen Fluges zu schenken.

Große Kreise ziehen sie über der Steppe, hoch und ruhig. Plötzlich scheint einer der Vögel in der Luft stillzustehen. Noch einer. Eine kurze Wendung, dann stürzen sie beide herab, als fielen Steine vom Himmel.

Über die Steppe jagt in wilder Flucht ein grauer Schatten: ein Wolf. Nirgends ein Loch, nirgends ein Strauch, der Deckung gibt – und über ihm mit sausendem Flügelschlag seine Verfolger, die ihm den Tod bringen wollen. Der Wolf kennt die letzte Möglichkeit, die ihm bleibt: Er muss ausbrechen! Mit einer scharfen Wendung wechselt er die Bahn. Es glückt! Der Adler stößt vorbei. Aber da stürzt der zweite Verfolger herab. Er hat genau die Richtung, in die der flüchtende Wolf gewechselt ist. Der Graue will abermals wenden – zu spät. Die dolchspitzen Fänge des Raubvogels schlagen sich ihm ins Genick.

Aber der Wolf gibt nicht auf. Er kläfft um sich, krümmt den Nacken und versucht in tödlicher Angst, sein Leben noch einmal durch die Flucht zu retten. Doch der Schmerz wird nicht schwächer, die Last auf seinem Rücken bleibt und greift immer fester zu. Da stellt sich der Wolf zum Kampf. Er wirft sich zu Boden. Will sich wälzen, spürt einen Hieb über die Lichter, dass es schwarz um ihn her wird. Die Angst macht ihn rasend. Er beißt um sich, schüttelt und schnappt zu.

Der Khan galoppiert mit Amanak und dem Falkner heran. «Kaihai! Kaihai!», lockt der Falkner. «Kaihai!»

Der Adler lässt los. Der Wolf will aufspringen, aber schon fasst der Adler wieder zu.

«Kaihai! Kaihai!»

Jetzt gehorcht der Adler und kehrt zu seinem Herren zurück. Im nächsten Augenblick trifft den Wolf der Speer Amanaks ... Zur gleichen Zeit verfolgen auch Duba und Teni einen Wolf, den einer der Adler gebunden hat. Der starke, alte Rüde, dem das Verderben im Nacken sitzt, ist ein Kämpfer. Er ist der Anführer des Rudels, das die Treiber aufgestöbert haben. Mitten in seiner wilden Flucht hält er an, dreht sich wirbelnd um sich selbst, versucht, den Feind mit den gelben Fangen zu packen, erwischt ein Maul voll Federn, dreht sich wieder im Kreis – schnappt zu – schnappt vorbei. Er wirft sich zu Boden, beißt geifernd rückwärts. Die Augen quellen ihm aus den Höhlen.

Duba hört das Locken des Falkners und schreit:

«Sei still! Ich will ihn noch ein bisschen zappeln sehen.» Und er stößt dem Wolf mit der Lanze in den Leib, dass er wieder aufspringt. Duba weidet sich an dem Anblick des rasenden Tieres, dem das Blut von Hals und Bauch rinnt. Er reitet dicht heran und stochert mit seiner Lanze, sobald der Wolf sich stellt.

«Komm, komm, Alter, wir wollen weiter. Nicht liegen bleiben! Du sollst dich zu Tode rennen, los, los!»

«Erhabener Prinz!», schreit der Falkner. «Es ist nicht Brauch, den Vogel so lange auf dem Wild zu lassen. Er wird nicht mehr beizen wollen, wenn ...»

«... aber ich will es!»

Kürzer und kürzer werden die Abstände, in denen der Wolf verhofft und sich zum Kampf stellt.

«Erhabener Prinz, der Adler ermattet!»

«Der Wolf auch! Los, weiter, Grauer! Renne!» Die Lanze sticht in die Keulen des Tieres.

Aber der Wolf will nicht mehr weiter mit dem Adler auf dem Rücken. Er duckt sich zum Sprung – und fällt im nächsten Augenblick Dubas Pferd an den Hals. Der Rappe bäumt sich hoch, wiehert laut, die Hufe stampfen. Aber sie verfehlen den Grauen.

Als sich der Wolf erneut zum Angriff duckt, stößt Teni ihren Speer vor. Der Wolf steht wie erstarrt, dann fällt er zur Seite. «Das nennst du also jagen, Duba!», schreit Teni außer sich. Ihre Augen flackern.

«Ja, das nenne ich jagen!», lacht Duba, und sein Gesicht glüht vor Befriedigung. «Ich weiß nicht, warum du das Vergnügen schon beendet hast.»

«Weil es mich anwidert! Ich hätte mit Daritai reiten sollen.»

«Mit Daritai? Sieh an – mit Daritai!» Duba hat im Augenblick Wolf und Adler vergessen. Als habe ihn eine Natter gebissen, drängt er sein Pferd neben Teni.

«Er gefällt dir wohl besser, der Steppensohn, der nach Schafmist stank, als er in Sarai ankam; der erst einmal anständige Kleidung bekommen musste, damit man es um ihn aushielt; der einen Gaul reitet, den man eher mit einem Jakbullen vergleichen könnte als mit einem Pferd; der ...»

«Und trotz allem fürchtest du ihn, Duba!»

«Ich ihn fürchten? Hahaha!» Dubas Lachen klingt überlaut und unsicher. «Ich werde ihn kleinkriegen wie diesen Wolf.»

«Der Wolf hat gekämpft!»

«Wenn ich gewollt hätte, wäre er dazu nicht gekommen!»

«Vielleicht. Aber Daritai ist kein Wolf. – Und mit dir jage ich nicht mehr!» Teni wendet das Pferd und reitet in die Richtung der Anhöhe.

Duba folgt ihr dichtauf. Die Wut schüttelt ihn, und sie schüttelt ihn stärker, je länger er seine Augen über Teni gehen lässt. Ihre kurze Jacke aus hellbraunem Fohlenfell liegt eng um ihre zierliche Gestalt. Die Kappe aus weichem Fuchsfell sitzt keck auf dem glänzenden, schwarzen Haar. Fest hält ihre kleine Hand den Speer. Ich muss mit dem Vater sprechen, so bald wie möglich, denkt Duba. Daritai gefällt ihr besser! Aber danach wird sie nicht gefragt werden …

Auf der Anhöhe wartet die versammelte Jagdgesellschaft, bis auch der Khan heran ist.

«Du kannst Prinzessin Teni beglückwünschen, erhabener Vater», sagt Duba, «sie hat den stärksten Wolf gestreckt.»

Der Khan reicht Teni die Hand.

«Ich freue mich mit dir, Prinzessin. Auch deinem Bruder ist das Jagdglück begegnet.»

«Und was hat Daritai zuwege gebracht?», fragt Duba lauernd.

«Eine starke Wölfin!», sagt Daritai stolz. «Und der Adler ist noch voller Kampflust. Der Falkner hat ihm die Fußfessel anlegen müssen, er wollte weiterbeizen.»

«Was ist mit deinem Pferd, Duba?», fragt der Khan. «Es hat am Hals eine Wunde.»

«Ja, mein Vater, der Wolf war nicht bange!» Duba sieht an Teni vorbei und weiß doch, dass sie ihre Augen auf ihn gerichtet hat.

«Der Wolf hat dein Pferd angesprungen? Wie war das möglich?»

«Kommt das nicht vor, erhabener Vater? Ist es nicht schon geschehen, dass der Wolf den Jäger angesprungen hat?»

77

Der Khan starrt Duba an, als ob er ein Gespenst sähe, und in allen anderen Gesichtern steht das gleiche Erschrecken.

Amanak, Daritai und Teni wissen es nicht zu deuten. In die plötzliche Stille weht nur das leise Singen des Windes.

«Ja, es kommt vor», sagt der Khan und wendet Duba den Rücken zu.

Der Kronprinz beißt sich auf die Lippen. Er weiß, dass er in seinem Eifer, die Mordjagd zu rechtfertigen, über das Ziel hinausgeschossen ist. Er hat die bitterste Erinnerung heraufbeschworen, die es für seinen Vater gibt.

«Werft die Vögel noch einmal!», ruft der Khan.

Die Falkner stellen sich wieder auf. Doch einer von ihnen kommt herangeritten.

«Dieser Adler, o Khan, braucht Schonung. Der Kampf hat ihn erschöpft. Wenn er für die Beize erhalten bleiben soll, darf er jetzt nicht mehr jagen.»

Der Khan streckt die Hand nach dem Vogel aus und streichelt ihn mit dem Schwanenflügel.

«Fehlen ihm nicht Federn an der Brust?»

«Ja, o Khan.»

«Warum hast du ihn nicht eher vom Wolf gelockt?»

«Der Kronprinz war dagegen.»

«Dann haube den Adler auf!» Die Jagd geht weiter. Unschlüssig sitzt Duba auf seinem Rappen. Er wagt nicht, den Vater zu fragen, welchem Falkner er sich anschließen soll. Aber schon winkt ihm Bedschak zu:

«Komm an meine Stelle, Prinz Duba!»

Ein wohlwollendes Lächeln zieht über Dubas Gesicht. In diesem Augenblick dreht sich der Khan noch einmal nach seinem Sohn um, und er sieht, wer für Duba den Platz geräumt hat.

Nach dem zweiten Werfen müssen die Vögel ruhen, damit ihre

Kampflust nicht überfordert wird. Nachdem die weißen Filzzelte aufgeschlagen sind, stärken sich die Jäger mit Hammelfleisch und Kumis. Der Khan ist wortkarg. Er nimmt wenig Fleisch und noch weniger von der gegorenen Stutenmilch. Alle sind erleichtert, als die Mahlzeit beendet wird.

Der Khan entlässt die Offiziere. Er bleibt mit seinen Söhnen und den Gästen allein zurück. Daritai bemerkt, wie die Unruhe in Dubas Blick flackert. Er glaubt den Grund zu wissen: Duba fürchtet, dass der Vater ihn noch einmal nach dem Verlauf der Jagd fragen wird.

Um sich das zu ersparen, sagt Duba:

«Erlaube, erhabener Vater, dass ich nach meinem Pferd und dem Adler sehe.»

Unwirsch winkt der Khan mit der Hand seine Einwilligung. Dann fragt er:

«Willst du nicht ein wenig ruhen, Amanak? Und du ebenfalls, Prinzessin? Ich habe ein Zelt für euch allein aufstellen lassen.»

«Danke, erhabener Khan», antwortet Teni und erhebt sich schnell.

«Deine Fürsorge beschämt mich», sagt Amanak. «Ich hoffe, dass dir mein Vater bald die gleiche Freundschaft erweisen kann, wie sie uns in deiner Nähe zuteil wird. Aber ich spüre keine Müdigkeit. Die Jagd hat mich erfrischt. In Sibirien beizt man nicht. Es war ein großartiges Erlebnis!»

Der Khan hat die Augenlider halb geschlossen. Es sieht aus, als habe er von Amanak nichts anderes als dieses Lob erwartet. Doch jetzt kommt Spannung in sein Gesicht, als Amanak weiterspricht:

«Immer muss ich an die Worte meines Vaters denken, die er mir auftrug, als ich mich auf den Weg nach Sarai machte.»

Daritais Herz beginnt heftig zu klopfen. Amanak prescht auf

sein Ziel los, denkt er, und sein Blick huscht von einem zum andern. Er sieht, wie sich sein Vater zur Abwehr wappnet. Jetzt ist die Gelegenheit zum Sprechen da, jetzt darf sie dem Prinzen nicht verloren gehen, denkt Daritai. Wie kann ich ihm helfen, wie?

«Ich wäre glücklich, mein Vater, wenn ich für dich auch einmal eine Vertrauensbotschaft überbringen könnte wie Prinz Amanak für seinen Vater», wirft Daritai hin.

«Was trug dir dein Vater auf, als du fortgeritten bist?», fragt der Khan, von Amanaks und Daritais Reden bedrängt.

«Er sagte:,Verschweige neben den Berichten von unserem Sieg über Jermak und seine Kosaken nicht, dass Sibirien neue Gefahr droht. Gefahr von zwei Seiten!»

«Von zwei Seiten?»

«Ja. Der Weiße Zar kennt nun die Schätze, die unser Land birgt, und er hat bereits wieder Krieger über den großen Fels geschickt. Sie sind nicht bis Isker gekommen, aber sie werden es versuchen. Das ist die eine Gefahr. Die andere droht unserem Reich aus dem Volk der Tataren.»

«Von den Tataren?», fragt der Khan und sieht Amanak aufmerksam an.

Daritai hängt an Amanaks Lippen. Er kann kaum fassen, was er gehört hat. Kutschum-Khan, dem Edelsten aller Tataren, soll Gefahr aus dem eigenen Volke drohen?

«Du weißt, Gulai-Khan, dass vor meinem Vater Sultan Etiger auf dem sibirischen Thron saß. Etiger, der Schwächling, ein Tatar, der sich dem Weißen Zaren unterwarf. Seidak, ein Verwandter Etigers, ein Tatar ohne Reich, ohne Volk, wirbt nun ein Heer gegen meinen Vater. Zuverlässige Kundschafter haben diese Nachricht in das Ordu meines Vaters gebracht.»

«Haben sie auch berichtet, ob Seidaks Werben Erfolg hat?»

«Ja, Gulai-Khan, es hat Erfolg.»

Daritai möchte einwerfen: Wie kann das sein? Wer wird Seidak folgen gegen Kutschum-Khan, aus dem Blute des Dschingis! Aber er bezwingt sich. Er beobachtet seinen Vater. An seinem geradeaus gerichteten Blick glaubt Daritai zu erkennen, dass er scharf überlegt.

«Überschätzt dein Vater die Gefahr nicht, die seinem Reich von Seidak droht? Wer ist Seidak? Ein Häuptling aus der Steppe, ein Heide, der überall vergebens zu Gast sein wird, wo er Stämme trifft, die zu Allah beten.»

«Überall?», versichert sich Amanak, und in seiner Stimme schwingt Erleichterung.

«Gewiss.»

«Dann wird er auch bei dir vergebens werben?»

«Ich glaube nicht, dass er nach Sarai kommt, dazu habe ich meine Verbundenheit mit deinem Vater zu deutlich gezeigt. Gulai-Khan hält zu seinen Glaubensgenossen!»

«Dann darf mein Vater auf deine Hilfe bauen, wenn die Zeit kommen sollte, wieder goldene Pfeile zu senden?»

«Du hast mein Wort bereits, Amanak.»

«Ich sage dir Dank im Namen meines erhabenen Vaters, Gulai-Khan!»

Daritai ist glücklich. Stolz sieht er seinen Vater an.

«Ich wünsche dem Reich deines Vaters Frieden», sagt Gulai-Khan. «Wenn ich auch den Kampf nicht scheue, so weiß ich, dass der Krieg ein Reich schwächt und nicht stark macht.»

«Den Frieden wünscht auch mein Vater, aber eines ist sicher: um Sibir wird es viele Kämpfe geben, und zum Kampf werden alle tatarischen Stämme bereit sein müssen, weil es um alle tatarischen Reiche geht. Würde es den Kriegern des Weißen Zaren bei einem neuen Kampf gelingen, Sibir endgültig zu unterwerfen, wäre der Weg zu den anderen Reichen frei!»

Gulai-Khan sieht in das vor Eifer gerötete Gesicht seines Gastes. Er vertritt die Sache seines Vaters gut, denkt er. Natürlich überschätzt er die Macht des Weißen Zaren, aber das muss ich seiner Jugend zugute halten.

Als Amanak das Zelt verlassen hat, fragt Daritai:

«Glaubst du, dass es wieder zum Kampf um Sibir kommen wird, mein Vater?»

«Bei einem Khan wie Kutschum bestimmt.»

«Wie meinst du das?»

«Kutschum ist ein Mann des Kampfes. Der Krieg ist sein Leben!»

«Aber wird er nicht zum Kampf gezwungen? Womöglich von zwei Seiten?»

«Gerade davor sollte er sich hüten, aber er würde nicht einmal den Versuch zu Verhandlungen machen.»

«Zeigt sich nicht darin das Erbe seines Blutes?»

«Du meinst das Blut des großen Dschingis. Ja und nein. Es stimmt, dass Dschingis ebenfalls nur den Kampf kannte und dass er jeden niederschlug, der sich gegen ihn stellte. Aber er ritt erst dann in den Krieg, wenn er sich seinem Feind durch List oder Stärke überlegen wusste. Ihm wäre jedes Mittel recht gewesen, den Kampf hinauszuzögern, um erst Überlegenheit zu erreichen. Aber Kutschum wird kämpfen, er wird immer kämpfen – gleichgültig, wie die Aussichten für ihn stehen.»

«Meinst du, dass sie schlecht stehen, mein Vater?»

«Nicht gut. Die Krieger des Weißen Zaren sind nicht zahlreich, aber sie haben ihre Zauberwaffen. Und Seidak wird mit Tataren kämpfen. Nicht, dass sich Kutschums Streitmacht teilen muss, ist das Übel, Daritai, sondern dass sich die Tataren spalten. Wenn der Kampf nicht in einer einzigen Schlacht entschieden ist, wirst du bald nicht mehr wissen, ob du Freund oder Feind vor dir hast, wenn du ein fremdes Ordu anreitest.»

«Alles, was du sagst, mein Vater, klingt, als wärest du mit Kutschum nicht eines Sinnes, obwohl du Amanak deine Hilfe zugesichert hast.»

«Du verstehst zu hören, Daritai.»

Die Mittagssonne flirrt heiß über der Steppe, als Daritai vor das Zelt tritt. Er schließt geblendet die Augen und deckt den Arm über das Gesicht. Er weiß nicht, wohin er sich wenden soll. Das gelöste Treiben der Jagdgesellschaft, die im Schatten großköpfiger Weiden lagert, hat für ihn zum zweiten Male an diesem Tag die Heiterkeit verloren. Er möchte mit niemandem sprechen, und doch bedrückt ihn die Einsamkeit. Bei den Waffenmeistern des Khans sieht er Schira sitzen. Ein paar Worte fängt er auf. Sie erzählen sich von der Jagd. Zwischen den Wagen haben die Falkner ihren Platz. Sie hocken im Gras, ihre Vögel auf den Schultern. Seitlich der Anhöhe grasen die gesattelten Pferde. Duba kann er dort nicht entdecken.

Daritai umgeht das Lager und steigt zur Anhöhe hinauf. Er sucht sich einen Platz, von dem er freie Sicht über die Steppe hat. Mit einem leisen Pfeifen streicht der Wind über das üppige Gras, pflückt an den Blüten der feurigen Tulpen, verstreut die losen Blütenblätter und hängt sie verspielt an den Tamariskenstrauch. Daritais Gedanken sind beim Gespräch mit dem Vater. Ich möchte Amanak nicht mehr begegnen, denkt er. Aber es wird nicht zu umgehen sein, und dann muss ich verbergen, was ich weiß.

Daritai hört es knacken. Nicht lauter, als habe der Wind einen dürren Zweig gebrochen. Er dreht sich um. Hinter ihm steht Amanak mit lachendem Gesicht, wie ihn Daritai noch nie gesehen hat.

«Einen schönen Platz hast du dir gesucht, Daritai. Wie geschaffen für das, was ich dir sagen will.» Bemerkt er Daritais Verlegenheit? «Ich habe dich wohl erschreckt?», fragt er.

Daritai nickt.

«Aber setzen darf ich mich doch?»

«Ja, komm», sagt Daritai eifrig.

«Ich habe dich schon kommen sehen, Daritai. Ist es nicht seltsam, dass es uns an den gleichen Platz gezogen hat – weg von den andern? Es hat mich zu dem bestärkt, was ich dich fragen möchte.»

Daritai sieht Amanak erstaunt an.

«Ich möchte dich fragen, ob du mein Blutsbruder sein willst.»

«Amanak! Dein Ande?»

«Ja, mein Ande. Du hast mir bei deinem Vater einen guten Dienst erwiesen. Ich denke, du hattest auch bemerkt, wie mir Gulai-Khan abermals ausweichen wollte.»

In Sekundenschnelle wirbelt Daritai noch einmal das ganze Gespräch durch den Kopf: Wer hat Recht? Mein Vater oder Kutschum-Khan? Kann ich Amanak verschweigen, wie mein Vater über Kutschum denkt? Natürlich! Denn hat nicht ein Khan das Recht, sich seine eigenen Gedanken zu machen? Die Hauptsache ist doch, dass er zu seinem Wort steht.

«Lass uns Blutsbrüder werden, Amanak», sagt Daritai und streift den Ärmel seines Rockes hoch. Ein kleiner Schnitt mit dem Messer – und es rinnt rot über Daritais Arm. Im nächsten Augenblick presst Amanak seinen Mund darauf.

Und dann macht er selbst den Arm frei.

Teni sieht ihrem Bruder erwartungsvoll entgegen, als er ins Zelt tritt.

«Warum schläfst du nicht, kleine Schwester?», fragt Amanak.

«Ich kann nicht schlafen, solange ich dich voller Unruhe weiß.»

Amanak setzt sich auf den Teppich neben sie und streicht ihr über das Haar.

«Ich habe keine Unruhe in mir.»

«Heißt das, du hast mit Gulai gesprochen?»

«Ja.»

«Amanak, wie ist das so plötzlich gekommen?»

«Daritai hat mir dazu verholfen.»

«Daritai?»

«Ja.»

«Daritai ist gut. Daritai ist wie wir, Daritai ist ein Steppensohn.»

«Wir sind Blutsbrüder geworden.»

«Er ist dein Ande?» Teni sitzt kerzengerade vor Amanak. «Hast du es getan, um eine engere Verbindung zu Gulai herzustellen?», fragt sie streng.

«Nein, kleine Schwester. Ich habe es getan, weil er mir wie ein Bruder beigestanden hat und weil ich ihn mag wie einen Bruder. Du hast Recht, Teni, Daritai ist wie wir.»

«Glaubst du, dass er glücklich wird in Sarai?»

«Ich wünsche es ihm.»

«Ah, dann glaubst du es auch nicht! Wenn er doch mit uns kommen könnte, denn, nicht wahr, Amanak, nun reiten wir bald heim zu unserem Vater?»

«Ja, bald, Teni. Aber morgen noch nicht. Wir können das Gesetz der Höflichkeit nicht verletzen. Außerdem wäre es nicht klug. Gulai braucht nicht zu wissen, wie dringend unser Vater auf eine günstige Antwort wartet.»

Es ist Nacht über der Steppe, als der Jagdzug Sarai zustrebt. Die Sterne stehen kalt und glänzend im dunklen Himmel, der näher zur Erde gerückt scheint. Zu beiden Seiten des Khans und seiner Gäste reiten die Fackelträger. Das blakende Licht der roten Flammen zuckt über die Reitergesichter. Zufriedenheit steht in den Zügen.

Nur in einem Gesicht beleuchtet die Fackel verbissene Wut. Mit zusammengekniffenem Mund sitzt Duba im Sattel und spricht kein Wort. Er hat sein Pferd, dessen Wunde am Hals dick angeschwollen war, nicht mit Daritais Schecken messen können. Als Gulai-Khan das Tier matt und ohne Fresslust auf der Weide stehen sah, hatte er den Wettkampf verboten. – Ich muss etwas tun, das Daritais Ansehen von Anfang an untergräbt, denkt Duba. Sie sollen hinter seinem Rücken alle über ihn lachen! Aber es muss sehr bald geschehen. damit er nicht erst Freunde gewinnt. Vor allem muss es geschehen, solange die Prinzessin noch in Sarai ist.

Von unzähligen Pechfackeln ist auch die Stadt erhellt, die den Reitern schon aus großer Entfernung den Weg weist. Würde das brennende Licht nicht so viel wärmer leuchten, man wüsste nicht, wo die Erde aufhört und der Himmel mit den Sternen beginnt, denkt Daritai. Die Stadt meines Vaters reicht bis an den Ewigen Blauen Himmel; oder – der Ewige Blaue Himmel neigt sich bis zu ihr. Und Daritai freut sich, dass er nach Sarai gehört.

Der Flatterbusch

Als Teni am anderen Morgen erwacht, wird sie von einem merkwürdigen Geräusch beunruhigt. Ein seltsames Schwirren, ein immerwährendes Schlagen und Scharren ist zu hören, das aus dem Vorraum ihres Hauses kommt.

Teni klatscht in die Hände. Die Teppiche teilen sich, ergeben verneigt sich die Sklavin.

«Was ist das für ein Lärm?», fragt Teni. «Geh nachsehen. Es ist unerträglich. Ich will Ruhe haben!»

Die Sklavin lächelt und öffnet die Tür. Teni sieht auf einen großen, grünen Busch, um den eine Schar Vögel fliegt. Die kleine Prinzessin springt auf und starrt. Sie kann nicht anders, sie muss auf die schwirrenden, flatternden Vögel blicken.

«Ein Flatterbusch!», sagt sie. «Lerchen – Distelfinken – Regenpfeifer!»

«Ja», nickt die Sklavin flüsternd. «Der Kronprinz hat ihn gebracht.»

«Ich hätte es mir denken können», sagt Teni und geht darauf zu. An der Tür bleibt sie stehen und legt die Zeigefinger über die Augen. Sie drückt so stark auf die geschlossenen Lider, dass es schmerzt. Und sie lässt nicht nach, sie drückt noch stärker.

«Erhabene Prinzessin!», mahnt die Sklavin leise.

Teni lässt die Hände herunterfallen und sieht wieder zu den Vögeln: kleine Äste des Buschwerkes sind ihnen durch die Augen gesteckt und halten sie in den Zweigen gefangen. In Schmerz und Angst toben sie zwischen den grünen Blättern – toben sie, bis sie tot daran hängen bleiben werden.

«Bring den Busch fort!», sagt Teni und dreht das Gesicht weg. Und als die Sklavin nicht gleich geht, stampft Teni mit dem Fuß und hält sich die Ohren zu. «Bring ihn fort! – Nein, warte!», sagt sie, als die Sklavin an ihr vorbeigeht, «sie sollen sich nicht länger quälen.» Teni hascht nach einem Vogel und bricht ihm das Genick. Dann greift sie den nächsten ...

Als Amanak kommt, um sie zum Ausritt abzuholen, sagt sie: «Ich möchte im Haus bleiben. Ich will heute nicht an der Tafel des Khans sitzen. Sage ihm, ich sei noch müde von der Jagd. Würde ich mit dir reiten, könntest du diese Ausrede nicht gebrauchen. Ich will Duba nicht sehen! Er ekelt mich an! Gestern der Wolf und heute der Flatterbusch.»

«Er hat dir einen Flatterbusch geschickt? Teni! Das ist alter tatarischer Brauch.»

«Ja, ein sehr alter, Amanak! Aber nicht einmal unser großer Vorvater Dschingis mochte ihn.»

«Dann weißt du auch, was es bedeutet, wenn dir Duba diesen Busch gebracht hat, kleine Schwester!»

«Ja. Aber ich will nicht, dass Gulai-Khan Brautwerber zu meinem Vater schickt. Ich werde Duba niemals heiraten! Und du wirst dafür sorgen, dass mich mein Vater für Duba nicht hergibt. Bitte, Amanak!»

«Ich kann es dir nicht versprechen, kleine Schwester. Unserem Vater käme eine enge Verbindung zu Gulai-Khan sicher gelegen.»

«Nein, Amanak, nein! Ich werde meinem Vater von den Vögeln am Flatterbusch erzählen. Wenn du nicht auf meiner Seite bist, Amanak, mein erhabener Vater mit seinen kranken Augen wird mich verstehen.»

«Wärst du ebenso außer dir, wenn Daritai den Busch gebracht hätte?», stellt Amanak seine Schwester auf die Probe.

«Daritai?» Die Prinzessin sieht den Bruder nachdenklich an.

Dann schlägt sie die Augen nieder. «Daritai wird mir keinen Flatterbusch schicken.»

Amanak forscht in ihrem Gesicht, um zu ergründen, worauf sie mit ihren Worten hinaus will. Aber ihre schwarzen, langen Wimpern verdecken die Augen. –

Einige Tage später beginnt Amanak wie beiläufig von der Heimkehr zu reden. Der Khan fordert ihn auf, noch lange sein Gast zu sein. Insgeheim aber bespricht er mit Waffenmeistern und Tausendschaftsführern das Abschiedsfest.

In den Tagen, die noch bis zur Abreise bleiben, sind Amanak und Daritai oft zusammen. Sie richten es so ein, dass sie möglichst allein sind. Immer vermeiden sie Dubas Gegenwart. Daritai fragt den Blutsbruder nach dem Reich seines Vaters, und Amanak erzählt ihm viel von Sibirien. Von den riesigen, undurchdringlichen Wäldern, in denen der Bär das Hirschkalb schlägt, durch die im Spätherbst der Kampfruf der mächtigen Elche dröhnt und in denen die edlen Marale aus dem Dickicht brechen. Amanak erzählt von den breiten Strömen, in denen sich im Winter unter dem Eis Schwärme von Fischen stauen. Er erzählt von den vielen Stämmen der Eingeborenen, die seinem Vater untertan sind, die den Zobel fangen und das Hermelin. Und Daritai ist es bei Amanaks Reden, als brodele um ihn die heiße Luft der sibirischen Sümpfe, als spüre er den eisigen Atem des Schneesturms, der im Winter über das Land fegt.

«Ich werde alles daransetzen, dass mich mein Vater mit seinen Kriegern ziehen lässt, wenn Kutschum-Khan einen Pfeil mit goldener Spitze sendet», versichert Daritai seinem Ande.

Und Amanak nickt.

«Ja, Daritai, komm nach Sibirien. Ich werde dir zeigen, wie schön und reich das Land meines Vaters ist.»

Als Teni ein solches Gespräch hört, sagt sie:

«Du solltest nicht nur kommen, wenn unser erhabener Vater eure Krieger braucht, du solltest überhaupt einmal zu uns nach Sibirien kommen.»

«Wenn euer erhabener Vater mich einlädt, komme ich gern.»

Teni sieht Daritai von der Seite her an.

«Mir wäre es lieber, als wenn du zum Kampf kommen würdest.»

«Warum? Im Kampf zeigt sich doch erst, wie viel einer wert ist.»

«Jaja», sagt Teni gedehnt, «das sagen alle Tataren.»

«Und du bist anderer Meinung?»

Sie sagt nicht ja und nicht nein, sie sagt:

«Ich lebe so gern, Daritai. Manchmal, daheim, weißt du, wenn es niemand merkt, reite ich allein weit, weit vom Ordu weg. Und dann jage ich mit meinem Schimmel über die Wiesen, über die Heiden, und wir wagen zusammen die herrlichsten Sprünge über Brombeerhecken und gestürzte Bäume. Es gibt nichts, was uns aufhalten könnte. Und über mir ist nur der Himmel –», sie stockt, «der blaue Himmel – und die Wolken – und die Vögel – und ich werde leicht wie der Wind und es kommt mir vor, als wäre ich eine Wolke, so hoch und glücklich bin ich. Ich lebe, denke ich, und wenn es mir gelingt, ein bisschen von dem blauen Himmel einzuatmen, dann wird es immer hell um mich sein, nie wird es Dunkelheit geben, ich werde immer leben, immer.»

Amanak lacht lauter als nötig.

«Was sagst du zu solchem Gerede, Daritai?» Es ist eine Frage, aber er wartet die Antwort nicht ab und spricht weiter. «Das kommt nur daher, weil ihr unser Vater zu viel Freiheit lässt. Keine unserer Schwestern darf, was Teni erlaubt wird. Du siehst es am besten daran, dass sie mit mir nach Sarai durfte. Du lachst auch über das, was sie redet, nicht?»

«Nein, Amanak, ich finde es schön.»

«Dann will ich dir auch erzählen, was meine Mutter sagt, warum ich so bin», spricht Teni stolz weiter. «Sie sagt, in mir ist viel vom Blut meiner Urahnin, die eine Hirschkuh gewesen ist. Du weißt doch, Daritai, dass die Ahnen des Dschingis-Khan ein grauer Wolf und eine weiße Hirschkuh waren?»

«Ja, ich weiß. Der Schamane meines Großvaters hat es mir erzählt.»

«Den Schamanen wirst du in Sarai bald vergessen müssen!», sagt Amanak.

«Warum?», fragt Teni. «Auch im Ordu unseres Vaters gibt es einen Schamanen, obwohl wir an Allah glauben.»

«Aber er deutet die Sterne», erwidert Amanak, «ein Priester, wie Daritai es kennt, ist er nicht.» Und an Daritai gewendet: «Du wirst bald an Allah glauben – wie wir.»

Als Amanak auf dem Heimweg ein Stück vorausreitet, drängt Daritai sein Pferd dicht an Tenis Schimmel.

«Glaubst du an Allah, Teni?»

Zuerst versucht sie, seinem Blick auszuweichen, dann sieht sie ihn an und schüttelt den Kopf. Daritai deutet mit dem Daumen in die Richtung des Himmels. Teni nickt.

«Und Amanak?»

«Er möchte nicht ungehorsam gegen unseren erhabenen Vater sein.»

Daritai hat verstanden.

Die Rache Gulai-Khans

Der Tag des Abschiedsfestes kommt strahlend hell aus dem Osten. Lange bevor die Gäste auf den Beinen sind, haben drei Schiffe den Hafen von Sarai verlassen, um den breiten Uralstrom hinunterzusegeln, bis die Stadt außer Sicht ist. Zur verabredeten Zeit werden sie zurückkommen und einen Scheinangriff gegen Sarai führen.

Das Kommando über die Angreifer hat Bedschak erhalten. Deswegen gibt es unter den Offizieren des Khans viel Gerede und noch mehr Neid. Niemand jedoch wundert sich über diese Auszeichnung mehr als Bedschak selbst. Warum erhielt gerade er das Kommando, er, dem der Khan seine Gunst seit langem entzogen hat? Warum? – Wer weiß das bei einem Mann wie Gulai-Khan! Wer hat jemals das Vertrauen des Khans besessen? Bedschak weiß keinen. Verschlossen, machtgierig, voller Misstrauen herrscht Gulai in Sarai. Spärlich verteilt er die Brocken seiner Huld, und die in Ungnade gefallen sind, richtet er grausam. Bedschak aber ist schlau. Er hat nicht umsonst ein Fuchsgesicht. Bedschak ist jünger als der Khan, er hofft noch zu leben, wenn Duba die Nachfolge seines Vaters angetreten hat. Deshalb sorgt er vor: Er sichert sich Dubas Freundschaft!

Als Bedschak jetzt auf der Brücke seines Schiffes steht und auf die verabredete Zeit wartet, kommen ihm noch einmal Gulai-Khans Worte in den Sinn, mit denen er das Kommando des Angriffs übertragen bekam: «Ich will dich an diesem Tag für deine Treue belohnen.» Wievielmal sind sie ihm durch den Kopf gegangen, diese Worte. Sogar mit Dubas Mutter hat er darüber gesprochen. «Sei auf der Hut, Bedschak! Der Khan selbst befiehlt die Verteidigung. Du musst dich von vornherein auf Verlieren einstellen. Ist aber Verlieren ein Lohn?» Das waren die Worte Prinzessin Abagis. Und sie hat Recht. Aber wäre ihm wohler, wenn er unter dem Befehl eines anderen Offiziers kämpfen müsste?

Bedschak sieht nach der Sonne. Wenn sie voll zu sehen ist, sollen die Schiffe zum Angriff auf Sarai fahren. Die Zeit ist da! Heiser schrillt sein Kommando. –

In Sarai steht der Khan mit Amanak, seinen Söhnen und Schira auf der Hafenmauer. Soldaten warten hinter ihm, um seine Befehle zu den Offizieren zu bringen. Die Krieger auf der Mauer sind bereit. Ihre Pfeile haben stumpfe Spitzen, genau wie die der Soldaten auf den Schiffen.

Die Aufregung jagt Daritai eisige Schauer über den Rücken. Wann beginnt der Kampf? Wann ist es so weit? Er vergisst vor Eifer, dass es nur ein Spiel sein soll. Seine rechte Hand klammert sich klebrig um den herrlichen Krummsäbel, den ihm sein Vater am Abend vorher gegeben hat.

Auch Amanak späht voller Spannung aus dem Turm. Daran, dass er immer wieder mit der Zungenspitze über die Lippen streicht, spürt es Daritai. Nur Duba hat wie immer das gleiche hochmütige Gesicht aufgesetzt.

Endlich tauchen die Schiffe auf. Der Wind treibt sie auf die Hafenmauer zu. Der Befehl des Khans heißt: Die Feinde herankommen lassen, damit jeder Schuss sitzt.

Das erste Schiff hat die kurze Mole erreicht. Im nächsten Augenblick wimmelt es an Deck wie in einem Bienenstock. Quietschend und kreischend rollt die Ankerkette von der Winde, und die Enterleitern fliegen über die Bordwand. Noch ehe sie richtig ausgeschwungen haben, klettern die ersten Angreifer, behend wie Katzen, daran hinunter. Die Dolche zwischen den Zähnen, springen sie auf die hölzerne Mole und rennen auf das Tor in der Hafenmauer zu.

Mit einem Hagel von Pfeilen schlägt ihnen wildes Geschrei von der Mauer entgegen. Vom Stoß der gut gezielten Pfeile stürzen viele Angreifer ins Wasser, und laut johlt es von der Mauer hinter ihnen her.

Während alle ihre Aufmerksamkeit auf die Verteidigung des Tores richten, sind von den anderen Schiffen die Boote zu Wasser gelassen worden, und die Angreifer rudern von allen Seiten auf die Hafenmauer zu. Daritai perlt der Schweiß auf der Stirn, als er es sieht.

«Warum habe ich keine Pfeile, mein Vater? Warum darf ich nur zusehen, wenn Sarai verteidigt wird?», schreit er aufgeregt.

Ein zurechtweisender Blick des Khans trifft ihn.

«Was verlangst du Pfeile, mit denen das niedrige Volk kämpft? Für die Edlen ist der Kampf mit der Klinge bestimmt.»

Daritai vermeidet es, Duba anzusehen – aber auch Amanak.

Immer ohrenbetäubender wird das Geschrei auf dem Wasser und auf der Mauer. Das Krachen der Enterbeile dröhnt am Tor. Einigen Booten ist es gelungen, sich bis an die Mauer zu schieben, und die Beile sausen ins Holz. Aber sooft es auch glückt, Haken einzuschlagen, um daran emporzuklettern, die Krieger von Sarai schütten den Pfeilhagel so gezielt, dass die Angreifer sich schnell im Wasser wieder finden.

«Nach Sarai wollt ihr, ihr steifen Kamele? Hahaa! Da müsst ihr klettern lernen!», höhnen die Verteidiger.

«Wer das Maul zu voll nimmt, kann sich leicht verschlucken!», brüllt es vom Wasser zurück, und Pfeile schwirren gegen die Köpfe, die sich über der Mauer zeigen.

Immer mehr Boote werden es, die gegen Sarai rudern, und nun gelingt es schon seltener, die Angreifer sofort wieder von der Mauer zu werfen. Die Krieger in den Booten decken ihre Enterleute gut, und vom Kommandoschiff hört der Khan die anfeuernden Befehle Bedschaks.

Gulai lässt seinen Tausendschaftsführer nicht aus den Augen. Er hat genau berechnet, was geschehen wird. Noch ist es nicht gelungen, das Tor zu öffnen. An dieser Stelle liegt die stärkste Verteidigung. Also wird Bedschak selbst in den erfolglosen Kampf eingreifen. Er wird das Tor wenigstens aufreißen wollen, auch wenn er dann abgeschlagen wird.

Daritai kommt es vor, als ob sein Vater den Kampf um die Mauer kaum beachtet, als ob seine Aufmerksamkeit nur dem Kommandoschiff und dem Tor gilt. Daritai versteht das nicht. Er fiebert denen entgegen, die sich an der Mauer emporarbeiten. Jetzt sieht er, wie die ersten Pechkübel über die Mauer hinuntergegossen werden. Es ist kein heißes Pech, aber die Wirkung ist trotzdem groß. Viele der Anstürmenden stürzen schwarz verklebt wieder ins Wasser, und wild grölt es hinter ihnen her.

Plötzlich sieht Daritai, wie Gulai-Khan die Augen zusammenkneift, wie sein Mund schmal wird und ein eigentümliches Lächeln in sein Gesicht tritt. Für Sekunden vergisst Daritai den Kampf. Der Vater ist zum Fürchten! Mit diesem Gesicht ist er zum Fürchten! Und dann sieht Daritai, wohin sein Vater blickt: Vom Kommandoschiff ist Bedschak auf die Mole gestürmt! Begleitet vom Kampfgebrüll seiner Krieger rast er auf das Tor los! Hundert Äxte schlagen in die mächtigen Bohlen, kreischend beugen sich die Verteidiger weit über die Mauer, um mit den Pfeilen sicher zu treffen. Aber die Krieger Bedschaks weichen nicht. Daritai zerrt Amanak am Arm.

«Ist das noch Spiel, Amanak? Sieht es nicht aus, als ob ...» Der Lärm reißt ihm die Worte vom Mund.

Amanak gibt keine Antwort. Er lässt seinen Blick nicht von den Männern, die um das Tor kämpfen.

Duba steht hinter dem Khan. Plötzlich sieht er, wie sein Vater die Hand hebt und sich weit aus dem Turm beugt. Der Kronprinz drängt sich neben ihn. Was er jetzt erblickt, lässt ihn zurückfahren: Pech! Sie gießen auch hier Pech! Kann es wahr sein, denkt Duba, dass der Vater sogar Bedschak mit Pech verschmieren lässt? Ich will es nicht mit ansehen!

Im nächsten Augenblick reißt ihn markerschütterndes Geschrei wieder an den Ausguck. Die Farbe in seinem Gesicht wechselt jäh. Mit weit aufgerissenen Augen starrt er hinunter, und seine Zähne beginnen, schnell aufeinanderzuschlagen.

Daritai glaubt, dass ihn ein Spuk narrt, und nur das grauenhafte Geschrei beweist ihm, dass es Wirklichkeit ist: Das Pech, das sich über Bedschak und seine Krieger ergießt, ist siedend heiß! Er sieht, wie Bedschak die Arme hochwirft, sieht, wie der Säbel aus seiner Hand fällt, wie er mit schwarzen Händen in das pechübergossene Gesicht fährt und dann zu Boden stürzt. Neben und unter ihm liegen Krieger, die sich brüllend vor Schmerzen über die Holzplanken ins Wasser rollen. Die andern, die mit dem Schrecken davongekommen sind, ergreifen in panischer Angst die Flucht.

Der Kampf um Sarai ist entschieden!

«Ich dachte, es sollte nur ein Spiel sein?», sagt Amanak, als der Khan vom Ausguck zurücktritt.

«Auch das Spiel soll einen Zweck haben, Prinz Amanak», sagt der Khan und lächelt.

Daritai erträgt dieses Lächeln nicht. Trotzdem fragt er:

«Ich kann nicht verstehen, warum dies geschehen ist, mein Vater.»

«Gerade dir sollte es nicht schwer fallen!», antwortet der Khan, und im Umdrehen fragt er:

«Und was sagst du dazu, Duba?»

Er bekommt keine Antwort. Dubas Platz ist leer. –

Der Khan hat sich gerade auf dem Ruhelager im Garten des Palasthofes ausgestreckt, als Duba hinter einer Rosenhecke hervortritt. Die Starrheit in seinem hochmütigen Gesicht ist aufgerissen. Sein Mund zittert, als er vor den Vater tritt.

Der Khan zeigt keine Überraschung. Er sieht auf, als habe er niemand anderen erwartet. Gelangweilt fasst er nach der Kette aus roter Jade, nimmt sie vom Hals und dreht Perle auf Perle zwischen den Fingern. Dabei blickt er abwartend in Dubas fassungsloses Gesicht.

Seine Gelassenheit bringt Dubas Erregung zum Überschäumen. «Warum hast du diese Niederträchtigkeit befohlen?», schreit er, «warum belohnst du die Treue deiner Offiziere mit Mord?»

Statt einer Antwort sagt der Khan gedämpft, dass Duba seine Ohren anstrengen muss:

«Er war ein guter Freund von dir, ich weiß. Aber siehst du, gerade weil ihr so eng zusammengehalten habt, war kein Platz mehr für ihn in Sarai. Solange er den Weg der Treue zu seinem Khan ging, gehörte er an den Hof; als er neben diesen Weg trat, musste er mit dem rechnen, was heute geschehen ist.»

«Wie kannst du sagen, dass er dir untreu wurde, als er mit mir Freundschaft schloss? Bin ich nicht dein Sohn und der Kronprinz dazu?»

Mit einem Ruck springt der Khan aus seiner gelösten Haltung auf und packt Duba am Rock über der Brust.

«Wenn in Sarai Verhöre abgehalten werden. dann bin ich derjenige, der fragt. Hast du mich verstanden? Dass du es wagst, solche Fragen zu stellen, sind die Früchte dessen, was Bedschak gesät hat! Hast du geglaubt, ich wusste nicht, wie oft er den Türvorhang am Haus deiner Mutter zurückgeschlagen hat? Wer sich aber von deiner Mutter beraten lässt, wird früher oder später gegen mich sein. Ihr glaubt nur immer, dass ihr es klug anfangt –

aber ihr seid höchstens schlau, klug seid ihr nicht. Meine Offiziere haben mir treu zu sein. Dass du der Kronprinz bist, hat keinen zu kümmern. Und wenn sie sich darum kümmern, wer meine Söhne sind, dann haben sie auch Daritai dieselbe Freundschaft und Treue zu erweisen wie dir. Ich weiß jedes Wort von dem, was Bedschak gesprochen hat, als dein Bruder heimkehrte. Diese Beleidigung, die Daritai widerfuhr, hat meinen Entschluss endgültig festgesetzt. Ich wusste nur noch nicht, auf welche Weise Bedschak den Tod erhalten sollte.» Der Khan macht eine Pause, und vor Dubas Augen steht wieder der furchtbare Anblick seines Freundes. Der Kronprinz möchte zurückweichen, aber der Khan lockert den Griff am Rock nicht. «Siehst du», sagt er, als ob er vom Kauf eines Pferdes spräche, «ich hätte ihm können den Kopf abschlagen oder ihn erwürgen lassen – aber das war mir nicht wirkungsvoll genug. Ich wollte, dass alle diejenigen abgeschreckt werden, die es ebenfalls nach Freundschaft zu dir gelüstet. So sichere ich mir ihre Treue, mein Sohn! Wie du es später machen wirst, ist mir gleich.»

«Ja! Ja!», stößt Duba hervor. «So bist du! Und du schreckst nicht einmal zurück, es vor den Augen unseres Gastes zu tun!»

Der Khan bricht in schallendes Gelächter aus.

«Vor unserem Gast? Unser Gast ist aus dem Blute des großen Dschingis – und weißt du, warum Dschingis groß war? Weil er jeden mitsamt seiner Sippe ausrotten ließ, der sich nur mit einem Blick verriet! – Und jetzt möchte ich ruhen, mein Sohn, lass mich allein. Ich werde gut ruhen, glaub mir, sehr gut!»

Daritai sitzt auf dem Lager neben Schira und kaut getrocknete Feigen. Seit sie von der Mauer heimgekommen sind, haben sie kein Wort gesprochen. Daritai schiebt die Bissen der zähen

Früchte im Mund von einer Seite auf die andere. Schira ahnt nicht, wie es in Daritai aussieht.

«Nun komm wieder zu dir, Junge!», fährt er ihn an und stößt ihn mit dem Knie. «Was ist schließlich geschehen, hm? Der Khan hat sich einen vom Hals geschafft, dem er nicht mehr traute. Du tust gerade so, als ob du noch nie gesehen hättest, wie jemand in die Finsternis gebracht wird! Was machen wir, wenn wir Pferdediebe erwischen? Wir schlagen ihnen die Köpfe ab. Was machen wir, wenn jemand unser Volk beleidigt? Wir reißen ihm die Zunge heraus. Und was ist hier geschehen? Heißes Pech, na ja …»

«Ach, hör doch auf, Schira, das ist es ja nicht! Hast du den Khan beobachtet? Hast du sein Gesicht gesehen?» Daritai fasst nach Schiras Arm und rüttelt ihn. «Er ist ein Teufel, Schira!», flüstert er heiser. «Ich will nicht, dass er mein Vater ist, hörst du? Wenn mein Großvater einen töten ließ, dann gab es vorher ein Gericht. Aber hier ist es mitten im Spiel geschehen. Mitten im Spiel!»

Schira setzt gerade zu einer Entgegnung an, die Daritai besänftigen soll, als der Türvorhang zur Seite fliegt. Duba steht mitten im Raum. Sein dickes Gesicht ist blaurot vor Wut, die Augen scheinen aus den Höhlen zu quellen.

«Jetzt weiß ich, wem Bedschak seinen Tod verdankt!» Seine Stimme überschlägt sich. «Dir! Dir, du Steppenkröte!»

Mit einem Satz ist Daritai bei dem Bruder und krallt ihm die Hände um den Hals.

«Wage das noch einmal zu sagen, und du wirst mein Haus nicht mehr verlassen!», keucht Daritai. Dubas Hand fährt zum Messer. Schira springt auf und reißt die beiden auseinander, dass sie auf den Teppich stürzen.

«Du willst es nicht hören», geifert Duba, ohne auf Schiras Ungeheuerlichkeit einzugehen, «das glaube ich! Aber ich werde es dir immer wieder sagen, denn es ist die Wahrheit! Oder denkst du, ich weiß nicht, in welches Licht du Bedschak beim Khan gebracht hast?»

Daritai versucht, Schira zur Seite zu drängen, aber es gelingt ihm nicht. Wie ein Klotz hat sich der Alte aufgebaut.

«Das Unglück ist wieder mit dir nach Sarai gekommen!» Und dann peitscht er es heraus:

«Immer ist der Tod dort, wo du bist! Sogar deiner eigenen Mutter hast du den Tod gebracht! Den Kopf sollte man dir zertreten, du Kröte!»

Mit einem Mal ist Daritai wie erstarrt.

«Was hast du gesagt? – Was hast du gesagt?»

«Lass ihn!», wehrt Schira hastig. «Er weiß in seiner Wut nicht, was er herausschleudern soll, er …»

«Ich weiß es genau, und ich sage dir eins: Nachher bei den Kampfspielen werden wir uns miteinander messen. Du und ich, wir werden als Kopfschläger auftreten, hast du es gehört?»

«Dich reitet der Teufel, Prinz Duba!», schreit Schira.

«Mich reitet kein Teufel. Den Teufel gibt es nur bei euch Heiden, aber nicht bei den Gläubigen Allahs!»

«Du weißt, dass der Khan den Edlen das Kopfschlagen verboten hat?»

«Ah, du hast wohl Angst um Daukais Sohn?», höhnt Duba, und er reckt sich zur Seite, um Daritai besser sehen zu können. «Und dir scheint das Verbot des Vaters auch sehr gelegen zu kommen. Oder was hast du mir zu sagen?»

«Ich habe dir zu sagen, dass ich mit dir kämpfen werde – in der Kleidung der Gemeinen. Aber jetzt geh so schnell du kannst aus dem Hause, sonst speie ich dir ins Gesicht!»

Aufgewühlt bis in den letzten Nerv, bleibt Daritai mit Schira allein zurück.

«Ich werde nicht zulassen, dass du mit diesem Tier zum Kampf antrittst! Ich werde es deinem Vater …»

«Nein, das wirst du nicht, Schira! Ich verbiete es dir! Aber du wirst mir jetzt sagen, wieso ich meiner Mutter den Tod gebracht haben soll!»

Daritai sieht, wie Schira nach einer Ausrede sucht.

«Du wirst es mir jetzt sagen, Schira, damit ich endlich erfahre, warum ich nicht in Sarai leben durfte.»

«Warum willst du aufrühren, was längst vergessen ist!»

«Vergessen? Nichts ist vergessen! Du hast es doch eben gehört. Rede, Schira!»

Widerstrebend beginnt der Alte:

«Als es geschah, damals vor acht Jahren, hatte Gulai-Khan deinen Großvater nach Sarai eingeladen. Ich habe ihn auf dem Ritt begleitet, wie jetzt dich. Der Höhepunkt war eine Beizjagd auf Wölfe. Alles verlief genauso, wie du es vor ein paar Tagen erlebt hast. Doch dir war vom Khan nur das Zusehen erlaubt. Als deine Mutter dann aber hinter dem Wolf hersprengte, warst du plötzlich auf deinem Pferd mit einem Speer neben ihr. Und in deinem Eifer kamst du ihr zuvor, als der Wolf sich stellte. Mit dem Stoß bist du vom Pferd gestürzt, und der Wolf wollte dich anfallen. Da sprang deine Mutter ab, und der Graue schlug ihr die Fänge durch die weichen Stiefel. Zuerst sah es nicht schlimm aus, aber nachdem Tag und Nacht viermal gewechselt hatten, war sie tot. Der Khan ließ den Waffenträger, der dir den Speer gereicht hatte, binden und in den Fluss werfen – und dich wollte er nicht mehr sehen. Das ist es, Daritai.»

«Das ist es also …», wiederholt Daritai langsam, «und niemand hat es mir bis jetzt gesagt. Ja, glaubst du denn, Schira, dass ein Mann wie Gulai mir jemals verzeihen wird. Nie, Schira, nie!»

«Acht Jahre sind eine lange Zeit, Daritai!»

«Für meinen Vater nicht. Ich bin froh, dass ich heute mit Duba kämpfen werde, und ich wünsche ihm den Sieg.»

«Der Ewige Blaue Himmel ist über dir, Daritai.»

«Ich will seinen Schutz nicht!»

Spiel mit dem Tode

Über dem Kampfplatz brennt die Nachmittagssonne. Kopf an Kopf stehen die Tataren um das ovale Feld, das eben ist wie ein Tisch und überzogen von einer gleichmäßigen Grasdecke.

An der oberen Breitseite sitzt der Khan mit seinen Gästen. Duba hat es einzurichten verstanden, dass er und Daritai die äußersten Plätze einnehmen konnten. Außer Schira weiß keiner warum.

Hinter der ersten Reihe für die Männer sind zwei Sessel aufgestellt worden für die Prinzessinnen Ahagi und Teni. Seit das Spiel begonnen hat, ist Teni allein. Der Sessel für Dubas Mutter ist leer geblieben. Er war schon leer, als die Ringer auftraten. Die breiten Männer mit den eisenharten Muskeln, die sich warfen, würgten und verrenkten. Teni wusste nicht, was die Zuschauer an diesen Kämpfen bejubelten. Sie wartet nur mit Spannung auf die Spiele mit den Pferden. Und als die erste Pyramide auf das Kampffeld kommt, hat sie den leeren Sessel neben sich vergessen.

Vier Schimmel traben nebeneinander, auf denen sechs Reiter stehen: in der untersten Reihe drei, auf deren Schultern zwei, und als Spitze ein Einzelner, der mit wilden Gesten den Säbel schwenkt.

Das Geschrei der Reiter treibt die Pferde an. Schneller und schneller jagen sie um das Feld. Da! Im wildesten Galopp springt der obere Reiter ab, danach die mittleren in der Pyramide und zuletzt die Dreiergruppe. Alles geht so schnell, dass Teni es kaum verfolgen kann. Die Pferde rasen allein um die Arena. Jetzt rennen die Reiter mit, passen sich dem Tempo an. Der erste springt auf, der zweite, der dritte … bis die Pyramide wieder gebaut ist. Die Zuschauer schreien Beifall.

Und schon kommt die zweite Pyramide. Diesmal vier Rappen. Das gleiche Auf- und Abspringen vor der begeisterten Menge. Teni weiß nicht, wohin sie sehen soll. Auf die herrlichen Pferde? Auf die wilden Reiter? Ihr Gesicht ist rot vor Begeisterung.

Die Pyramiden halten an. Ein Einzelner kommt auf das Feld geritten. Nach dem wirbelnden Spiel der anderen ist sein gelassener Trab wie eine Ernüchterung. Er hält an. Sein Pferd setzt aus dem Stand im gleichmäßigen Takt die Hufe auf. Plötzlich ein Schrei des Reiters – und wie ein Pfeil fliegt das Pferd dahin. Eine Runde lang. Dann lässt sich sein Reiter zur Seite fallen, liegt mit dem Rücken auf dem Pferd, rutscht tiefer und tiefer, dass sein Kopf fast den Boden berührt. Der Khan springt auf. Er wirft sein Messer in den Rasen, dass nur noch das Heft hervorsieht. Der Reiter sprengt darauf zu – und reißt es im Galopp mit der Hand heraus. Wie ein einziger Jubelschrei schallt es über das Feld!

Dann wirft der Reiter das Messer selbst. Diesmal sitzt es locker. Es federt, als es in den Boden fährt. Der Reiter macht eine Runde im Trab, als müsse er sich sammeln. Unter den Zuschauern wird es totenstill. Dann rast er wieder heran. Geschmeidig wie eine Wildkatze hängt er am Pferderücken, den Mund geöffnet. Mit dem dritten Hufschlag muss er am Messer sein, noch zwei, noch einen – im nächsten Augenblick bricht sich die Sonne in der blitzenden Klinge vor seinen Lippen!

Unter dem kreischenden Jubel der Tataren trabt der Reiter die Arena ab. Vor dem Sessel des Khans hält er an und legt das Messer zu Füßen Gulais.

«Es gehört dir!», sagt der Khan und lächelt. Das Geschrei will kein Ende nehmen, und voller Befriedigung sieht Gulai den Beifall seiner Gäste.

In dem Trubel merkt niemand, dass Duba und Daritai nicht mehr unter den Zuschauern sind.

Als sich mit dem Staub, den die Pferdehufe aufgewirbelt haben, auch der Lärm legt, kommen als Letzte in den Spielen die Kopfschläger an die Reihe. Die sibirischen Gäste sind gespannt, denn bei ihnen ist dieser Kampf nicht Sitte. Sie wissen aber, dass dieses Spiel das härteste ist, denn nicht selten endet es für beide Kämpfer mit dem Tod.

In der Mitte des Feldes stehen sich jetzt zwei Männer gegenüber. Sie haben ein Tuch vor den Mund gebunden und die Arme über der Brust gekreuzt. Der Khan klatscht in die Hände. Die beiden springen aufeinander los und schlagen mit den Stirnen zusammen. Sie gehen einen Schritt zurück – prallen wieder aufeinander. Abermals der Abstand – und der Aufprall. Nach dem fünften Schlag beginnt einer der Kämpfer zu taumeln. Sofort nützt der andere den Vorteil: Den Kopf vorgereckt wie ein wütender Stier, kracht seine Stirn auf den Schädel des Angeschlagenen. Zweimal! Dreimal! Sein Gegner lässt die Arme fallen, schlägt auf den Boden, rafft sich hoch – kreuzt die Arme wieder!

Beifall feuert den Stärkeren an. Der geht vier Schritte zurück, rennt wieder auf seinen Gegner los – und saust ins Leere! Sein Gegenspieler ist ausgewichen, um Kraft zu sammeln. Und dann schlagen die Schädel erneut aufeinander! Das Tuch vor dem Mund des Schwächeren wird rot, seine Beine treten unsicher hin und her. Er will die Arme vor das Gesicht decken – sein Kopf fällt schwer nach vorn.

Da macht sich der Stärkere wieder zum Angriff bereit. Blitzschnell sein Aufprall – und sein Gegner stürzt lang auf das Gras. Aber noch einmal rafft er sich hoch. Der Beifall gilt auch ihm, aber seine Kraft reicht nicht mehr, um sich zu stellen. Plötzlich gellt sein irrsinniges Gebrüll über das Feld, er schlägt mit den

Armen um sich, dreht sich im Kreis, zerrt das Tuch von seinem Mund, reißt das Messer aus dem Gürtel, hält es vor sich – und lässt sich hineinfallen!

Einen Augenblick ist es still über dem Kampffeld, dann bricht der Jubel für den Sieger los!

Teni duckt sich hinter die Rücken der Männer. «Ich will nicht sehen, wie der Tote vom Feld geschleift wird», stammelt sie vor sich hin, «ich will an die Spiele mit den Pferden denken!» Und als ob sie sich damit schützen könnte, zieht sie ihren Schleier fester um das Gesicht.

«Gefallen dir die Kämpfe der Kopfschläger, kleine Prinzessin?» Teni erschrickt. Neben ihr sitzt Dubas Mutter! Teni möchte sich abwenden, so hart trifft sie der lauernde Blick. Aber sie ist eine Tochter Kutschum-Khans. Sie nickt freundlich.

«Der erhabene Khan hat nur das Beste für unser Vergnügen aufgeboten. Wir werden glücklich sein, wenn wir ihm nur einen geringen Teil seiner Gastfreundschaft vergelten können.»

«In Sibirien kennt man das Kopfschlagen nicht?» Es ist, als wolle Prinzessin Abagi das Gespräch absichtlich in keine andere Richtung abschweifen lassen.

Teni schüttelt den Kopf.

«So wie dieser Kampf endet nicht jeder», spricht Dubas Mutter weiter, «aber die Kämpfer werden hinterher oft zu Narren oder sterben bald darauf. Nun ja, für Schwächlinge ist das Kopfschlagen nicht!»

Teni nickt wieder. Sie ist so ekelhaft wie Duba, denkt Teni, und ihre Augen suchen den breiten Rücken des Kronprinzen. Vergebens. Dubas Platz ist leer. Wo sitzt er? Sie blickt die Reihe der Gäste entlang. Nirgends. Und wo ist Daritai? – Duba und Daritai sind verschwunden.

In die Mitte des Feldes sind wieder zwei Tataren getreten. Das wird ein ungleicher Kampf, denkt Teni, als sie die beiden sieht. An Größe nehmen sie sich nicht viel, aber der eine ist breiter und wirkt plump gegen den anderen.

Der Khan gibt das Zeichen zum Beginn, und Sekunden später schlagen die Köpfe das erste Mal zusammen. Der Aufprall ist so stark, dass die beiden nicht fähig sind, sich sofort wieder voneinander zu lösen. Sie stehen da, die Stirnen aneinander gelehnt. Oder sehen sie sich an?, denkt Teni. Jetzt nehmen sie wieder Abstand. Drei Schritte diesmal. Und noch stärker ist der Aufprall! Kein Wanken auf beiden Seiten. Jetzt, da der Schmächtigere wieder zurückgeht, aufrecht und gerade, jetzt könnte ich denken, es ist ... Bei Allah! Teni zerrt mit einem Griff den Schleier vom Gesicht. Ja! Ja, es ist Daritai! Und sein Gegner ist Duba, es gibt keinen Zweifel. Sie tragen die Kleidung der niedrigen Tataren, sogar deren Mützen haben sie aufgesetzt!

Aber wie hat das geschehen können? In Tenis Kopf beginnt es zu wirbeln. Ewiger Blauer Himmel, verfinstere dich, damit ich diesen Kampf nicht mit ansehen muss! Manche werden hinterher zu Narren und viele sterben bald danach, hat Prinzessin Abagi gesagt. Und manche ertragen die Schmerzen nicht und geben sich selbst den Tod, setzt Teni in Gedanken hinzu.

Bei jedem neuen Aufprall schließt Teni die Augen, um sie gleich wieder aufzureißen und zu sehen, ob Daritai noch gerade steht. Sieht denn niemand außer ihr, wer dort auf dem Spielfeld kämpft? Sie lehnt sich weit zurück in den Sessel, um Prinzessin Abagi unbemerkt zu beobachten. Und Teni sieht, wie ihr Hass sprühender Blick auf Daritai liegt. Sie hat gewusst, dass er mit Duba kämpfen wird, sie hat es gewusst! Weshalb wäre sie sonst gerade in dem Augenblick gekommen, als die Kopfschläger antraten?

Um das Kampffeld wird es lebhaft. Noch ist nicht zu sehen,

welcher der Kämpfer das Spiel für sich entscheiden wird. Deshalb werden beide angefeuert. Nach dem nächsten Schlag aber sieht Teni, wie Daritai zu wanken beginnt. Und sofort johlt das Volk dem Stärkeren zu. In Teni ist nichts weiter als Angst um Daritai. Hilfe suchend sieht sie auf Amanak. Merkt er denn nichts? Erkennt er seinen Blutsbruder nicht? Und der Khan? Hat er noch nicht durchschaut, wer die Kämpfer sind?

Da fällt ihr Blick auf den alten Schira. Kerzengerade sitzt er und stiert geradeaus. Teni sieht sein Gesicht nur von der Seite, aber eben deshalb kann sie an seinem grauen Bart erkennen, wie das Kinn des Alten zittert. Also weiß er auch, dass es Duba und Daritai sind! Aber warum tut er nichts dagegen? Warum nicht? Und wieder rennen die beiden Brüder gegeneinander, in tödlichem Hass bereit, sich auf diese Weise den Tod zu bringen.

Nachdem er das erste Wanken verspürt hat, nimmt Daritai noch einmal alle Kraft zusammen. Sein Kopf ist ein einziger Feuerball, der von einem glühenden Reifen zusammengehalten wird. Daritai spürt, dass dieser Reifen nicht mehr lange hält, dass er schon beim nächsten Schlag platzen kann. Durch einen brennenden Nebel sieht er Duba, aus dessen Nase es rot in das Mundtuch rinnt. Daritai beißt die Zähne aufeinander, krallt die Hände um die Arme, bis er den Schmerz spürt, und schlägt beim nächsten Anrennen seinen Kopf gleich zweimal gegen Dubas Stirn. Mit diesem Aufprall platzt der glühende Reifen um seinen Kopf! Daritai stürzt auf die Knie, fängt sich mit den Armen, kommt hoch und taumelt rückwärts.

In diesem Augenblick reißt Teni an Amanaks Schulter.

«Rette ihn, Amanak, rette deinen Ande! Siehst du denn nicht, dass es Daritai ist?»

Finstere Tage

Das Ruhelager ist in Dunkelheit gehüllt. Nur die weißen Filzdecken leuchten matt von dem trüben Schein der kleinen Öllampe, die auf einem niedrigen Tisch steht. Und noch dieses wenige Licht wird durch einen rotseidenen Vorhang von dem Ruhelager fern gehalten.

Mit dem Rücken gegen das Fußende gelehnt, auf einem bunten Lederkissen, sitzt Gulai-Khan und dreht die Perlen aus roter Jade zwischen den Fingern. Jetzt steht er auf und wendet sich zur Tür.

«Erlaube, erhabener Khan, dass ich spreche», flüstert es aus der Ecke neben dem roten Vorhang.

Der Khan bleibt stehen und sieht zurück auf den tief gesenkten Kopf der knienden Sklavin.

«Rede», sagte er leise.

«Alles ist richtig, was du tust, erhabener Khan, auch dass du nun gehen willst. Aber ich möchte dir dennoch sagen, dass es gut wäre, wenn du noch hier bliebest. Er wird erwachen. Heut wird er erwachen!»

«Wie willst du das wissen?»

«Er bewegt sich öfter als sonst, erhabener Khan. Er ist unruhig. Seine Hände gleiten über die Decke. Sein Gesicht zuckt. Sein …» Sie bricht ab, streckt den Arm aus. «Er hat – sieh doch, erhabenster Khan – er hat die Augen offen!»

Ohne einen Laut tritt der Khan an das Ruhelager. –

Daritai hat ein stetes Rauschen im Ohr. Es ist weit fort, sehr weit, aber es ist deutlich zu hören. Es ist anstrengend, auf dieses

Rauschen zu horchen. Es erfordert seine ganze Kraft. Er möchte das Rauschen mit den Händen fortschieben. Aber es geht nicht. Er weiß nicht, wo seine Hände sind. Er möchte schreien: Ich will, dass es aufhört! Meine Ohren schmerzen! Aber sein Mund ist zugewachsen, er kann ihn nicht auseinander bringen.

Und das Rauschen wird stärker, immer stärker, es kommt auf ihn zu – hebt ihn auf – trägt ihn fort – und versucht, ihn in eine Finsternis zu ziehen! Aber er stemmt sich dagegen, er krallt sich fest, er bleibt hängen. Da gibt es einen Stoß in seinem Ohr. Daritai schlägt die Augen auf!

Ich habe geträumt, geht es ihm durch den Kopf. Das Rauschen ist der Wind. Ich liege in der Steppe. Und ich bin müde – müde! Daritais Augen fallen zu. Aber bevor ihn das Rauschen des Windes wieder umfängt, hört er, wie jemand ruft: «Daritai! Daritai!» Diese Stimme schmerzt ihn mehr als das Rauschen.

Daritai? Das Wort zwingt ihn zu denken. Und er kann nicht denken – es tut weh. Daritai? Wer ist Daritai? Bin ich nicht selbst Daritai? Ja, nickt er.

«Hörst du mich, Daritai?»

Jetzt rauscht der Wind wieder so stark.

«Hörst du mich, Daritai?»

Warum ist mein Mund zugewachsen? Warum tut es weh, wenn ich sprechen will? Ich muss antworten! Sie suchen mich – und die Steppe ist so groß! Wie sollen sie mich finden, wenn ich nicht antworte?

«Hörst du mich, Daritai?»

«– – – ja», flüstert er.

Am nächsten Tag sieht Daritai zum ersten Mal wieder in ein Gesicht. Und weil das Rauschen, von dem er denkt, es sei der Steppenwind, noch immer in seinen Ohren ist, sagt er mit unendlicher Mühe:

«Hast du mich gefunden, Großvater?»

«Ich bin nicht dein Großvater!»

Daritai öffnet die Augen – und schaut – und schaut –

«Nein! Schira! Du bist es!»

Der Khan erschrickt.

«Ist er blind geworden? Kann er mich nicht mehr sehen?» Er beugt sich ganz nahe an Daritais Gesicht. «Erkennst du mich nicht?», flüstert er.

Daritai reißt die Augen auf. Dann lächelt er: «Ach, Amanak.»

Der Khan fährt zurück. «Bring die Lampe», sagt er zur Sklavin, «schnell, bring die Lampe! Leuchte mir ins Gesicht! – Daritai! Daritai, sieh mich an! Wer bin ich, Daritai?» Der Khan schiebt seine Hand unter Daritais Kopf, hebt ihn behutsam an. «Wer bin ich, Daritai?»

Der Khan muss lange warten. Er hat viel Zeit, in das eingefallene Jungengesicht zu sehen, in die hellen Augen, deren Blick aus grenzenloser Ferne kommt. Bis er es hört:

«Du bist Gulai-Khan.»

Wieder ist die Dunkelheit um ihn, als er zwei Tage später erwacht und die Augen aufschlägt. Heute aber ist zum ersten Mal kein Rauschen in seinen Ohren. Diese Lautlosigkeit bringt ihm ein Gefühl der Angst.

Wo bin ich? Warum ist kein Wind in der Steppe? Warum stehen keine Sterne am Himmel? Warum liege ich ganz allein? Bin ich tot?

Ich spüre keine Glieder. Nur eine entsetzliche Schwere ist in mir. Ich kann mich nicht rühren. Ewiger Blauer Himmel, ich könnte mich auch nicht wehren, wenn ein Wolfsrudel käme? Aber ich bin ja tot, beruhigt er sich. Ich werde es nicht spüren, wenn sie sich über mich hermachen.

Da! Was ist das?

Es ist ein schneller Atem in der Nähe! Ist es das gierige Hecheln, das dem Wolf durch die Lefzen fährt, wenn er Beute wittert? Er muss nahe sein, der Graue, ich höre ihn deutlich!

«Schira!» Wie von selbst kommt Daritai der Schrei über die Lippen. Und mit diesem Schrei ist der Nebel zerrissen, der sich in Daritais Kopf vor die Wirklichkeit geschoben hatte. Er sieht, wie sich die alte Sklavin um den Vorhang an seinem Bett schiebt, sieht, wie sie sich über ihn beugt.

«Was ist, Prinz Daritai? Warum hast du geschrien?» Sie wischt ihm den Schweiß von der Stirn.

Daritai hebt den Kopf und versucht sich aufzurichten.

«… ich … ich habe einen Wolf gehört, ganz nahe! Ich habe seinen Atem gehört!»

«Du hast geträumt, Prinz Daritai.»

«Nein, ich hatte die Augen offen!»

«Ach – ich weiß, was es war. Ich habe hinter dem Vorhang gesessen und bin eingenickt. Vielleicht habe ich ein bisschen geschnarcht. Verzeih einer elenden Sklavin, Prinz!»

Daritai fällt zurück.

«Warum ist Schira nicht bei mir?» Sie zögert. Dann sagt sie:

«Weil er heimgekehrt ist zum Ordu seines Fürsten.»

«Er ist … Schira ist fort? Er ist fort ohne Abschied?» Daritai sucht auf der weißen Filzdecke einen Halt.

«Die Pflicht rief ihn heim, Prinz Daritai.»

Die Pflicht? Schira hatte nur Angst, von mir Abschied zu nehmen, denkt Daritai.

«Wann ist er fortgeritten?»

«Ich weiß es nicht mehr, Prinz Daritai. Ich habe einen kleinen Kopf.»

«Wie lange liege ich hier?»

«Du liegst hier, seit der Mond eine schmale Klinge zeigte. Jetzt ist er voll.»

Neun Tage oder zehn Tage, denkt Daritai. «Ist Prinz Amanak schon lange fort?»

«Ja. Am Tag nach den Spielen, wie es verabredet war.»

Die Kampfspiele! Um Daritais Erinnerung brodelt wieder der glühende Dunst, in den er schneller und immer schneller zu versinken droht. Mit beiden Armen stemmt er sich dagegen, taumelt rückwärts – und in diesem Augenblick reißt ihn noch einmal ein Ruf zurück auf das Kampffeld:

«Daritai!»

Er kann noch denken: es ist Amanak – dann gibt es keine Erinnerung mehr.

«Wer hat mich hier hergebracht?»

«Prinz Amanak und Schira.»

«Und mein Vater?», fragt Daritai so leise, dass die Sklavin es kaum versteht.

«Der erhabenste aller Herrscher kommt jeden Tag und ist lange an deinem Lager.»

Eine Zeit bleibt es still, als müsse Daritai erst über das nachdenken, was er gehört hat. Dann fragt er:

«Lebt Duba?»

«Ja, Prinz Daritai.» Bald darauf hört die Sklavin an den gleichmäßigen Atemzügen, dass Daritai schläft.

Als der Khan wenig später in das Haus tritt, findet er die Alte am Fußende vor Daritais Lager, wie sie leise vor sich hinweint. Er stößt sie mit dem Fuß an.

«Was ist geschehen?», fragt er, und die jähe Erregung macht seine Stimme heiser.

Die Sklavin erschrickt. Sie hat den Khan nicht kommen hören. Sofort wirft sie sich auf den Boden.

«Verzeih einer Elenden, Erhabenster aller Herrscher!»

«Was ist geschehen?», drängt er ungeduldig.

«Er hat mit mir gesprochen! Er hat mich nach allem gefragt, und jetzt schläft er fest. Er wird nicht nur weiterleben – er wird gesund werden. Allah sei gepriesen!»

«Steh auf!», sagt der Khan.

«Ich habe in jeder Stunde gezittert, dass Allah über den erhabenen Prinzen das Gleiche beschlossen haben könnte wie über seine erhabene Mutter.»

«Von jetzt an wirst du für das Wohl des Prinzen sorgen, wie du für seine erhabene Mutter gesorgt hast.»

Die Alte fällt wieder auf den Boden.

«Nimm den Dank einer Elenden, Erhabenster aller Herrscher, nimm den Dank der Elendsten unter deinen Dienerinnen!»

Mit Sonnenaufgang und Sonnenuntergang, Mittagsglut und Abendkühle vergehen die Tage, und jeder neue, der aus dem Osten heraufzieht, bringt Daritai ein Stück Lebenskraft zurück. Bald ist ihm das Haus zu eng. Er wünscht, in den Garten gebracht zu werden. Und nachdem es einmal geschehen ist, wartet er jeden Tag voller Ungeduld auf die Stunde, da die Brise vom Kaspi-See her die beiden Mauern von Sarai kühlt. Er kann stundenlang liegen, die Nase in den Wind recken, die Augen schließen und dabei auf alle Geräusche lauschen, die in ihn dringen. Er vernimmt Hufeklappern, Befehle, Schwatzen, Kinderweinen. Aber das alles erreicht sein Bewusstsein nicht völlig. Er denkt: Ich lebe! Ich kann hören und sehen und fühlen. Und weil ich mich an alles richtig erinnere, was geschehen ist, bin ich auch kein Narr geworden.

Bin ich glücklich, dass ich lebe? Warum breite ich nicht vor Glück die Arme aus?

Ich kann nicht Ich kann einfach nicht! Für wen bin ich am Leben geblieben? Für den Khan? Für diesen fremden, harten Mann, der mir nie verzeihen wird, dass ich den Tod meiner Mutter verschuldet habe? Für Duba? Dessen Hass und Missgunst aufflammen werden, sooft er mich sieht? Für wen bin ich am Leben geblieben?

Daritai deckt den Arm über die Augen. Warum bin ich so allein? Warum musste mich Schira verlassen? Warum konnte ich nicht mit Amanak und der kleinen Prinzessin reiten? Warum muss ich hier in Sarai sein, wo mich niemand will? Warum musste ich vom Stamme meines Großvaters fort, wo ich in jeder Jurte als Freund willkommen war – allein schon, weil mich Daukai geboren hat.

Von Tag zu Tag steigert sich die Abwehr in Daritai gegen alles, was Sarai ist. Er fürchtet sich vor den Stunden, wenn sein Vater an das Lager tritt. Er kann das Klappern seiner Kette nicht hören. Er lehnt sich auf gegen das geräuschlose Eintreten der alten Sklavin, das ihn mehr als einmal zusammenfahren lässt. Er hasst das feste Haus, in dem er sich eingemauert vorkommt. Und immer sehnt er die Stunde herbei, wenn es kühl wird und er in den Hof hinaus kann.

Im Hof aber wird ihm die Mauer bald ebenso zur Qual. Sie hindert seinen Blick, sie zwängt ihn ein. Er beginnt jeden Stein zu hassen. Er sehnt sich nach der Freiheit der endlosen Steppe, nach der Ungebundenheit des umherziehenden Stammes. Er sehnt sich zurück in den Kreis der Männer, die am Jurtenfeuer ihren Rat abhalten und zwischen denen er sitzen durfte – als der Enkel ihres Fürsten, als Daukais Sohn. Er sehnt sich nach der Jagd mit dem schwirrenden Pfeil, nach der nächtlichen Wache bei der Herde, nach Regen, Sturm und brennender Sonne.

Was soll ich nur in dieser Stadt, denkt Daritai, und eine tiefe

Niedergeschlagenheit erfasst ihn. Wie wird mein Leben werden, wenn ich gesund bin? Ich werde jeden Tag um den Khan sein müssen, jeden Tag Duba sehen, und ich werde nicht einen einzigen Menschen haben, mit dem ich von der Steppe sprechen kann, vom Großvater, von Schira.

Aber noch bin ich nicht gesund! Und Daritai erkennt, dass ihm das Haus und der Hof mit seinen Mauern auch einen Schutz bieten kann.

Je mehr er aber das Gesundwerden hinauszögern möchte, desto schneller geht es vor sich. Vom vielen Ruhen am Tage wälzt er sich nachts schlaflos auf dem Lager. Manchmal steht er leise auf, tritt vor das Haus und wartet voller Ungeduld darauf, dass die Stadt wieder erwacht. Zu der Sklavin sagt er:

«Bevor du hereinkommst, mach dich bemerkbar. Huste von mir aus, aber erscheine wie ein Mensch und nicht wie ein Geist!»

Eines Tages überrascht er sich bei dem Gedanken, allen, die gegen ihn sind, den Kampf anzusagen. Ich bin der Sohn eines Khans und einer Fürstentochter, und wer mich zum Feinde will, dem werde ich zeigen, wen er zum Feinde hat!

Als der Khan an diesem Tag zu ihm kommt, sagt Daritai:

«Mein Vater, ich habe mich gegen dein Verbot zum Kopfschlagen gestellt. Sage mir, welche Strafe ich verdiene. Ich bin gesund genug, dass ich sie verbüßen kann.»

Der Khan zieht die Mundwinkel herab.

«Deine Strafe hast du hier auf dem Lager verbüßt.» Und als Daritai etwas entgegnen will, sagt: Nein, rede nicht! Ich weiß alles. Du bist nicht allein gewesen, als Duba dich herausgefordert hat. Du hast zwar gegen mein Verbot gehandelt, aber ein ungehorsamer Sohn ist mir in diesem Falle lieber als ein Feigling.»

«Hat Schira geschwatzt?»

Der Khan nickt. «Gut, dass er es getan hat.»

Verständnislos schaut Daritai den Vater an. Kann dieser Mann wirklich großmütig sein?

«Was ist mit Duba?», fragt Daritai zögernd.

«Du wirst es sehen.»

– – –

Als der Khan wenige Tage später türkische Kaufleute in seinem Palast empfängt, sind zum ersten Male wieder seine beiden Söhne dabei.

«Setz dich an meine rechte Seite, Daritai», sagt der Vater.

Daritai rührt sich nicht vom Fleck. Hat er richtig gehört?

«Setz dich an meine rechte Seite!»

Das Blut dröhnt in Daritais Kopf, als er sich neben dem Vater niederlässt. Das also hat er gemeint, denkt Daritai, und er ist so bestürzt, dass er nicht einmal auf Dubas Gesicht achtet.

«Es ist mein Wunsch, dass ihr euch vertragt!», sagt der Khan streng und sieht von einem zum andern. «Vielleicht gelingt es euch in der neuen Rangordnung besser.»

Keiner antwortet. Sie sehen aneinander vorbei und wissen, dass der Hass sie mächtiger trennt als vorher.

In Sarai aber flüstert es in der nächsten Stunde: Der Khan hat Daukais Sohn zum Kronprinzen gemacht!

Jede Wand hat Ohren

Mit jedem neuen Tag erobert sich Daritai ein Stück von Sarai. Er steigt zu den Wächtern auf die Mauer und sieht mit ihnen dem Ausladen der Schiffe zu. Aufmerksam horcht er, wenn sie den fremden Seeleuten etwas zurufen, das er nicht versteht.

«Was habt ihr gesagt und was haben euch die Männer dort unten geantwortet?», fragt er. «In welcher Sprache habt ihr miteinander gesprochen und woher kommt dieses Schiff?»

Im Stillen beschließt er: Ich will diese Sprache auch lernen. Es kann nicht in Ordnung sein, dass ein Niedriger mehr versteht als ein Edler. Weiß ich, ob er mir die Wahrheit sagt?

Und Daritai sucht unter den Kriegern seines Vaters einen türkischen Sklaven und lernt dessen Sprache.

Gulai-Khan aber erfährt, dass Daritai zu den Niedrigen geht und mit ihnen spricht, dass er sogar bei den Sklaven sitzt, lange – oft! Gulai-Khan erfährt es und seine Augen werden schmal. Sonst ist keine Bewegung in seinem Gesicht. Aber der, der es ihm zugeflüstert hat, freundlich und listig, erhält bei einem Mahl die Auszeichnung, das Essen aufzutragen.

Daritai findet sich oft in der Schmiede ein. Es zieht ihn zu den starken, rußigen Männern, die den Hammer auf das weiß glühende Eisen schlagen, dass die grellen Funken um den Amboss tanzen. Und als ihn eines Tages einer der Schmiedeknechte im Scherz auffordert: «Na, Prinz Daritai, wie wär's?» und ihm die Zange mit dem glühenden Eisenstück hinhält, da lacht Daritai, reißt sich den seidenen Rock vom Leib und packt die Zange.

«Gib mir den Hammer!»

Der ist schwer, dass Daritai kaum ausholen kann. Er reißt sich zusammen, und der Schlag dröhnt durch den geschwärzten Raum. Die Funken versengen ihm die Hosen, aber er schlägt so lange, bis das Eisenstück zu kalt geworden ist, um sich länger bearbeiten zu lassen. Dann reicht er dem Knecht die Zange zurück.

«Es muss wieder ins Feuer», sagt er und wischt sich den Schweiß von der Stirn.

«Was soll das werden?», fragt es in diesem Augenblick hinter Daritais Rücken.

«Das siehst du doch! Eine Wurfkeule natürlich – keine Kinderklapper!» Daritai dreht sich um. Hinter ihm steht der Schmiedemeister.

«Prinz Daritai, es ist nicht Sitte, dass der Kronprinz in unserer Werkstatt …»

«Du meinst, bisher war es nicht Sitte!» Der Schmiedemeister lacht breit.

«Du bist Daukais Sohn! Wenn man es dir nicht schon ansehen könnte, man würde es bald merken.»

Sie treten zusammen an den Ofen, wo zwei Jungen abwechselnd den Blasebalg treten. Der Schmiedemeister zieht das beschlagene Eisenstück aus der lodernden Glut.

«Nicht schlecht für den Anfang!»

«Wer sagt dir, dass es der Anfang ist. Ich habe im Ordu meines Großvaters manchmal Pfeilspitzen schmieden helfen. Keulen freilich noch nicht.»

«Pfeilspitzen!», lächelt der Schmied und facht das Feuer an.

«Keulen braucht man, wenn auf einer Mauer gekämpft wird. Wir in der Steppe hatten keine Mauern. Wir brauchten Pfeile mit guten Spitzen!»

Der Schmied, ein Bär von Gestalt, legt seine Pranke auf Daritais Schulter.

«Du gefällst mir, Prinz Daritai! Gut gefällst du mir!» Er zieht das heiße Eisen aus dem Feuer. «Hier, mach die Keule fertig!»

Und als sie unter der Aufsicht des Meisters geschmiedet ist und im Wasserbecken spuckend und zischend kühlt, sagt er:

«Wenn du wieder kommst, werde ich dir einen Lederschurz geben. Sieh dir deine Hose an!»

Daritai lacht. Hach, was, denkt er, in der Stadt meines Vaters gibt es genug Stoff. Wenn ich nur die Keule gut gemacht habe und nicht als Schlappschwanz aus der Schmiede gehe. Und in das Schlagen und Dröhnen schreit Daritai laut:

«Wann hast du mit deiner Kunst angefangen, Schmied?»

«Angefangen? Ich glaube, meine Mutter hat mich mit dem Hammer in der Faust zur Welt gebracht!»

«Schmiedest du auch Klingen?»

«Mein Vater hat mich *alles* gelehrt, und wenn er kein guter Meister gewesen wäre, würde mich der erhabene Khan schon längst davongejagt haben.»

«Wenn ich wieder komme, will ich dir beim Klingenschmieden zusehen!», schreit Daritai.

«Willst du das auch lernen?»

«Ja.»

Und Gulai-Khan erfährt auch dieses. Gulai-Khan erfährt, dass Daritai mit nacktem Oberkörper den Schmiedehammer schwingt und dass er mit den Knechten spricht, als ob sie seinesgleichen wären. Gulai-Khans Hände zerren heftig an der Kette aus roter Jade.

Besonders gern geht Daritai zu den Falknern. Stundenlang kann er bei ihnen hocken und ihrem leisen Geraune zuhören, mit dem sie die Vögel locke machen. Der Falkenmeister ist ein wortkarger Mann, der, außer mit den Vögeln, kaum ein Wort spricht. Er hat den starren, scharfen Blick seiner Adler, denkt

Daritai, das mag der Umgang mit den Vögeln mit sich bringen. So still es meist stundenlang zwischen ihnen ist, Daritai wird es nie langweilig. Im Ordu seines Großvaters ist auch gebeizt worden. Er weiß um die Künste, die angewandt werden, um Jagdvögeln den Willen zu brechen: ihnen die Augenlider zusammennähen und sie tagelang nicht zur Ruhe kommen lassen. Nicht selten, dass er den Falknern einen frisch gefangenen Vogel abnimmt und ihn einige Stunden auf der Faust im Hof umherträgt. Denn einen Adler zwei Tage und zwei Nächte auf der Hand zu halten und fortwährend mit ihm zu sprechen, das ist eine Arbeit, die auch den besten Mann erschöpft.

Eines Tages sieht Daritai einem jungen Falkner beim Aufbräuen eines Adlers zu.

«Hast du das schon oft gemacht?»

«Nein, aber der Meister sagt, ich müsste es lernen, es gehört zum Abrichten.»

«Jaja, aber du hast nicht die richtigen Hände dafür!»

Der Mann schießt einen beleidigten Blick zur Seite.

«Warum willst du es nicht einsehen? Nicht jeder hat die Fähigkeit, ein Scham zu sein – und beim Aufbräuen ist das nötig! Gib mir einmal die Nadel. Schau, du darfst dem Vogel das Lid nicht weiter vom Auge ziehen als notwendig. Und dann ...» Daritai spricht nicht weiter. Leise lockt er den verängstigten Adler, den ein Gehilfe mit dem Arm an sich presst und mit der freien Hand am Genick fest hält. «Und wenn du das Lid durchstichst, muss es so schnell gehen, wie der Blitz aus der Wolke fährt. Du darfst nicht erst mit der Nadel herumstochern. Wie willst du dir ein Tier zum Jagdgenossen machen, das sich vor dir fürchtet? Sieh her, mit dem Stich habe ich die feine Sehne schon durchgezogen, und jetzt mach ich dasselbe mit dem oberen Augenlid.» Daritai verknotet die Fäden und bräut auch das andere Auge des Vogels auf.

«Meinst du, dass es so schlimm ist, wenn der Adler sich vor mir fürchtet, Prinz Daritai?»

«Schlimm? Ich meine, dass man sich dem Freund lieber fügt als dem Feind. Bedenke, wie viel dem Vogel mit der Gefangenschaft genommen wird. Bedenke, wie widerwärtig ihm allein die Berührung durch unsere Hände ist!»

«Ich denke daran, dass mir der Falkenmeister befohlen hat, den Adler aufzubräuen – weiter nichts!», sagt der Mann trotzig, um seine Unsicherheit zu verbergen, setzt sich den Vogel auf die Hand und will losziehen. Aber Daritai vertritt ihm den Weg.

«Die Schnelligkeit, mit der du deine Zunge führst, wäre dir besser in die Hände gefahren. Du vergisst, wer vor dir steht!»

«Verzeih, erhabener Prinz.»

«Das weiß ich noch nicht. Aber dass ich mit dem Falkenmeister sprechen werde, damit er dir das Aufbräuen erspart, das weiß ich!»

«Ich danke dir, erhabener Prinz, ich danke dir!», ruft der Mann erleichtert.

Daritai sucht sich den Falkenmeister.

«Warum befiehlst du einem, der unsichere Hände hat, Vögel aufzubräuen?»

«Er muss es lernen.»

«Der lernt es nie!»

«Sein Vater war ein guter Falkner.»

«Deshalb braucht es der Sohn nicht zu sein! – Ist der Sohn eines Khans immer ein ebenso guter Khan geworden? Denk an Dschingis! Er eroberte die Welt – und was ist geblieben von seinem Reich?»

Der Alte sieht Daritai nach. Das ist Daukais Sohn! Hätte er nicht die Farbe ihrer Haut, die Leichtigkeit ihrer Bewegungen, man würde es erkennen, wenn er spricht.

Und Gulai-Khan bekommt es zugetragen, dass Daritai bei den

Falknern ein und aus geht. Als er eines Tages mit ihm allein auf der Jagd ist, sagt er:

«Ich habe dir nicht die Würde des Kronprinzen gegeben, damit du sie lächerlich machst!»

Daritai ist es, als erhalte er einen Schlag vor den Kopf. Verständnislos sieht er den Vater an.

«Ich verstehe nicht, was du meinst, erhabener Vater.»

«Du weißt zwar sehr gut, was ich meine, aber wenn du willst, kann ich noch deutlicher werden: Stehst du nicht des Öfteren wie ein Schmiedeknecht mit freiem Oberkörper in der Schmiede? Gehst du nicht zu den Falknern, als seist du auf der Welt, Vögel zur Jagd abzurichten? Oder stimmt es nicht, dass du einen Adler mit deinen eigenen Händen aufgebräut hast? Und ist es nicht so, dass du zu den Wächtern auf die Mauer gehst und bei ihnen auf den schmutzigen Holzbänken sitzt? Was hast du mir darauf zu sagen, wenn ich dich frage, ob es wahr ist, dass du, der Kronprinz des Khans der nogaiischen Tataren, mit den Sklaven sprichst?» Ohne die geringste Unsicherheit begegnet Daritai dem Blick des Vaters.

«Ich habe dir darauf zu sagen, dass man dir nicht die Unwahrheit über mich berichtet hat – aber auch nicht die Wahrheit!» Die ganze Empörung seines Herzens flammt in Daritais Augen und schlägt dem Khan ins Gesicht. «Zu allen, von denen du gesprochen hast, bin ich gegangen. Ich habe mit deiner Wache auf der Mauer die Schiffe beobachtet, und ich habe dabei gemerkt, dass es noch andere Sprachen gibt als die unsere. Und ich habe gehört, dass manche deiner Krieger sie verstehen und sprechen können, aber ich – der Kronprinz stand da wie ein Schafbock. Deshalb gehe ich zu dem Sklaven, deshalb lerne ich seine Sprache. Ich brauche deine Krieger nicht mehr, wenn ich verstehen will, was die fremden Seefahrer reden!»

«Ah, ah! Du versuchst, dich mit klugen Überlegungen zu rechtfertigen. Nicht schlecht. Aber sie verfangen bei mir nicht. Rede nur weiter!»

«Zu den Schmieden bin ich gegangen, weil ich wissen wollte, wie Keulen und Klingen geschlagen werden. Wie schwer eine Arbeit wirklich ist, wie viel Kraft und Geschick sie braucht, das weiß man erst, wenn man sie selber getan hat. Deshalb habe ich meinen Seidenrock ausgezogen und zugepackt.»

«Willst du Schmiedeknecht werden oder Kronprinz sein?», schreit der Khan, packt Daritai an den Schultern und schüttelt ihn. «Ich verbiete es dir! Ich verbiete es dir!» Er lässt Daritai wieder los. «Sprich weiter», sagt er leise.

«Was soll ich noch sagen? Ich habe mich vor keinem lächerlich gemacht. Frage sie alle, du wirst nicht einen finden, der dir etwas berichtet, das mein Ansehen schmälert. Ich bin zu jeder Zeit der Kronprinz geblieben.»

Der Ärger des Khans wächst. Jetzt, als Daritai schweigt, weiß er nicht, auf wen er wütender sein soll: auf die gehässigen Zuträger oder auf seinen Sohn.

«Sie lieben dich also. Meine Untertanen lieben dich. – Rede!» Der Khan atmet schnell. Seine Augen, schmal wie Schlitze, bohren sich in Daritais Gesicht. Er biegt die Reitpeitsche mit den Händen zu einem gespannten Bogen.

«Ob sie mich lieben, weiß ich nicht. Aber sie achten mich!», sagt Daritai und kann nicht von der gebogenen Peitsche wegsehen. Wenn er loslässt, schlägt sie mich, denkt Daritai. Aber die Peitsche schnellt in die Höhe und der Khan wirft sie neben sich. In Daritai fällt die Anspannung zusammen.

«Du wirst von morgen an den Dienst der Jungmannen versehen, Daritai.» Das klingt anders als vorher. Die Versöhnung ist deutlich zu hören.

Aber Daritai ist wie taub. Ob sie mich lieben, weiß ich nicht, denkt er, aber dass sie dich nicht lieben, dessen bin ich sicher. Vor dir haben sie Angst!

Nachts in der Steppe

Daritai gefällt es bei den Jungmannen. Zum ersten Male, seit Amanak fort ist, findet er Freunde in Sarai, vergisst er seine Einsamkeit und die Sehnsucht nach der Steppe. Nur selten bewohnt er sein Haus neben dem Palast des Khans. Tagelang lebt er im Lager der Jungmannen. Und wenn sie zu Kriegsspielen in die Steppe reiten und für die Nacht ihre Jurten aufstellen, ist keiner glücklicher als Daritai. Mit jeder Stunde, die er außerhalb der Stadtmauern verbringt, wird er wieder derjenige, der er im Ordu seines Großvaters war. Nicht mehr so übermütig, aber frei und unbeschwert.

Die Bewunderung aller Jungmannen gehört ihm. Keiner schießt den Pfeil sicherer als Daritai, keiner schleudert den Speer weiter als er.

«Du hast einen guten Lehrer gehabt, Prinz Daritai!», sagen die Jungen. «Wir sollen schießen lernen – du kannst es schon.»

«Mein Großvater hat es mich gelehrt und sein Waffenmeister Schira, der mich nach Sarai begleitet hat!», sagt Daritai stolz.

Wenn sich das Lager der Jungmannen zum Kriegsspiel teilt, die einen Angreifer, die anderen Verteidiger werden, findet keiner bessere Schleichwege, um den Gegner auszukundschaften, keiner versteht es besser, die eigene Spur zu verwischen, als Daritai. Sein Ansehen steigt mit jedem Tag und nicht nur bei den Jungen. Daritai findet in dem Lagerführer zum ersten Mal einen wirklichen Freund unter den Offizieren des Vaters. Es ist Kadan, der alte Mann mit dem zottigen Ziegenbart, der ihm am ersten Abend im Palast des Khans so freundlich zugenickt hatte. «Seit du bei uns bist, Prinz Daritai, ist es leichter, mit allen fertig zu werden. Die andern wollen es dir gleichtun, sie wollen alles so gut können wie du», sagt der Alte, und er denkt: Der Prinz darf es nie merken, welche Erniedrigung ihm der Khan damit angetan hat, dass er ihn im Lager der Jungmannen ausbilden lässt.

«Lob mich nur nicht so sehr, sonst stell ich etwas an!», lacht Daritai.

Eines Nachts ist das ganze Lager der Jungmannen in die Steppe geritten, um auf die nächtlichen Tierstimmen zu lauschen und zu prüfen, wie gut jedem Einzelnen das Nachahmen gelingt.

Es ist eine Nacht – schwarz wie Pech und Ruß. Ein jeder von ihnen ahnt nur, wer sein Nebenmann ist. Schwüle liegt über der Steppe, und von Westen ballt es sich zusammen, als wolle sich der Himmel über die Erde wälzen. In solchen Nächten findet auch das Tier keine Ruhe. Deshalb sind die Jungmannen ausgezogen. An einem Wasserloch, das von Weiden- und Erlengebüsch umstanden ist, lagern sie. Kein Flüstern – kein Scharren. Die Arme um die Knie gepresst, horchen sie.

In den Weiden höhnt es hohl:

«Wuitt ... Wuitt ... Wuuiit ...»

Stille.

Aus dem Lager antwortet es: «Uhit... Uhit...»

Stille.

Und wieder vom Lager:

«Huhuhitt... Huhuit...»

Sie warten, dass der großäugige Nachtvogel antwortet. Nichts.

Plötzlich klingt es aus einer anderen Richtung des Wäldchens:

«Wuitt ... Wuitt ... Wuuiit ...»

Augenblicke später vernehmen sie einen fast lautlosen Flügelschlag! Der Kauz über ihnen ist abgestrichen, um den Artgenossen zu suchen.

Zwei der Jungen stoßen sich an. Ein mühsam unterdrücktes Schnaufen kommt ihnen durch die Nase.

«Ruhe!», raunt der Lageroffizier.

Einige Male knackt es in der Ferne, nur für die zu hören, die ihre Ohren anstrengen. Dann bellt es plötzlich in der Steppe: heiser und trocken.

Stille.

Die Jungen versuchen, den Fuchs nachzuahmen. Es dauert lange, bis er sich wieder hören lässt. Aber da bellt mit einem Mal ein zweiter Fuchs. Sie versuchen, ihn anzulocken, aber er nähert sich nicht ihnen, sondern dem, der zuerst gebellt hat. Wieder stoßen sich die beiden Jungen an und pressen die Nasen mit den Fingern zu.

Da ist das «Wuitt, Wuitt» des Kauzes wieder. In seinen Ruf fällt das angstvolle Fiepen eines Hasen und das zänkische Pfeifen zweier Ratten im Wasserloch.

Und dann, nach Stunden des Horchens und Antwortgebens, fahren sie plötzlich zusammen!

«Uuuhui! Uuhuhui! Uuhuhui!»

Ein Wolf – noch einer – noch ein dritter. Mancher der Jungen fasst nach dem Messer. Aber die Wölfe sind weit. Nur einer nicht? Oder täuschen sie sich?

«Daritai», flüstert der Lageroffizier in die Finsternis, «locke ihn!»

Auf das, was Kadan jetzt hört, schüttelt er mit dem Kopf. Was ist nur mit Daritai? Er hat es doch schon viel besser gemacht!

Am Westhimmel beginnt es grell aufzuflammen, und wie von Geisterhand entfesselt, tobt der Sturm plötzlich los. Seine brüllende Stimme reißt jeden anderen Laut in sich hinein. Und wenn sie jäh abbricht, geschieht es nur, um noch lauter, noch hemmungsloser einzusetzen.

«Wir laufen zurück zu den Jurten!», befiehlt Kadan. «Morgen

früh, wenn das Gewitter niedergegangen ist, werden wir den Kranichen und den Schwänen zuhören.»

Der Sturm ist zu mächtig, als dass Kadan das Brechen im Gebüsch deuten könnte; die Nacht ist zu schwarz, als dass er sehen würde, wie sich ein einzelner Junge zwischen die anderen schiebt. Und als er Daritai neben sich ruft, merkt er auch dessen Atemlosigkeit nicht.

«Was war heut mit dir, Prinz Daritai?»

«Habe ich es nicht gut gemacht, Kadan?»

«Nein.»

«Seltsam», sagt Daritai, «und mir kam es vor, als ob es heute besonders gelungen wäre.»

Als sie sich im Kreis der Jurten versammeln, sagt Kadan:

«Ich denke, ihr habt gemerkt, wie viel ihr alle noch lernen müsst. Denkt allein an den Ruf des Kauzes. Bei eurem Krächzen ist er schön auf seinem Ast sitzen geblieben. Erst als der zweite Kauz rief, flog er ab.»

Daraufhin hört es sich an, als ob einige der Jungen zu schnarchen anfingen.

«Hee!», ruft Kadan. «Schlaft ihr schon im Stehen?»

Als Daritai mit den anderen in der Jurte liegt, flüstert es neben ihm:

«Wie machst du das, Prinz Daritai? Wie kannst du das bloß?»

«Ihr vergesst, dass ich viele Jahre in der Steppe gelebt habe. Wer öfter eine ganze Nacht als Wächter um das Ordu reitet, hat Zeit genug, zu lauschen und die Stimme zu üben. Aber das sage ich euch, Kadan darf nie erfahren, wer der andere Kauz gewesen ist. Und dass ich den Fuchs und den Wolf nachgeahmt habe, darf er natürlich auch nicht zu wissen kriegen!»

Kadan erfährt es nicht – aber Gulai-Khan hat viele Ohren, die für ihn horchen …

Eines Tages, als Daritai sein Haus in der Stadt betritt, findet er einen neuen Teppich darin: ein leuchtend blauer Rand begrenzt ein tiefrotes Rechteck, dessen eine Schmalseite in eine Spitze ausläuft. Daritai steht überrascht davor. Dann muss er schlucken. Mit einem Mal glaubt er, sein Rock würde ihm zu eng. Ein Gebetsteppich! Kein Zweifel. Die Spitze des Musters zeigt nach Osten.

Sofort ahnt er, warum ihn sein Vater hat rufen lassen. Der Khan will durchsetzen, dass sein Sohn ein Gläubiger Allahs wird. Und Daritai weiß, dass er sich wird fügen müssen. Aber er ist voller Abwehr.

Als er auf dem Weg zum Palast ist, fällt ihm ein, was Teni angedeutet hat: Amanak mag nicht ungehorsam gegen seinen erhabenen Vater sein, aber in seinem Herzen glaubt er an die Macht des Ewigen Blauen Himmels. So kann ich es auch machen, denkt Daritai, und erleichtert tritt er vor seinen Vater.

«Ich habe beschlossen, dass du wieder in dein Haus ziehst. Du wirst jetzt einen eigenen Lehrer erhalten, wie Duba.»

Die Enttäuschung ist Daritai vom Gesicht abzulesen.

«Ich war sehr gern bei den Jungmannen.»

«Du hattest Freunde im Lager?»

«Ja, mein Vater, sie sind alle meine Freunde.»

«Und wie war es mit Kadan?»

«Er ist ein guter Lehrer. Ich achte ihn sehr.»

«Du achtest ihn, so. Und du kannst es mit der Achtung vereinen, dass du ihn der Lächerlichkeit des ganzen Lagers preisgibst?»

«Was soll ich getan haben?»

«Stell dich nicht harmlos! Du wirst es nicht abstreiten wollen, dass du ihn in der Steppe, als Kauz und was weiß ich noch, an der Nase herumgeführt hast. Oder?»

«Nein. Aber ist es keinem Menschen deines Volkes, nicht einmal dem Kronprinzen, erlaubt, einen Scherz zu machen, von dem nur ich und zwei Jungmannen wissen? Die beiden ließen sich eher die Zunge herausreißen, als dass sie mich verraten würden!»

«Ich wäre an deiner Stelle nicht so sicher, Daritai», sagt der Khan spöttisch, «schließlich habe ich es erfahren.»

In Daritais Kopf hämmert es. Wer hat mich verraten? Wer? Gibt es denn in dieser großen Stadt nicht einen Menschen, dem ich trauen kann?

Das Gefühl der Einsamkeit stürzt mit solcher Gewalt über ihn her, dass es ihm gleichgültig ist, was sein Vater noch zu sagen hat. Als er aus dem Palast geht, erinnert er sich nur noch undeutlich, dass der Priester zu ihm kommen wird, um ihn in die Lehren Mohammeds einzuführen, und dass er von nun an zu Allah beten muss.

Daritai beißt die Zähne zusammen. Nein! Ich werde nicht tun, was der Vater will!

Gebete zu Allah

Der Priester ist ein gütiger Mann. Bei seinen ersten Besuchen spricht er mit Daritai von dem neuen Glauben überhaupt nicht. Er will Daritais Vertrauen gewinnen und versucht, ihn zum Erzählen zu bewegen. Aber Daritai ist auf der Hut. Er wittert hinter jeder Frage des Priesters eine Falle.

Erst allmählich werden Daritais Antworten ausführlicher. Aus allem, was er sagt, ist für den Priester jedoch der Widerstand herauszuhören.

«Erzähl mir doch einmal vom Schamanen, Prinz Daritai, und was er dir von der Macht des Ewigen Blauen Himmels gesagt hat», wagt sich der Priester eines Tages vor.

Daritai verzieht den Mund zu einem undeutbaren Lächeln.

«Ein Priester wie du sollte über das Bescheid wissen, was er einem Ungläubigen – wie du mich nennst – ausreden will. Ich glaube, es ist besser, du sprichst jetzt einmal von Allah. Es könnte sonst sein, dass mein Vater ungeduldig wird.»

«Du sollst nicht an Allah glauben, weil dein Vater es will.»

«Warum sonst?»

«Du sollst erkennen, dass es einen Gott gibt, nach dessen Willen wir unser Leben erhalten haben, der uns nach seinem einzigen Willen unser Geschick zumisst und mit dem wir zufrieden sind, wenn wir uns dem Willen Allahs ganz hingeben. Du sollst glücklicher werden mit dem neuen Glauben, Prinz Daritai!»

«Ich bin nie glücklicher gewesen als in der Steppe, und in der Steppe glaubt man an den Ewigen Blauen Himmel.»

«Dein Sohn macht es mir nicht leicht», antwortet der Priester auf die Frage des Khans nach Daritais Fortschritten. Und als er sieht, wie es im Gesicht des Khans droht, sagt er mahnend: «Auch das ist der Wille Allahs, Gulai-Khan. Aber glaube mir, die Leichtfertigen sind nicht die besten Gläubigen geworden!»

Nachdem Daritai weiß, wie er sich auf dem Teppich zum Gebet niederzulassen hat, wann er die Arme kreuzen und erheben, wann er den Boden mit der Stirn berühren muss, unterrichtet ihn der Priester in den Geboten des Korans.

Daritai hört ihm aufmerksam zu. Dann sagt er:

«Du hast mir oft erzählt, mein Vater wäre ein eifriger Sohn Allahs.»

«Ja.»

«Im Koran steht, dass es einem Gläubigen verboten ist, Getränke zu sich zu nehmen, die ihm die Sinne berauschen. An der Tafel meines Vaters aber werden die Becher nicht leer, in denen der Kumis schäumt. Im Koran steht, dass es eines Gläubigen unwürdig sei, mit einem Weib in einem Raum zu leben. An der Tafel meines Vaters aber sitzt Prinzessin Abagi neben den Männern. Auch dass eine Frau ihr Gesicht unsichtbar zu machen hat, steht im Koran. Das Gesicht der Prinzessin aber ist gut durch den dünnen Schleier zu sehen. Im Koran steht ...»

«Du kannst noch vieles aufzählen, Prinz Daritai, ich weiß, ich weiß! Ich bete jeden Tag zu Allah um die Erleuchtung und den Gehorsam seines Sohnes Gulai-Khan. Was dein Vater macht, ist nicht richtig, aber es ist kein widerspenstiger Wille. Er hat noch nicht lange genug zu Allah gefunden, als dass er die Gewohnheiten seines früheren Lebens mit einem Male aufgeben kann. Er hat noch nicht das Glück der völligen Hingabe erlangt, obwohl in Sarai die herrlichsten Gebetshäuser nach seinem Willen erbaut wurden. Aber Allah wird ihn erleuchten. Ich weiß es! Er wird ihn erleuchten, wie er dich erleuchten wird.»

Täusche dich nicht!, denkt Daritai, aber kein Zug in seinem Gesicht verrät diesen Gedanken. «Woher weißt du überhaupt, dass wirklich alles so in dem Buch, das du Koran nennst, aufgeschrieben ist, wie du es mir sagst?», fragt er.

«Weil ich es lesen kann.»

«Du kannst lesen?»

Der Priester nickt.

Daritais Gesicht ist plötzlich voller Bewunderung. «Kannst du auch schreiben?», fragt er weiter.

«Ja.»

«Du kannst lesen und schreiben? – Dann bist du ein weiser Mann!»

«Ich habe es gelernt nach dem Willen Allahs.»

Daritai sieht den Priester nachdenklich an. Hat er es wirklich nur deshalb gelernt, weil es der Wille seines Gottes so vorgesehen hat? Hm … im Ordu meines Großvaters konnte niemand lesen und schreiben – keiner des ganzen Volkes! Weil niemand an Allah glaubte? Daritai denkt genau nach. Ich sollte es ergründen, wie das mit Allah ist! Ich weiß jetzt vieles von ihm und seinem Propheten Mohammed. Aber ich glaube weiter an die Kraft des Ewigen Blauen Himmels, und deshalb sollte ich versuchen, weise zu werden wie der Priester.

«Wie macht man es, wenn man liest, und was muss man tun, um zu schreiben?»

Der Priester sieht Daritais Frage als ein Zeichen Allahs an und erblickt darin einen Weg, stärkeren Einfluss auf Daritai zu nehmen als bisher.

«Willst du es lernen, Prinz Daritai?»

«Ja.» – Der Priester nickt Daritai freundlich zu.

«Danke Allah, dass er dir Söhne gab, Gulai-Khan, und danke Allah besonders, dass er dir einen schenkte, dem er die Klugheit des Kopfes und die Reinheit des Herzens überreich zugemessen hat», sagt der Priester zu Gulai.

Der Khan lächelt zufrieden.

«Du sprichst von Daritai? Wie ist es mit seinem Glauben?»

Der Priester erkennt die Hast, die hinter der Frage lauert.

«Bitte Allah um Geduld, Gulai-Khan – um Geduld für dich!»

«Er glaubt also noch immer nicht?»

«Sein Herz wurzelt im Ordu seines Großvaters. Du solltest versuchen, Daritais Herz zu gewinnen.» Das ist hart, und nur sein hohes Amt erlaubt dem Priester diese Worte.

Der Khan fährt auf.

«Ich? Ich soll sein Herz gewinnen? Meinst du nicht, dass es umgekehrt sein muss? Mein Herz aber kann er nur mit Gehorsam gewinnen!»

«Gehorsam ergibt sich aus der Liebe von selbst, Gulai-Khan!»

Seidak und seine Räuber

Sommer über der Steppe! Hoher Sommer mit einem grün-goldenen Himmel, mit glasiger Hitze, in die kein erfrischender Lufthauch fährt. Braun und hart ist das Steppengras geworden, seicht die Wasserlöcher und mager das Vieh, das brüllend über die Weide stampft. Teilnahmslos hängen die Hirten im Sattel. Sie drehen kaum die Köpfe nach der kleinen Reiterschar, die ihre Pferde auf Sarai lenkt.

Als Daritai am anderen Tage erfährt, wer angekommen ist, verfliegt sein Lerneifer wie der Rauch des Jurtenfeuers im Herbst-sturm. Wenig später sitzt er im Palast seines Vaters den Ankömm-lingen gegenüber: Es ist Seidak mit seinen Begleitern. Auf ihren Röcken, auf ihren Mützen, ja, auf ihren Gesichtern liegt noch der Steppenstaub.

So sehen sie also aus, die gegen Kutschum ziehen wollen, denkt Daritai, und trotz seiner Gegnerschaft betrachtet er die Männer aufmerksam. Sie müssen viel unterwegs sein. Ihre Haut ist von der Sonne dunkel gebrannt. Verstohlen sieht Daritai auf seine Hände. Wie hell sie sind und wie weich sie aussehen! Ja, wer schreibt, bekommt andere Hände als der, dessen Tag im Sattel beginnt und endet. Schreiben, lesen, im Haus sitzen, denkt Daritai und schluckt. Reiten, reiten und die Steppe sehen! Er schließt die Augen und atmet heftig. Sie mögen viel entbehren. Ihre Gesichter sind eingefallen und hart. Wie mag ich aussehen von dem satten Leben in dieser Stadt?»

Daritai hat vor all den Gedanken dem Gespräch nicht folgen können. Erst die scharfen Worte seines Vaters reißen ihn heraus.

«Wenn ich deine lange Rede richtig verstanden habe, Seidak, wirbst du also um nogaiische Krieger für einen Zug gegen Kutschum-Khan aus dem Blute des Dschingis.»

«Ich werbe um deine Krieger, weil ich mir das Reich Sibir zurückerobern will. Gegen wen ich dabei kämpfen muss, ist mir gleich!»

Gulai-Khan bannt mit zusammengekniffenen Augen Seidaks Blick.

«Ah!», sagt er. «Habe ich richtig gehört? Zurückerobern? Wann war das Reich Sibir in deiner Macht?»

«Es gehört mir nach dem Blute!», braust Seidak auf. «Ich bin aus dem Stamme des Etiger, dem Sibir gehörte und den Kutschum mit dem Messer vom Thron stoßen ließ!» Sein breites Gesicht läuft rot an, der Schweiß tritt ihm auf die Stirn. Seine Erregung ist Gulai-Khan Anlass, noch ruhiger zu sprechen als vorher.

«Du hast dir viel vorgenommen, Seidak, denn da du dem Blute große Bedeutung zumisst, wirst du auch das Ansehen deines Stammes wiederherstellen wollen, das durch Etiger einen Fleck der Schande erhielt.»

Seidak weiß, worauf Gulai anspielt. Er meint die freiwillige Unterwerfung Sultan Etigers unter den Weißen Zaren. Seidak will etwas entgegnen, aber Gulai-Khan lässt ihn nicht zu Wort kommen.

«Es ist ehrenhaft, was du vorhast, Seidak, aber du willst gegen Kutschum-Khan kämpfen – gegen Kutschum-Khan!»

«Ja, gegen ihn! Du brauchst mir nicht noch einmal zu sagen, dass er aus dem Blute des Dschingis ist. Das weiß der klapprigste Kamelhengst. Aber die Zeit des großen Dschingis ist vorbei – für immer! Dass Sultan Etiger dem Weißen Zaren Tribut zahlte, magst du als Schande ansehen; dass Kutschum sich durch den

Mord an Etiger auf dessen Thron setzte, sehe *ich* als Schande an. Und jetzt ist die Zeit gekommen, da ich mein Recht will!»

«Dein Recht!» Gulai-Khan bricht in ein lautes Lachen aus. «Dein Recht! – Weißt du, was das Recht ist, Seidak? Recht ist Macht! Das Recht ist immer bei dem, der die meisten Krieger hat, bei dem, der es versteht, den Kampf mit dem Sieg zu beenden. Dort ist das Recht! Kutschum ist Khan über ein großes Reich, über viele tausend Krieger, denn er hat Freunde in jedem Ordu, das von Tataren bewohnt ist und wo Gläubige zu Allah beten wie er selbst. – Und wie steht es mit all dem bei dir? Was hast *du*? Du hast dir einen Haufen Krieger zusammengeworfen, die es nach einem feinen Leben in Sibir gelüstet!»

Seidak und seine Begleiter sind aufgesprungen.

«Du beleidigst mich! Das werde ich dir heimzahlen!»

«Ich wollte dich nicht beleidigen. Ich wollte dir nur zeigen, wie es um dich und deine Pläne steht. Wenn du es als Beleidigung auffasst …», der Khan zuckt die Schultern, «… wie du willst. Zur Rache würde ich dir nicht raten. Du verlierst nur Krieger, und du hast bei deinem Kampf jeden Einzelnen nötig!»

«Nicht im kleinsten Ordu wird die Ehre des Gastes so mit Dreck überhäuft wie bei dir, Gulai! Der Ewige Blaue Himmel soll dich strafen! An deinen Söhnen soll er dich strafen! Er soll deine Stadt zerschlagen mit Donner und Blitz!» Damit stürmen Seidak und seine Begleiter aus dem Palast.

Zurück bleibt eine beklemmende Stille. Die beiden Tausendschaftsführer sehen den Khan an. Duba dreht die Stiefelspitzen gelangweilt aufeinander zu und wieder zurück.

Daritai blickt zur Tür, als erwarte er, dass Seidak noch einmal erscheint. Ein paar Stücke kalten Hammelfleisches und ein Becher Kumis, das war ihr Gastmahl, denkt Daritai, und nun werden sie wieder aufsitzen und weiterreiten.

«Dieser Heide wagt es, vor mich zu treten und um Krieger zu werben!», empört sich der Khan. «Nogaiische Tataren, die zu Allah beten, sollen für einen Heiden kämpfen, der gegen einen gläubigen Khan zieht! Hat ihn die Dummheit oder die Frechheit nach Sarai geführt?»

«Seine Lage zwingt ihn zu jedem Weg, erhabener Vater», sagt Daritai.

«Die Lust, nach Sibir zu ziehen, wird ihm vergangen sein nach dem Bescheid, den du ihm gegeben hast, mein Vater», sagt Duba und sieht den Khan bewundernd an.

«Das glaube ich nicht», sagt Daritai. «Wenn er sein Gesicht nicht vollends verlieren will, muss er den Kampf wagen. Außerdem – was setzt er aufs Spiel? Er hat kein Reich, kein Volk. Das alles will er erst gewinnen. Wenn es ihm nicht glückt – was wird es ihm schaden? Zudem glaube ich, dass er hitziges Blut hat. Er wird sagen: Nun gerade!»

«Mir scheint, du empfindest noch mit diesem Heiden, dem du nichts als den Untergang wünschen solltest!», sagt Duba gehässig. Er nennt Seidak absichtlich einen Heiden, um Daritai zu treffen.

«Ich habe nur gesagt, was ich denke. Wenn du aber wissen willst, was ich wünsche, dann glaube mir, ich wünsche den Sieg für Kutschum-Khan, und nichts wäre mir lieber, als dabei auf seiner Seite zu kämpfen.»

«Wenn du mir erlaubst, erhabener Khan, meine Meinung vorzutragen», sagt einer der Tausendschaftsführer, «dann muss ich mich Daritais Worten anschließen. Seidak wird nach Sibir ziehen.»

«Und was sagst du?», fragt der Khan den anderen Offizier.

«Ich sage, dass du gut gehandelt hast, als du Seidak mit scharfen Worten aus dem Palast gejagt hast.»

Der Khan lächelt grimmig: Du Speichellecker, denkt er.

«Was hältst *du* von Seidaks Plänen, erhabener Vater?», fragt Daritai.

«Ich denke wie du, mein Sohn.»

«Würde es nicht gut sein, die Wachen um die Herden vor der Stadt zu verdoppeln und die Ordus in der Umgebung zu warnen?», fragt Daritai.

«Dass Seidak hier kämpft, glaube ich nicht.»

«An einen Kampf glaube ich auch nicht, aber er wird seine Krieger stehlen und niederbrennen lassen, was vom nogaiischen Reich für ihn zu fassen ist. Und stärkt ihn nicht jeder geschlachtete Jak, jedes Reitpferd? Und ist nicht jede verbrannte Jurte ein Verlust für Sarai? Sollte aber alle Wachsamkeit nicht nötig gewesen sein, dann hat es niemandem geschadet.»

«Das Leben jedes Gläubigen liegt allein in der Hand Allahs», sagt der Khan überlegen. «Warten wir ab, Daritai!»

Noch in der gleichen Nacht lodert ein ganzer Aul in der Steppe auf. Seidaks Räuber machen alles nieder, was sie antreffen. Kein Schaf, kein Rind, kein Pferd bleibt zurück. Gegen Morgen torkelt durch die schwarze Asche ein Junge, der sich unter einer erschlagenen Ziege verstecken konnte. Ein Pferd hat ihm die linke Hand zertreten. Wie ein blutiger Klumpen hängt sie an seinem Arm. Der Kleine wimmert in sich hinein. Erst als er nach Vater und Mutter sucht und nur ein paar verkohlte Reste findet, überwältigt ihn die Verlassenheit, und er schreit seinen Schmerz gellend in den einsamen Morgen. Er läuft und läuft, und die braune Steppe nimmt kein Ende …

Zur Stunde des Abendgebetes jagt ein Reiter durch das Stadttor von Sarai, und als der Khan mit seinen Söhnen aus der Moschee kommt, tritt der staubbedeckte Mann vor sie hin. Er braucht keine langen Reden.

«Lass mich mit den Kriegern reiten, erhabener Vater», bittet Daritai.

«Um den Räubern Seidaks die Köpfe abzuschlagen, dafür ist mir das Ansehen des Kronprinzen zu hoch, mein Sohn!»

– – –

Daritai kann an diesem Abend nicht ruhig im Haus sitzen. Seine Gedanken sind bei den Kriegern, die Seidaks Männer verfolgen. Wird es gelingen, sie einzuholen? Werden die Krieger meines Vaters Rache nehmen können? – Er kommt von der Vorstellung nicht los, dass es glücken würde, wenn er hätte mitreiten dürfen. Unruhig geht er im Hause auf und ab. Plötzlich kommt ihm ein Gedanke. Ich muss den Schamanen fragen, ob die Sterne den Kriegern meines Vaters Glück verheißen! Vielleicht wird es vielmals Tag und Nacht werden, bevor sie zurück sind, und so lange kann ich nicht warten!

Daritai geht aus dem Hause. In der Stadt ist es still geworden. Aber zu einem Sterndeuter kann man um diese Zeit gehen. Bei ihm sind die Stunden der Finsternis die richtigen.

Als Daritai die Behausung des Schamanen erreicht, bleibt er stehen. Er drückt sich an die Wand und blickt sich nach allen Seiten um. Es ist nicht nötig, dass mich jemand eintreten sieht, sonst erfährt es schon morgen mein Vater. Und weiß ich, ob es ihm recht ist? Zwar fragt er selbst den Schamanen um Rat, aber er schickt einen seiner Tausendschaftsführer. Nie lässt er den Sterndeuter in den Palast kommen. Vielleicht will der Vater nicht Allah verärgern, auf der anderen Seite scheint er dem großen Gott doch nicht ganz zu trauen.

Während diese Gedanken durch Daritais Kopf gehen, horcht er, ob Schritte in der Nähe sind. Aber alles ist still. Nein, nicht alles! Daritai hört Stimmen, gedämpfte Stimmen, die aus dem Hause kommen. Der Sterndeuter ist also nicht allein. Wer ist der andere? Daritai schiebt sich lautlos näher an den Türvorhang und lauscht angestrengt. Jetzt weiß er, wer drinnen ist: Duba!

«Lass dir Zeit, Prinz Duba, viel Zeit», hört er den Schamanen sagen, «alles, was du jetzt unternehmen würdest, trüge das Zeichen des Misslingens! Du würdest nicht deinen Bruder treffen, sondern dich selbst – wie damals nach dem Kampf der harten Köpfe. Du zwingst das Glück der Sterne nicht zu dir, du musst warten, bis sie sich günstig zeigen. Dann wird deine Rache gelingen, Prinz Duba. Aber ich sehe, dass die Zeit dazu noch fern ist. Höre auf meinen Rat, erhabener Prinz!»

Ja, höre nur auf seinen Rat, du hässliche, aufgedunsene Kröte! Daritai muss die Zähne zusammenbeißen, um es nicht in das Haus zu schreien. Aber ich weiß Bescheid und werde auf der Hut sein!

Erst als Daritai auf dem Rückweg ist, erinnert er sich, warum er zu dem Sterndeuter wollte. Und er beschließt, dieses Haus niemals zu betreten.

Schmutzige Pläne

Der Khan sitzt mit seinen Söhnen beim Mahl. Wie immer, wird auch an diesem Abend kaum ein Wort gesprochen. Aber heute erträgt Daritai die Schweigsamkeit schlecht.

«Erlaube mir ein Wort, erhabener Vater», sagt er, als er sieht, dass der Khan langsamer isst. «Sollten wir nicht einen Boten zu Kutschum senden mit der Nachricht, dass Seidak reitet?»

«Weißt du so sicher, wo ein Bote Kutschum finden würde?», fragt der Khan und erwartet nichts anderes, als dass Daritai verlegen ‹nein› antworten wird.

«Ich habe die Pelzaufkäufer ausgefragt, die aus dem Norden gekommen sind», sagt Daritai. «Ich habe erfahren, dass er südlich des Irtysch, gegenüber seiner Stadt Isker, das Ordu aufgeschlagen hat.»

«Ah, du bist im Stadtteil der Händler gewesen?»

Daritai überhört den tadelnden Ton.

«Ja, erhabener Vater, aber das war nicht alles, was die Aufkäufer sagten. Sie berichteten auch, dass von Westen gegen Kutschum ein Kirgisenstamm zum Kampf rüstet und dass sie selbst mit knapper Not den Vorhuten dieses großen Haufens entkommen wären. Nach Sibir zu ziehen, lohnt nicht mehr, sagen sie. In Sibir ist die Hölle los. Die Krieger des Weißen Zaren haben sich am Tobol festgesetzt. Sie haben eine Stadt erbaut, die sie Tjumen nennen. Sehr fest ist die Mauer, die sich um diese Stadt zieht. Pfahl steht neben Pfahl, und Tag und Nacht hört man das Schlagen der Äxte, mit denen die Russen die Pfähle in den Boden rammen. Und die Männer, die bauen, werden von denen geschützt, die Herr sind über Donner und Blitz. Jeden, den sie fassen, gleich, ob er Tatar ist oder Ostjake, zwingen sie zum Gehorsam. Und weiter erzählen die Aufkäufer, dass die Männer des Weißen Zaren bei den Eingeborenen leicht Freunde finden. Die Menschen aus den Wäldern fürchten noch immer die Macht des Unbesiegbaren mit dem eisernen Panzer.»

«Wissen sie nicht, dass Jermak tot ist?»

«Sie wissen es, aber viele seiner Kosaken sind zurückgekommen, und sie haben nicht nur ihre Feuerpfeile mit dem lauten Donner wieder mitgebracht, nein, sogar einen Wagen, der keine Deichsel, dafür aber ein langes Rohr hat. Und aus diesem Rohr fliegt noch viel mehr Feuer, und der Donner ist stärker, als ihn jemals ein Mensch vernommen hat.»

«Die Pelzaufkäufer haben also gesagt, dass es sich nicht mehr lohnt, nach Sibir zu ziehen?»

Daritai versteht nicht, warum den Vater gerade dies beschäftigt.

«Ja, so sagen sie. Und wie kann es auch anders sein? Die Eingeborenen müssen ihre Felle den Männern des Weißen Zaren bringen. Gewiss, auch für Kutschum bleibt noch genug, aber was die Kaufleute in seinem Ordu einhandeln, ist noch lange nicht hier in Sarai. Der Weg durch die Steppe ist weit, und in unsicheren Zeiten gibt es viel Gesindel, die es auf Kaufleute abgesehen haben. Dazu kommen die kriegerischen Haufen, wie jetzt der Kirgisenstamm und Seidak mit seinen Räubern.»

Der Khan blickt von Daritai zu Duba.

«Ich habe von dir noch kein Wort zu dem gehört, was Daritai sagt.»

Kauend sieht Duba auf.

«Ich war nicht im Stadtteil der Kaufleute, mein Vater, aber wenn du nach meiner Meinung fragst – ich denke, dass der Handel vom Norden her eine Zeit lang lahm liegen wird. Deshalb werden wir zu den russischen Händlern besonders entgegenkommend sein müssen, wenn die Einnahmen in unserer Stadt nicht zurückgehen sollen. Ich meine, dass diese Kaufleute, die auf ihren Flüssen Don und Wolga nach Süden kommen, das Loch in unseren Kassen gut zu stopfen vermöchten.»

Noch bevor der Khan antworten kann, fährt Daritai auf:

«Entgegenkommend sein? Zu den russischen Händlern?»

«Ja, du hast richtig gehört!»

«Aber damit stärken wir die Macht des Weißen Zaren! Wir sollten ihnen eher den Zutritt zu unserer Stadt verwehren!»

«Verwehren!», lacht Duba. «Du weißt wohl nicht, dass ihr gesamter Handel mit Buchara und China über unsere Stadt läuft und dass von jedem Geschäft, auch vom kleinsten, ein Gewinn in Sarai bleibt?»

«Duba sieht es richtig, Daritai. Wie sauer ihnen das Zollzahlen wird, erkennst du am besten daran, dass der Weiße Zar nach einem anderen Handelsweg sucht. Denn das ist der tiefere Sinn seines Kampfes in Sibir. Er will sich neben dem Reichtum dieses Landes gleichzeitig einen eigenen Weg nach Buchara und China verschaffen. Dann braucht er meine Stadt Sarai nicht mehr. Aber wir werden die Stute melken, solange sie Milch hat! Morgen schon werde ich die russischen Kaufleute wissen lassen, dass alle Beschränkungen, die ich ihrem Handel auferlegt habe, nicht mehr gelten. Und glaubt mir, meine Söhne, sie werden diese Freiheit nützen. Solange der Kampf in Sibir andauert, solange sie keinen Handelsweg im Norden haben, solange wird viel Zollgeld in unsere Kassen fließen! Denkt einmal nach, meine Söhne: Die Pelzaufkäufer wollen nicht mehr nach Norden ziehen – aber Pelze wollen sie! Und der Zar von Russland hat genug Pelze aus Sibir – doch sie nützen ihm nur, wenn er damit handeln kann! Was muss er also tun?»

In Dubas Gesicht steht die gleiche lauernde Verschlagenheit wie im Gesicht des Khans, als er sagt:

«Es wird ihm nichts anderes übrig bleiben, als sie nach Sarai zu bringen!»

Daritais Blick geht von einem zum anderen. Er sitzt ihnen so nahe, dass er sie mit den Händen berühren könnte, aber nie hat er sich weiter von ihnen entfernt gefühlt als in diesem Augenblick.

«Und Kutschum-Khan?», fragt er, und seine Stimme klingt rau. Er hustet und fragt noch einmal: «Und Kutschum-Khan?»

«Ja, Kutschum-Khan», sagt sein Vater. «Du hast den Vorschlag gemacht, ihm einen Boten zu senden, und das werde ich tun. Aber ich werde dem Boten eine Begleitung von zweihundert Kriegern mitgeben. Keine von den besten, schon gar nicht aus Sarai, aber immerhin Krieger!»

Jetzt lacht Duba heraus.

«Wie klug du bist, mein erhabener Vater», schmeichelt er. «Du beweist Kutschum-Khan mit den Kriegern deine Treue, stärkst ihn, und je länger dadurch der Kampf in Sibir dauert, desto besser für unsere Kassen!»

Daritai wird es so dick im Hals, als habe ihn plötzlich die Bräune befallen.

«Du errätst meine Gedanken, Duba», sagt der Khan, und seine Augen gehen wohlgefällig zu ihm hin. Dann wendet er sich Daritai zu: «Aber dir, mein Sohn, habe ich diesen Plan zu verdanken. Du hast einen Wunsch frei!»

Daritai zögert, und der Khan denkt: Ich gäbe etwas darum, jetzt zu wissen, was ihm durch den Kopf geht – aber er hat gelernt, sich zu beherrschen.

«Lass mich einer dieser zweihundert Krieger sein, mein Vater», sagt Daritai.

«Wenn dies dein Wunsch ist, dann tut es mir Leid, dass ich ihn dir nicht erfüllen kann. Ich sagte doch, aus Sarai wird keiner der Krieger sein!»

«Einen anderen Wunsch habe ich nicht.»

«Schade.» Die Abfuhr Daritais kann dem Khan die gute Stimmung nicht nehmen – und Duba nutzt sie.

«Gestattest du mir eine Frage, mein Vater?», kriecht Duba bescheiden. «Wäre es möglich, mit den Kriegern zwei oder drei Leute nach Sibir zu senden, die keinen kriegerischen Auftrag haben?»

«Welchen sonst?»

«Bei Kutschum um Prinzessin Teni für mich zu werben.»

«Oh!», entfährt es dem Khan. «Solche Gedanken haben schon Platz in deinem Kopf?» Gulai lehnt sich zurück und fasst nach den Perlen aus roter Jade. «Bedauerlich, dass ich auch dir deine Bitte nicht erfüllen kann. Du bist sechzehn Jahre, die Prinzessin vierzehn …»

«Ich denke noch nicht an das Hochzeitsfest, ich möchte ihrer nur sicher sein.»

«Aber ich würde mich Kutschum damit fester verbinden, als ich es will, mein Sohn. Solange Kutschum kämpft, kann aus dieser Sache nichts werden.»

Plötzlich sind Dubas geheime Hoffnungen zerstört, die ihn angetrieben haben, die Gedanken seines Vaters zu unterstützen. Und mit einem Schlage ist auch ihm der so gerissen ausgeklügelte Plan dieses Abends verleidet.

Daritai aber wirft sich in seinem Haus auf das Ruhelager. Ich schäme mich! Ich schäme mich für die Gedanken meines Vaters! Ich schäme mich für Duba! Ich schäme mich am meisten für mich selbst! Warum habe ich nicht gegen diesen Plan geredet? Und wenn es mir wie Bedschak ergangen wäre, ich hätte dagegen reden müssen! Ich hätte das Gewissen meines Vaters wachrütteln sollen, seinen Glauben, den er mit Kutschum gemeinsam hat. Ach, hat er denn ein Gewissen? Er hat keines! Und einen Glauben? Er spricht von Allah, wenn es ihm gerade passt, und sieht voller Verachtung auf jeden Steppensohn herab, dessen Gott der Ewige Blaue Himmel ist, und dabei verdient nur einer Verachtung, er, Gulai, Khan der nogaiischen Tataren! Gewinn, Geschäft, darum gehen seine Gedanken!

So elend wird also ein Tatar, der das freie Leben in der Steppe aufgibt, dem die Sonne den Gaumen nicht mehr ausdörrt, dem der Regen den Pelz nicht mehr durchweicht, dem sich der Magen vor Hunger nicht mehr zusammenzieht, dem der beizende Qualm des Jurtenfeuers nicht mehr die Tränen in die Augen treibt, dem das Blut in den Beinen nicht mehr still steht vom tagelangen Ritt – so also wird ein Tatar, dem ein Sessel lieber ist als der Sattel. Ich will wieder in die Steppe! Ich will nicht werden wie er! O Ewiger Blauer Himmel, ich hasse die goldenen Kuppeln der Moscheen, ich hasse die festen Häuser, die Straßen, alles, alles hasse ich! Weil es einen verdirbt, weil es einen mit vielen Zungen reden lässt, weil es einem Gedanken in den Kopf setzt, vor denen man sich selber ins Gesicht speien müsste!

Warum darf ich nicht mit den Kriegern reiten? Warum verwehrt er es mir? Mitreiten, zu Kutschum, zu Amanak, zu Teni!

Daritai fährt zusammen: Duba und Teni? Nein, noch nicht. Aber wann? Hoffentlich nie!

Wenn ich doch mitreiten könnte!

Nogaiische Fahnen

Ein Jahr vergeht, in dem es Daritai immer häufiger in die Steppe treibt, um nach den Kriegern Ausschau zu halten, von denen er hofft, dass sie die Nachricht von Kutschums Sieg bringen werden. Es wird Herbst, und der Sturm aus der Gobi reißt an den dürren Distelbüschen. Zusammengeballt rollt er sie über die Steppe, hebt sie hoch, trägt sie dahin ... Die Hexen tanzen, denkt Daritai.

Es wird Winter, und eisiger Regen macht Daritai die Hände blau und steif, legt einen kristallenen Rand um seine Mütze, wenn er in der Steppe Ausschau hält. Schiras Jurte wird eine Schneedecke haben und die Herden werden brüllend im Pferch stehen, denkt Daritai.

Es wird Frühjahr, und rot flammen die Tulpen auf. Jetzt wird der Schamane auf dem Eis sitzen und sie werden die Pferde für das Opferfest aussuchen, denkt Daritai.

Es wird Sommer. Mit lastender Sonnenglut und schnellen Unwettern steht er über der Steppe. Wie gern werden die Wächter jetzt draußen nächtigen und zwischen den Träumen nach den Sternen sehen, denkt Daritai.

In diesem Jahr geschieht es auch, dass Daritai seine Meinung offen vor dem Vater ausspricht. Als der Khan eines Tages russische Kaufleute huldvoll entlassen hat, kann Daritai nicht länger an sich halten.

«Erspare mir das Zusammensein mit den Männern des Weißen Zaren, mein Vater!»

«Warum?»

«Ich kann die Freundlichkeit nicht ertragen, mit der du sie empfängst und ihre Geschenke annimmst. Hier in Sarai öffnest du ihnen den Palast, und in Sibir kämpfen deine Krieger gegen die russischen Eindringlinge.»

«Du siehst, wie gut sich der Plan verwirklichen lässt, der mir durch dich in den Sinn gekommen ist.»

«Ich wünsche oft, dass ich damals geschwiegen hätte!»

«Warum bist du so schwerfällig, Daritai? Warum spinnst du nicht Gedanken, die andere Wege gehen als die ausgetretenen?»

«Ich bin ein Reiter. Ein Reiter braucht festen Boden für die Hufe seines Pferdes. Ein Reiter sammelt ein Heer und kämpft, wenn er etwas gewinnen will. Er siegt oder er verliert, aber die Zweiseitigkeit, mit der du handelst, kennt er nicht.»

«Über der Zeit der Reiter steht das Abendrot, mein Sohn. Um etwas zu gewinnen, muss einem jedes Mittel recht sein!»

Obwohl der Khan weiß, dass keine Aufkäufer mehr nach Sibirien reisen, bohrt er bei den persischen Kaufleuten immer wieder nach dem geheimnisvollen Pulver aus den Geweihen der edlen Marale.

«Die Eingeborenen geben uns diese Geweihe nicht, erhabener Khan», antworten die Kaufleute, «wir haben ihnen geboten, was wir konnten. Sie schüttelten die Köpfe. Sie fürchten, dass ihnen ihr großer Gott Trum das Jagdglück nimmt, wenn sie die Geweihe hergeben. Hunderte haben wir gesehen, aber nicht eins haben wir bekommen. Wir werden sie erst einhandeln können, wenn Frieden in Sibir ist und wenn die Tataren, die an Allah glauben, wieder auf die Jagd gehen werden.»

Als sich die Kaufleute verabschiedet haben, fragt Daritai:

«Warum liegt dir so viel an diesem Pulver mit der wundertätigen Kraft, mein Vater? Glaubst du nicht an Allah, von dessen Willen dein Leben abhängt? Und glaubst du nicht auch, dass du nach dem Tode weiterleben wirst?»

«Ja, das alles glaube ich. Aber in jedem Menschen wohnt der Wunsch nach einem langen Leben, und mit jedem Jahr, das ich länger lebe, werde ich die Macht meines Reiches vergrößern – zum Ruhme Allahs!»

Zum Ruhme Allahs, denkt Daritai spöttisch. Auch der große Dschingis wollte ein langes Leben und holte die weisesten Männer des Chin-Reiches in sein Ordu. Er bot ihnen die höchsten Ehren, wenn sie sein Leben verlängern oder gar für ewig erhalten können. Aber er war ehrlicher als mein Vater: Er bekannte, dass er sich vor dem Tode fürchtete.

Im Herbst, als die Zeit der Steppenhexen gekommen ist, reitet Daritai wieder hinaus. Zwei Tage und Nächte ist strömender Regen niedergegangen. Der Boden quatscht unter den Hufen des Schecken, und der Dreck spritzt Daritai bis an den Rock.

Mit zusammengekniffenen Augen blickt Daritai nordwärts. Wie oft haben ihn die rollenden Distelbüsche getäuscht, die in der Ferne wie eine Reiterschar aussehen. Auch jetzt wieder? Daritai späht angestrengt. Nein, jetzt nicht! Jetzt kommen wirklich Reiter über die Steppe. Wie viele sind es? Er kann es noch nicht erkennen, aber zweihundert sind es nicht. Sind es nogaiische Fähnchen, die an den Lanzen wehen? Er strengt die Augen noch mehr an. Ja, nogaiische Fahnen sind es. Aber warum kommen so wenig Reiter zurück?

Eine bange Ahnung befällt Daritai. Doch sosehr ihn die Ungewissheit quält, welche Nachricht sie bringen, er kann sich nicht entschließen, ihnen entgegenzureiten.

Noch in dieser Nacht sitzen der Khan, seine Söhne, Offiziere und die Heimgekehrten zusammen. Dreiundzwanzig Krieger und ihr Anführer sind nach Sarai zurückgekommen. Vierundzwanzig von zweihundert! Der Offizier berichtet von ihrem Zug, doch schon nach den ersten Sätzen unterbricht ihn der Khan:

«Die anderen sind also tot?»

«Ja, erhabener Khan. Nach Allahs Willen.»

«Und ihr habt keinen Sieg erkämpft?»

«Nein, erhabener Khan. Nach Allahs Willen.»

«Und nun sage uns, wie die Sache in Sibir steht!»

«Ich hoffe, dass du mir verzeihen wirst, wenn ich dir keine guten Nachrichten bringen kann. Es ist nach einem schweren Kampf so gekommen, dass Seidak die Stadt Isker erobert hat. Kutschum-Khans erhabener Sohn Alei ist geschlagen worden.»

«Hast du mit deinen Kriegern in Isker gekämpft?»

«Nein, erhabener Khan. Wir verstärkten das Heer Kutschums, das gegen den Kirgisenstamm kämpfen musste.»

«Und?»

«Die Kirgisen haben sich blutige Köpfe geholt. Wir haben sie weit in die Steppe zurückgetrieben. Mit sechshundert Kriegern rückten sie an, und nur die Hälfte ist davongekommen!»

«Von deinen Kriegern blieben aber mehr als die Hälfte in der Schlacht!»

«Nein, erhabener Khan, nicht allein in dieser Schlacht sind so viele getroffen worden. Die Männer des Weißen Zaren greifen fortwährend an. Es gibt keine großen Kämpfe, aber sie überfallen die Ordus der treuen Tatarenfürsten eines nach dem andern. Und überall, wo sie hinkommen, bauen sie sich ihre Festungen. Wir haben sie ihnen im Gegenangriff wieder niedergebrannt, aber nicht lange, und die russischen Krieger waren abermals da. Du kennst selbst die Kraft ihrer Zauberwaffen, und wo wir ihnen das

Leben gar zu sauer machten, haben sie den großen Donner geholt. Und wenn *der* spricht, gibt es für uns keine Rettung. Er trifft nicht nur einen – er reißt gleich viele ins Gras. So haben wir hier fünf Krieger verloren und dort zehn.»

«Wo stehen die Männer des Weißen Zaren?»

«Sie haben den Irtysch wieder erreicht. In Isker sitzt Seidak, aber er sitzt wie auf einem Pechfass, unter dem schon ein helles Feuer brennt, denn die Männer des Weißen Zaren sind an der Stadt vorbei den Irtysch hinabgefahren und haben alle heidnischen Stämme zum Treueeid gezwungen, genau wie es Jermak gemacht hat. Seidak ist abgeschnitten in Isker. Sie werden ihn mit Hunger weich machen!»

«Wo steht Kutschum?»

«Der erhabene Khan hat sein Lager südlich des Irtysch aufgeschlagen. Den Winter will er zum Ausbau der Verteidigung nützen. Er erwartet im Frühjahr den großen Angriff der russischen Krieger. Deshalb sollen ihm alle Stämme Unterstützung geben. Er sendet auch dir einen Pfeil, auf dem eine goldene Spitze steckt. Hier ist er, und ich habe dir in Kutschums Namen zu sagen: Ich, Kutschum-Khan, der freie Mann, dessen Vorvater der große Dschingis war, bin von Allah ausersehen, den Kampf gegen die Ungläubigen zu führen, die das Urland der Tataren für sich erobern wollen. Ich erwarte die Krieger aller gläubigen Tatarenstämme, damit meinem Kampf der Sieg beschieden ist. Denn dieses ist sicher, meine Freunde, meine Brüder im Glauben zu Allah: Eure Krieger kämpfen nicht allein für mich und mein Reich – sie stehen für euch und eure Reiche an meiner Seite! Denn der Weiße Zar will nicht nur Sibir erobern, er will das ganze Urland der Tataren, das Land unserer siegreichen Vorväter!» Der heimgekehrte Offizier legt den Pfeil in die Hände Gulais und schweigt.

«Was habt ihr mir auf Kutschums Botschaft zu sagen?», fragt der Khan und sieht seine Tausendschaftsführer und Waffenmeister an.

Kadan, der älteste von ihnen, der die Jungmannen ausbildet, redet als Erster. Er forscht nicht lange im Gesicht seines Khans nach dessen Meinung, er sagt:

«Kutschum-Khan, der Edle, sieht weit in die Zukunft, trotz seiner kranken Augen. Vielleicht gerade, weil es immer Nacht um ihn ist, spürt er das Notwendige viel sicherer als wir. Schicke wieder Krieger nach Sibir, erhabener Khan!»

«Ich denke wie Kadan», sagt ein Tausendschaftsführer.

«Und ich denke, dass es nicht schaden könnte, abzuwarten», sagt ein dritter. «Es hat in Sibir keine große Schlacht mit den russischen Kriegern gegeben, wie wir gehört haben, und ob es nach dem Winter eine gibt, ist ungewiss. Die Russen in ihren kleinen Festungen auszuräuchern, sollte Kutschum mit seinen eigenen Leuten gelingen. Auch gibt es genug Tatarenstämme, die näher bei ihm sind als wir und die ihn nicht im Stich lassen werden.»

«Ja», sagt wieder einer, «das ist wahr. Ich meine, Sibir und die Krieger des Weißen Zaren sind weit weg von unserem Reich.»

«Das meinst *du* nur!», wirft Kadan schnell ein. «Als vor acht Jahren Sarai brannte, hatten es dieselben Kosaken angesteckt, die zwei Jahre später Isker eroberten. Ich bin überzeugt, dass Kutschum-Khan Recht hat, wenn er sagt: Der Weiße Zar will nicht nur Sibir! Und wenn es noch Jahre dauern sollte, glaubt mir, eines Tages schickt er seine Krieger auch an die Grenzen des nogaiischen Reiches. Um das zu verhindern, müssen wir Kutschum-Khan unterstützen.»

«Ich denke wie du», beendet Gulai-Khan das Für und Wider des Gesprächs. «Ich würde eine Schande darin sehen, wenn alle kleinen Fürsten ihre Krieger schickten und aus dem großen nogaiischen Reiche wären keine dabei.»

Als der Winter sich neigt, reiten abermals zweihundert Krieger über die Steppe in das Land zwischen Ischim und Tobol. Und wieder erfüllt sich Daritais heißer Wunsch nicht, mit ihnen zu ziehen.

Die Jahreszeiten kommen und gehen, und Daritai reitet aus der Stadt, um nach ihnen Ausschau zu halten.

Spärlich tropfen die Nachrichten aus Sibir: Es gibt Kämpfe, aber keine Schlacht – und keinen Sieg. Aus den zweihundert Reitern werden hundert, aus den hundert werden fünfzig – und Gulai-Khan füllt ihre Zahl wieder auf.

Je länger der Kampf dauert, desto mehr wird die Stadt Sarai zum Mittelpunkt zwischen den Kaufleuten aus Buchara, China und Russland. Hier enden die Kamelkarawanen, und im Hafen liegen die persischen und türkischen Schiffe beieinander. Zähneknirschend zahlen die Kaufleute den hohen Zoll. Besser ein kleiner Verdienst als keiner, sagen sie und sitzen bis in die Nacht hinein mit den russischen Händlern zusammen.

«Ist dieser Steppenwolf im Norden nicht zu fassen?», fragen die Türken, und sie meinen Kutschum. «Wie viel leichter und besser könnten wir Geschäfte machen, wenn wir nicht nach Sarai brauchten!»

«Wartet noch ein Weilchen», antworten die Russen. «Unser Zar führt nicht nur Krieg mit Kutschum. Unser Reich ist groß, es hat viele Feinde. Aber unser Mütterchen Russland wird sie alle besiegen! Die Zeit wird kommen, da werden unsere Grenzwächter mit euren Grenzwächtern sprechen, und der Handel wird blühen!»

Mit zwiespältigen Gefühlen sehen die Kaufleute aus dem Osten und Süden die bärtigen Russen an.

«Euer Zar hat sich viel vorgenommen», sagen sie. «Aber ob wir diese Zeit noch erleben werden?»

«Das weiß allein Gott – oder Allah, wie ihr sagt», lächeln die Russen ergeben, «aber kommen wird diese Zeit.»

Acht Jahre vergehen. Acht Jahre, in denen aus dem Jungmann Daritai ein hoch gewachsener Tatar wird. Diese acht Jahre machen ihn äußerlich seinem Vater sehr ähnlich. Innerlich aber ist der Gegensatz zwischen ihnen geblieben. Daritai lehnt sich gegen die Ränke auf, die sein Vater ersinnt. Er verachtet die Pläne, die sein Vater mit Ehrenhaftigkeit tarnt, mit Treue und mit der Verbundenheit durch den Glauben zu Allah.

Daritai gewinnt in diesen acht Jahren immer mehr Tataren aus Sarai für sich, doch das ändert nicht, dass er in der Stadt seines Vaters nicht Wurzel schlagen kann. Es mag daran liegen, dass die Erde in den Straßen und auf den Plätzen festgestampft und mit Holzbohlen ausgelegt ist, denkt er. Ich brauche das Gras der Steppe!

Er hat sich damit abgefunden, dass er mit allem, was ihn berührt und bewegt, allein fertig werden muss. Zu keinem wagt er, offen zu sprechen, und er weiß, dass es keiner wagen würde, ihm offen zu antworten. – Er hat sich an die bunten Seidenröcke, an die weichen Stiefel gewöhnt, er ist ehrlich genug, sich einzugestehen, dass er sie gern trägt. Aber er würde keinen Augenblick zögern, sie auszuziehen, wenn er in das Leben seiner Kindheit zurückkehren könnte.

Am glücklichsten fühlt er sich, wenn er im Auftrag seines Vaters Besuche bei den nogaiischen Mursen machen kann. Bei ihnen in der Steppe lebt er ein paar Tage das Leben, nach dem er sich sehnt. Und bei keinem Besuch versäumt er es, für die Sache

Kutschums zu werben. Daritai spürt von einem Mal zum anderen deutlicher, dass es nötig ist. Zu viele Jahre dauert der Kampf schon, ohne dass eine Entscheidung fällt. Die Tataren wollen nicht mehr recht daran glauben, dass Kutschum noch einmal ein freier Herrscher in seinem Reich sein wird. Außerdem ist alles, was im Norden geschieht, so weit entfernt! Sie selbst, ihre Stämme, ihre Ordus sind nicht bedroht. Gewiss ist es schlimm, dass der Weiße Zar seine Krieger mit den Zauberwaffen in das Land der Tataren schickt, aber ist es nicht riesengroß, dieses Land? Und hört man nicht, dass viele Tataren auch ein gutes Auskommen mit den Russen haben?

Das sagen die kleinen Stammesfürsten zu Daritai. Erst versteckt, dann offener. Und Daritai muss seine ganze stolze Gesinnung als freier Tatar aufbieten, sein hohes Ansehen als Kronprinz, um die Mursen für Kutschums Kampf neu zu begeistern. Daritai fühlt jedoch: Es ist hohe Zeit, dass etwas geschieht! Etwas, das sie von der Notwendigkeit überzeugt, Kutschum Hilfe zu leisten. Was aber könnte eindringlicher sein, als wenn der Kronprinz der nogaiischen Tataren selbst mit in den Kampf zieht?

Und der Khan? Wie werde ich ihn überwinden?, denkt Daritai. Ich weiß es noch nicht, aber dass ich zu Kutschum reite, das weiß ich! Und ich werde nicht eher nach Sarai zurückkommen, bis der Sieg für Kutschum erkämpft ist!

Kötschu, der Kundschafter

Zweitausend Pferdehufe jagen über die Steppe! Zweitausend Pferdehufe in lockerer Erde, auf zäher Grasdecke! Zweitausend Pferdehufe stampfen und fünfhundert Mäuler rupfen gierig, wenn die Hufe still stehen.

Vor den Reitern wehen die nogaiischen Fahnen; die vielzipfligen Tücher wippen im Auf und Ab des scharfen Trabes. Die Schwüle des Sommers hüllt Pferde und Menschen ein. Der Schweiß läuft den Männern unter den Mützen hervor, sucht sich eine Bahn über den Hals und rinnt am Rücken hinunter. Große dunkle Flecken zeichnen sich auf ihren Röcken ab. Die Pferde haben kein trockenes Haar am ganzen Leib. Struppig und mager werden sie auf dem Ritt nach Norden.

Nach den heißen Stunden des Tages umfängt die Kühle der Nacht den Zug wie eine Wohltat. Die Reiter fallen in einen traumlosen Schlaf. Am Morgen weckt sie der nässende Tau. Sie schütteln sich die Kälte aus den Gliedern wie der Hund die Wassertropfen aus dem Fell und springen wieder auf ihre Pferde. Schreiend ziehen Kraniche und Schwäne über ihnen in den Stunden, da die Sonne den Weg erst beginnt. Wenn sie ihn beendet, ist es das heisere Bellen des Fuchses, das die Männer mit in den Schlaf nehmen.

Je nördlicher sie kommen, desto seltener werden die großen Ordus, und die Herden der umherziehenden Tataren werden kleiner. Nur noch vereinzelt begegnet ihnen eine Kamelkarawane oder ein Wagentreck. Der Handel zum Norden hin liegt brach. Sie spüren es. Und sie merken, dass ihnen die wenigen Händler ausweichen, wo sie können. Krieger in der Steppe! Für welche Kaufleute wäre das je gut gewesen!

Steinmale, die auf kleinen Hügeln errichtet sind, weisen den Reitern den Weg bis zum Ischim, und als sie den Fluss erreicht haben, folgen sie seinem Lauf.

Langsam brennen die Feuer herab, über denen die Reiter das Fleisch gebraten haben. Satt bis zum Aufstoßen fallen sie um, wo sie sitzen. Kaum, dass noch ein Wort gesprochen wird, kaum, dass sie noch über sich blicken und die unzähligen Sterne sehen.

Vor der schnell aufgestellten einzigen Jurte im Lager sitzt Daritai. Auch in seinen Gliedern hockt die Müdigkeit, aber er gibt ihr nicht nach. Er sitzt mit geschlossenen Augen und zieht in langen Zügen die Nachtluft ein. Ab und zu nimmt er einen Schluck aus dem Lederbecher, den er in der Hand hält. Ein Windhauch streift ihn manchmal, und sowie er ihn spürt, reckt er sich hoch. Der Geruch von trockenem Gras weht ihn an, von Wasser, Erde, Pferden, Leder und Schweiß. – Steppenluft! – Er hört das Rupfen der Pferdemäuler, hört das satte Prusten, hört das Quaken der Frösche, die abgerissenen Rufe der Reiter, das Rascheln des Schilfes, das Verknistern des Feuers – Steppenleben! – Und wenn er die Augen öffnet, sieht er in den Himmel, der sich schweigend wie am ersten Tag über die Erde beugt. Er sieht die Sterne, die eisig und klar glänzen, und ist versucht, sie zu zählen wie in seiner Kinderzeit. Wie viel Jahre sind vergangen seit damals? Wie viel? Sind es Jahre? Stiller und stiller wird es im Lager, und Daritai sitzt noch immer vor der Jurte. Da, als er gerade hineingehen will, hört er vom Rande des Lagers Gesang. Es ist ein Einzelner, der dort singt.

Daritai steht auf und nimmt die Richtung, aus der das Lied kommt. Die Worte sind deutlich zu verstehen …

Auf tatarischem Pferde reitet der Krieger von Yo-dschu,
Grüne Augen hat er und trägt eine Tigerfell-Mütze.
Lachend schießt er zwei Pfeile ab, als wäre es einer,
Und gegen zehntausend Mann nähme den Kampf er noch auf.
Wenn er den Bogen spannt, ist als rollte der Mond her,
Und aus den Wolken fällt die weiße Wildgans hernieder.
Knallend schwingt er nach allen Seiten die Peitsche beim Reiten,
Und in vergnügter Jagd schweift er bis nach Lou-lan.

Das Lied bricht plötzlich ab, als der Sänger den Prinzen kommen
sieht.

«Warum singst du nicht weiter, Krieger?»

«Kennst du das Lied auch, Prinz Daritai?»

«Ja. Mein Großvater hat es mich gelehrt.»

«Dein Großvater, sagst du, erhabener Prinz. Jaja, bei den
Steppenleuten kennt man es noch.»

«Weißt du, woher es stammt, Krieger?»

«Es wird ein Lied aus der Zeit des großen Dschingis sein, denn
wen könnte das Lied sonst meinen mit den grünen Augen.»

«Nein, Krieger. Die Zeit, in der das Lied geschrieben wurde,
liegt noch viel weiter zurück als die Zeit des großen Dschingis.
Ein weiser Mann aus dem Chin-Reiche hat die Verse gemacht.
Mein Großvater hat es mir erzählt, und er hat gesagt: «Daran
erkennst du, Daritai, wie kühn und kriegerisch unsere Vorväter
waren und wie viel Angst und Achtung sie dem großen Chin-
Volke eingejagt haben. Singe das Lied zu Ende, Krieger!»

«Gern, Prinz Daritai, nur – von dem Lied kommen die alten
Zeiten nicht wieder.»

«Warum sagst du, sie kommen nicht wieder? Sie sind doch da!»

«Hm … hm …», macht der Alte bedächtig. «Wenn man einen
solchen Ritt unternimmt, wie wir jetzt, mag es einem vielleicht

vorkommen, als wären die alten Zeiten noch. Aber es stimmt nicht.» Dann besinnt er sich und singt weiter ...

Ja, sogar ihre Frauen sitzen zu Pferde und sind fröhlich,
Mit Gesichtern so glänzend, wie rote Schalen aus Jade.
Reitend schnellen sie hoch und erlegen Wild und Geflügel,
Schwanken zur Blütezeit sommers im Sattel berauscht,
Wenn nun das Siebengestirn in hellerem Lichte erstrahlet,
Und wie Wespenschwärme die Horden wimmeln im Kampfe,
Und von tropfendem Blute die weißen Klingen sich röten,
Wasserläufe und Sand davon sich purpurn färben,
Wo ist der große Feldherr dann wie in früheren Zeiten?
Aufgerieben wurde das Heer, es ist traurig zu sagen.
Wann wird kommen die Zeit,
Dass die drohenden Sterne erlöschen,
Dass sich Vater und Sohn endlich des Friedens erfreuen?

«Könnten die alten Zeiten nicht wiederkommen?», fragt Daritai in Gedanken versunken. «Wäre nicht jetzt die Zeit da, dass sich alle Tataren vereinigen müssten, um gegen die Männer des Weißen Zaren zu ziehen, damit über die alte tatarische Erde nur unsere Pferde traben?»

«Oh, Prinz Daritai! Du bist jung, und wer jung ist, sieht in der Dunkelheit immer nach den Sternen und glaubt, dass die Nacht davon heller wird.»

«Aber der Himmel *ist* voller Sterne, Krieger!»

«Jaja, aber sie sind zu weit weg, sie hellen die Nacht nicht auf. Die Nacht der Uneinigkeit, in der unser Volk lebt, die meine ich. An ihrer Finsternis werden wir zugrunde gehen.»

«Wüsste ich nicht, dass der Tag morgen wieder sonnendurchglüht sein wird, dann hättest du mir mit deinen Worten den Schlaf vertrieben», sagt Daritai und geht seiner Jurte zu.

Drei Tage später durchreitet der Zug ein großes Sumpfgebiet, das von niedrigem Gestrüpp bestanden ist. Es brodelt und gluckst unter den Hufen der Pferde. Wenn sie abgleiten, kann es das Leben kosten. Die Reiter wissen es. Mühsam tasten sie sich vorwärts. Mückenschwärme stehen wie graue Schleier über dem Sumpf und hüllen die Reiter ein. Schmaler werden die schmalen Augen, jeder Atemzug wird zur Qual. Die Rufe der Vorreiter sind kaum zu vernehmen im ohrenbetäubenden Mückengesirr. Jeder Krieger empfängt sie neu von seinem Vordermann, und jeder späht verbissen nach dem Ende des mörderischen Weges.

Als sie endlich auf einer Lichtung wieder festen Grund unter den Hufen haben und unbesorgt die Zügel fahren lassen – sehen sie sich plötzlich von allen Seiten umstellt! Wie aus dem Sumpf gequollen umringt sie eine Mauer von Reitern …

Es geht so schnell und kommt so unerwartet, dass die Lanzenträger ihre Waffen ohne Befehl aus den Schäften reißen und die Pfeilträger die Bogen spannen. Um Daritai schart sich ein dichter Ring von Kriegern. Aber bevor noch der erste Pfeil vom Bogen schnellt, ruft es:

«Friede sei zwischen uns, wenn ihr in Frieden kommt!»

Der Offizier, der neben Daritai eine der nogaiischen Fahnen hält, ruft zurück:

«Wir kommen in Frieden zu jedem, der uns nicht aufhält, das Lager Kutschum-Khans zu erreichen!»

«Wenn ihr zu Kutschum-Khan wollt, so müsst ihr uns sagen, woher ihr kommt und wer euch führt!»

«Hätte euch Allah eure Augen zum Sehen gegeben, so brauchtet ihr nicht zu fragen, sondern würdet es an unseren Fahnen erkennen!»

Soviel sich die Krieger aus Sarai auch bemühen, sie können nicht feststellen, wer mit ihnen spricht. Jedes Mal kommt die Stimme aus einer anderen Richtung. Unruhe springt von Reiter zu Reiter. Einer nach dem andern hebt seine Waffe zum Angriff. Alle Augen warten auf Daritais Zeichen.

«Eure Fahnen sind die des Khans der Nogaier. Eure Kleidung ist die der nogaiischen Tataren. Aber sagt uns, wer euch führt!» Daritai nickt seinem Fahnenträger zu. Aber bevor der Offizier antwortet, treibt er sein Pferd zum Schutz noch dichter an den Prinzen heran.

«Uns führt Daritai, der Sohn Gulais, unseres erhabenen Khans!»

«Und Daukais Sohn!», schreit es schnell zurück, und aus dem Ring der Krieger, die den Nogaiern den Weg verstellen, löst sich ein Reiter und drängt sein Pferd zwischen die Männer aus Sarai.

«Amanak!»

«Ja, Daritai, Ande! Ich bin es!»

Ohne Befehl wird eine Gasse frei, damit die beiden zueinander reiten können. Auf den Pferden sitzend umarmen sie sich.

«Es hat lange gedauert, bis wir uns wiedersehen», sagt Daritai.

«Und ich habe dir keinen schönen Empfang bereitet», sagt Amanak ernst. «Aber es wird nicht lange dauern und du verstehst, warum es sein musste.» Dann wendet er sich zu seinen Kriegern. «Bringt dem Kronprinzen den Willkommenstrunk!» Es ist nichts weiter als klares Wasser in einem Lederbecher.

«Friede!», sagt Daritai und trinkt in langen Zügen. Dann schüttet er einige Tropfen nach Westen. «Segen dem Wasser!», sagt er dazu feierlich. «Segen dem Wind!» Er gießt das Wasser nach Osten. «Segen dem Feuer!», sagt er nach Süden gerichtet.

Und nach Norden gewendet: «Ruhe den Toten!» Der Rest des Wassers tropft in die Mähne des Schecken, dann springt er vom Pferd.

Augenblicke später ist die Lichtung in ein Lager verwandelt.

Die Krieger der beiden Khane begrüßen sich, und Amanak sitzt mit Daritai zusammen.

«Verzeih den Empfang», sagt Amanak noch einmal, «aber du weißt noch nicht, wie in Sibir gekämpft wird. Aus dem Süden kommen viele Krieger, und nicht alle kommen in Frieden in das Land meines Vaters. Auch nogaiische Fahnen sind kein Beweis für gute Absichten!» Und als er die Bestürzung in Daritais Gesicht sieht, setzt er schnell hinzu: «Sie müssen nicht immer echt sein.»

«Dann habt ihr einen doppelt schweren Kampf, wenn Verräter unter den Tataren sind.»

«Ja», sagt Amanak nur.

Es will Daritai scheinen, als ob Amanak sich schäme, das einzugestehen. Er ist mir sehr fremd geworden, denkt Daritai. Wie kommt es, dass Amanak mir so fremd geworden ist?

«Ich freue mich, dass wir wieder zusammen sind», sagt Daritai. «Du weißt, wie ich es mir seit meiner Kinderzeit gewünscht habe, in das Land deines Vaters zu kommen.»

«Ja, ich weiß noch, wie du es mir damals am Tage vor der Wolfsjagd gesagt hast. Ich wünschte nur, dass ich dir die gleiche Gastfreundschaft erweisen könnte, wie sie mir bei deinem Vater damals …»

«Wünsche nichts, Amanak!», unterbricht ihn Daritai schnell und legt dem Blutsbruder die Hand auf den Arm, «es wird sich alles finden.»

Da entspannt sich zum ersten Mal Amanaks Gesicht.

«Wie weit ist es noch bis zum Ordu deines erhabenen Vaters?», fragt Daritai.

«Wenn wir die Nacht durchreiten, haben wir es morgen Abend erreicht.»

«Du sagst wir? Wirst du uns selbst begleiten?»

«Ja.»

«Wie geht es der erhabenen Prinzessin?»

«Du sprichst von Teni? – Sie ist keine kleine Schwester mehr. Sie hat sich verändert – oder auch nicht. Du wirst es sehen.» Amanak lacht ein wenig.

«Du hast dich auch verändert, Amanak. Damals in Sarai hattest du noch keinen Bart.»

«Du auch nicht, Daritai.» Jetzt lachen sie beide.

Aber im nächsten Augenblick ist Amanak wieder ernst. Daritai hat das Empfinden, als horche Amanak auf etwas; als sei eine Unruhe in ihm, die er nicht zeigen will. Immer wieder sucht er mit den Augen sein Pferd. Daritai beobachtet ihn genau. Und er weiß mit einem Mal, warum sie einander fremd geworden sind. Es ist das verschiedene Leben, das wir gelebt haben, denkt er. Für Amanak hat es in diesen Jahren nichts anderes als den Kampf gegeben. Er hat immer so auf dem Sprung gesessen wie jetzt, immer bereit, das Schwert zu heben gegen Russen, Kirgisen, gegen die Tatarenstämme Seidaks und wer weiß wen noch! Und ich? Was habe ich getan? Ich habe satt und sicher in Sarai gelebt, habe lesen und schreiben und beten gelernt.

Daritai wischt mit einer Handbewegung alle seine Gedanken fort. «Lass uns aufbrechen, Amanak! Je eher wir zu deinem erhabenen Vater kommen, desto besser!»

Unter Amanaks Führung bringt der Ritt kaum noch Beschwerlichkeiten. Der größte Teil seiner Krieger bleibt zurück. Nur eine Hand voll hat er ausgesucht, von denen er jeden mit Namen kennt. Sie reiten dem Zug voran, verschwinden plötzlich irgendwo in Wald oder Sumpf, in Schilf oder Wasser. Dann ist nichts mehr von ihnen zu hören als noch ein kurzes Planschen, Rascheln und Brechen. Und wie sie verschwunden sind, so tauchen sie wieder auf, unerwartet, überraschend. Als die Nacht kommt, flankieren sie den Zug, dass sich keiner der fremden Reiter verliert, denn gerade die Nacht nützt Amanak zu besonders scharfem Ritt.

Nur eine einzige unfreiwillige Ruhepause gibt es. Der Zug erreicht fünf riesige Birken, deren aufgerissene weiße Rinde hell durch die Nacht schimmert. Zwischen den Stämmen müsste einer der Vorreiter warten. Er ist nicht da.

Der Zug hält. Amanak befiehlt Schweigen, und fünfhundert Reiter sitzen als leblose Gestalten auf ihren Pferden. Sie verhindern jedes Stampfen ihrer Tiere, sie verhindern, dass sie die Mähnen schütteln und das Lederzeug schlägt. Die Männer lauschen in die Nacht, durch die der Steppenwind streicht. Ungerührt streift er vorbei an den gespannten Reitergesichtern und den nassen Pferderücken, kraust er die mächtigen Birkenhäupter.

Zu gleicher Zeit vernehmen alle den Hufschlag, der näher und näher auf sie zuhält. Sind es vier Hufe? Sind es nicht acht? Sie erwarten nur den einen Mann, der vorausgeritten ist. Was haben zwei Pferde zu bedeuten?

Die Spannung steigt. Dort tauchen die Reiter auf. Ist einer von ihnen derjenige, den sie erwarten? Aus den Birken ruft hohl eine Eule. Ihr seltsamer Schrei fliegt weit. – Aus der Richtung der beiden Reiter antwortet es.

«Allah sei gepriesen, er ist es!», flüstert Amanak und treibt sein Pferd ein Stück voraus. «Wen bringst du mit?», ruft er verhalten, als sie einander treffen.

«Dieser Mann ist Kötschu, der Kundschafter, der auf Befehl deines erhabenen Vaters als Hirt umherzieht.»

Der kleine, untersetzte Tatar mit den flinken Bewegungen treibt sein Pferd dicht neben den Prinzen.

«Friede, Kötschu!», sagt Amanak. «Was hast du für Nachricht?»

«In meine Jurte kamen drei Männer, die mich um eine Stärkung baten. Während ich ihnen das Fleisch briet, unterhielten sie sich in derselben Sprache, in der die Krieger des Weißen Zaren reden. Sie konnten nicht ahnen, dass ich diese Sprache verstehe. Sie redeten von einem Brief, den einer der drei bei sich trug und den sie Kutschum-Khan überbringen wollten. Sie sprachen auch davon, dass es ihr Auftrag sei, sich im Ordu des Khans ordentlich umzusehen. In diesem Augenblick kamen meine liebe Frau und meine liebe Tochter in die Jurte.» Kötschu kichert listig. «Du musst wissen, Prinz Amanak, dass die beiden nichts anderes als Krieger deines erhabenen Vaters sind. Aber die Fremden wussten es nicht – und das war ihr Verderben!»

«Haben sie darüber gesprochen, was in dem Brief steht?», fragt Amanak ungeduldig.

«Nein, erhabener Prinz, aber ich trage ihn bei mir Hier ist er!»

«Dann muss er sofort zu meinem Vater gebracht werden, damit er durch den Priester erfährt, was darin steht.»

«Wenn wir eine Fackel anzünden, ist es hell genug, und dann könnte ich es dir vorlesen», sagt Daritai, der seinen Schecken an Amanak herangedrängt hat.

«Hast du inzwischen lesen gelernt?»

«Und auch schreiben. Amanak! Aber ich hätte nicht geglaubt, dass es mir in Sibir etwas nützen könnte.»

Hell und hart schlagen die Feuersteine aufeinander, bis die Pechfackel brennt. Daritai bricht das Siegel auf:

«Kutschum, der du dich zu Unrecht Khan von Sibirien nennst, vergieße nicht noch mehr Blut deines Volkes! Ich, Fürst Jeletzkij, Woiwode aller russischen Krieger in Sibirien, fordere dich auf, die Herrschaft des Zaren von Moskau anzuerkennen und den

Kampf zu beenden. Ich weiß, wo du dein Lager aufgeschlagen hast, und werde dich und alle deine Getreuen besiegen, wenn du dich nicht ergibst. Unterwirfst du dich aber, so wird dir nichts geschehen. Dir nicht, deinen Söhnen und deinen Töchtern und allen Angehörigen deines Volkes nicht. Wir wollen den Frieden für die Menschen, die in Sibirien wohnen. Du aber willst den Kampf, der für dich mit der Niederlage enden wird. Noch ist es Zeit, dich zu besinnen. Aber nicht mehr lange!»

Daritai lässt den Brief sinken und sieht Amanak an. Er erwartet Wut und Hass in Amanaks Gesicht. Aber es ist merkwürdig ruhig.

«Eine Drohung wie schon viele vorher», sagt er, und seine Stimme klingt gelassen.

«Erlaube mir zu sprechen», bittet Kötschu. «Es ist keine Drohung wie die anderen. Jeletzkij rüstet die Schlacht und wird mit zwölfhundert Kriegern kommen! Ich habe meine Herde immer dort geweidet, wo die Männer des Weißen Zaren sind.» Es scheint, als ob Amanak diesen Einwand überhört. Erst als er sich an den Reiter wendet, mit dem Kötschu gekommen ist, merkt Daritai, was wirklich in ihm vorgeht.

«Du reitest mit Kötschu voraus zu meinem erhabenen Vater. Ihr nehmt den Weg durch den großen Sumpf. Du weißt, was das bedeutet! Es darf weder dir noch Kötschu etwas zustoßen, verstehst du mich? Ihr müsst das Ordu erreichen! Zieh den Rock aus, damit ich dir den Brief mit meinem Gürtel um die Brust binden kann. – Und dann reitet!»

Bevor die Krieger aus dem Süden erfahren haben, welche Nachricht Kötschu abgefangen hat, sind die beiden verschwunden.

Durch schwarzes Wasser

Das Heer aus dem Süden setzt seinen Weg fort, Stunde auf Stunde. In der Zeit der größten Hitze halten die Reiter, damit die Pferde ruhen und fressen können. Dann fühlen die Tiere wieder den Griff in ihren Mähnen, mit dem sich die Reiter in die Sättel schwingen.

Im ungewissen Licht des sinkenden Abends sehen sie vor sich, über dem Kieferngebüsch einer weiten Heide die Spitzen weißer Filzzelte ragen: das Lager Kutschums. Daritai lässt kein Auge von Amanak, der seit heute Nacht kaum noch gesprochen hat. Jetzt gräbt er die Zähne in die Lippen und stößt den Atem schnell durch die Nase.

Endlich liegt die mittelste, die größte Jurte frei vor ihnen. In diesem Augenblick fällt die Spannung in Amanak zusammen.

«Allah sei gepriesen! Sie sind fort!»

«Fort sagst du? Aber die Zelte stehen doch und die Feuer rauchen und ich höre auch Stimmen.»

«Ja, das alles ist wahr, aber es trügt dich, Daritai. Und hoffentlich nicht nur dich!»

«Woran erkennst du, dass sie fort sind?»

«Daran, dass die Jurte meines Vaters offen steht.»

Mit einem Mal kommt vom Lager her heftiges Geschrei auf, und im gleichen Augenblick wird es lebendig. Krieger drängen dem Zug entgegen, werfen die Arme in die Luft und rennen wild durcheinander. Es sind doch nicht viele, die uns begrüßen, denkt Daritai, aber jeder schreit für zehn! Man könnte glauben, dass der Khan mit seinem ganzen Heer hier liegt. Und das ist wahrscheinlich auch der Zweck.

Obwohl Daritai anerkennt, dass die Täuschung geglückt ist, wird er nicht froh bei diesem Gedanken. Ein Khan wie Kutschum, bei dessen Namen allein die Macht des großen Dschingis gegenwärtig ist, muss zu solchen Listen greifen? Daritai ist beeindruckt, aber er lässt sich nichts anmerken. Ich bin dem Steppenleben nur zu lange fern gewesen. Ich weiß nicht mehr, wie das ist, wenn man um sein Leben kämpfen muss. Daritai erschrickt. Nein, nein, so weit ist es mit Kutschum-Khan doch noch nicht.

Als sich das Heer gelagert hat und von Kutschums Männern verpflegt wird, sitzt Amanak mit Daritai in der Palastjurte seines Vaters. Der Essenträger füllt ihnen die Becher und Teller.

«Endlich haben wir Zeit füreinander, Daritai», sagt Amanak, «und ich kann dich nach deinem erhabenen Vater und seiner Stadt fragen und wie es dir in den Jahren ergangen ist.»

«Warum wollen wir von mir sprechen? Es ist sehr wenig zu berichten. Meinem Vater geht es gut, und in Sarai ist alles wie damals. Nur größer ist die Stadt geworden. Viele Niederlassungen sind dazugekommen.»

«Das kann ich mir denken, denn der Handel in Sibir liegt brach. Die Kaufleute suchen andere Märkte und finden sie auch. Aber nun sprich von dir, Daritai.»

«Von mir gibt es nichts zu sagen.»

Amanak empfindet, dass Daritai nicht sprechen will und dass es doch manches zu sagen gäbe. Mit einem Mal sind sie einander wieder so nahe wie in Sarai. Für einen Augenblick vergisst Amanak die Nöte, in denen er die vergangenen Jahre zugebracht hat. Er fühlt, dass auch Daritai durch schwere Zeit gegangen ist, und fasst schnell nach seiner Hand.

«Ich bin glücklich, dass du hier bist, Ande», sagt er und fügt rasch hinzu: «Nicht wegen der fünfhundert Reiter, die du meinem Vater bringst. Ich bin glücklich, weil wir zusammen sind.»

«Niemand kann glücklicher sein als ich, Amanak. Seit wir von Sarai fort sind, kommt es mir vor, als ob ich wieder richtig lebe. Aber jetzt möchte ich dich etwas fragen: Wie steht es um Sibir? Bitte verschweige mir nichts.»

Amanak sieht vor sich auf den Tisch mit dem kostbaren Geschirr.

«Für uns bist du genau im richtigen Augenblick gekommen. Die Männer des Weißen Zaren rüsten zur Schlacht. Du hast gehört, wie viele es sind. Ihr Ziel ist es, meinen Vater zu fangen. Sie wissen, dass alles, was sie hier unternehmen, Stückwerk ist, solange mein Vater als freier Mann lebt. Sie wagen manches, das muss ich sagen. Seit dem Frühjahr haben sie einen neuen Ostrog gegründet. Und weißt du wo? Mitten in den Bezirken, die treu zu meinem Vater stehen. Das nenne ich Wagemut. Mein Vater hat eine andere Bezeichnung dafür. Aber das hilft uns nicht weiter. Der neue Ostrog heißt Tara. Er liegt am Irtysch und soll den Russen zum Handel mit China und Buchara dienen. Ja, die Männer des Weißen Zaren wissen, was sie tun. Sie wollen das kostbare Pelzwerk, das ihnen die Eingeborenen geben müssen, schnell und sicher bei den Kaufleuten tauschen. Und vor allem wollen sie zeigen, was für zugängliche Menschen sie sind. Auch die Tataren, die zu meinem Vater stehen, werden es merken, Daritai.»

«Du siehst der kommenden Zeit mit trüben Augen entgegen?»

«Wir sind allein, Ande, uns hört niemand. Du hattest mich um Offenheit gebeten. Wenn du der Gast meines Vaters sein wirst, darf ich nicht mehr so sprechen. Versteh es nicht falsch, Daritai, mein Vater hat die Wahrheit ebenso erkannt wie ich, aber sein Befehl ist es, dass wir von nichts anderem reden dürfen als von unserem Sieg.»

«Bist du mit ihm nicht mehr einer Meinung?»

«Nie haben wir uns besser verstanden als in den letzten Jahren. Nie habe ich ihn mehr verehrt als in dieser bitteren Zeit. Denk dir einen Mann wie meinen erhabenen Vater, dem das Blut des Dschingis in den Adern fließt, und stell dir einen solchen kümmerlichen Tatarensohn wie Seidak vor, der meinem Vater in den Rücken fällt. Glaubst du, mein Vater wäre übergeschäumt vor Wut und Hass? Nein. Er saß ganz ruhig auf seinem Sessel. Ich sehe sein Gesicht immer vor mir, als er sagte: ‹Warum müssen wir den Männern des Weißen Zaren so deutlich zeigen, wo unsere schwächste Stelle ist? Jetzt werden sie wissen, wohin sie zielen müssen.› Hat er nicht Recht gehabt? Der Ostrog Tara ist der Pfeil, den sie in unsere Uneinigkeit gezielt haben. Pass auf, wie er sitzt!»

«Erwartest du den Angriff von Tara aus?»

«Nicht allein. Auch von Westen werden sie kommen. Aber das Nest, in dem sie meinen Vater vermuten, wird leer sein.»

«Wo erwartest du die Schlacht?»

«Ich denke, dass sich mein Vater den großen Sumpf zunutze machen wird, der sich südlich von diesem Lager nach beiden Seiten zieht und im Osten bis an den Irtysch reicht.» Amanak nimmt seinen Dolch und drückt mit der Spitze Linien in den Damast, mit dem der Tisch bedeckt ist. «Dieser Strich hier ist der Irtysch, an dem sich die Ostrogs der Russen hinziehen. Im Süden davon sind tatarische Ordus. Wotjakensiedlungen und Ostjakendörfer. Hier, abermals südlich davon, ist der Platz, auf dem wir sitzen. Jetzt kommt der breite Sumpfgürtel. Dahinter wird sich mein Vater mit seinem Heer verborgen halten, um die Krieger des Weißen Zaren nachzulocken. Es gibt nur zwei Wege durch den Sumpf, und die Russen werden sie nicht so gut kennen wie wir. Wie gut, dass mein Vater rechtzeitig ausweichen konnte. Wäre ihr Plan geglückt, uns hier vor dem Sumpf zu stellen, sie hätten uns zerquetscht wie eine Laus zwischen zwei Fingern!»

«Sehr ehrenvolle Vergleiche hast du nicht für uns.»

Amanak und Daritai fahren herum: Im Jurteneingang steht ein schmächtiger Reiter, den Bogen über dem Rücken, die Mütze tief in die Stirn gezogen.

«Du bist also doch hier!», ruft Amanak. «Und keiner hat es mir gemeldet!»

«Ich habe es allen verheimlicht.»

«Und der erhabene Vater?»

«Er weiß es. Darf ich mich setzen?»

«Wenn es Daritai …»

«Teni? Bist du es wirklich?» Daritai ist aufgesprungen. Er ist so überrascht, die Prinzessin in dieser Kleidung zu sehen, dass er ihr nicht entgegengeht.

«Erlaubst du, dass ich mich zu euch setze, Prinz Daritai?» Sie senkt abwartend den Kopf.

Daritai zieht sie an der Hand zum Tisch.

«Sag doch einfach Daritai zu mir, wie damals in Sarai.»

«Wenn du mich wieder Teni nennst», antwortet sie.

«Warum bist du nicht mit dem erhabenen Vater gezogen?», fragt Amanak. «Konnte nicht einer der Brüder hier bleiben?»

«Nein, Amanak. Du weißt, dass die Schlacht kurz bevorsteht. Jeder hat schon seinen Posten bezogen. Ich werde dich und das Heer, das uns Daritai brachte, noch heute Nacht zu unserem Vater führen.»

«Ist das sein Befehl?»

«Ja.»

Daritai blickt in Tenis Gesicht, über dem der Flammenschein des Jurtenfeuers spielt. Es ist so schön und ebenmäßig wie die Gesichter auf den Vasen aus China, die im Palast meines Vaters stehen, denkt er. Und so hauchfein und zerbrechlich wie diese Vasen sieht sie überhaupt aus. Nur irgend etwas ist anders an ihr. Was denn? – Jetzt weiß ich es: Sie lächelt nicht.

«Welchen Weg willst du uns führen?», fragt Amanak.

«Den Weg durch den See im Moor. Wir verwischen damit am besten unsere Spuren.»

Amanak sieht sie betroffen an.

«In der Nacht durch das Wasser? Diesen Weg kenne ich nicht einmal!»

«Deshalb bin ich hier geblieben. Du hast eben eine Schwester, die am liebsten auf dem Pferde sitzt. Jetzt kann ich dem Vater und seiner gerechten Sache damit dienen. Und nicht wahr, Daritai, so schlimm findest du es nicht, dass euch eine Frau führen wird? Die Krieger wissen es ja nicht, und zum anderen – kennst du das alte Mongolenlied, in dem es heißt: ‹Ja, sogar ihre Frauen sitzen zu Pferde und sind fröhlich›? Unser Leben ähnelt dem der alten Zeit sehr.»

«Seltsam», sagt Daritai. «Seit meiner Kindheit habe ich dieses Lied nicht mehr gehört, und nun ist es mir gleich zweimal wieder ins Ohr gekommen. Vor ein paar Tagen sang es einer meiner Krieger, nachts, als das Lager zur Ruhe ging. Und jetzt sprichst du auch davon, Teni.»

«Dass du es kennst, ist schön, Daritai. Du bist wie wir. Ich wünsche dir alles Glück auf deinen Ritten bei uns.»

«Ich werde dann glücklich sein, wenn das Glück bei eurem erhabenen Vater ist. Aber nun sage, wann wir reiten.»

«Zur Stunde, wenn die Nacht sich teilt.»

Das Heer aus Sarai reitet den Sumpf in breiter Linie an. Die Krieger Kutschums begleiten es bis an den See. Dann werden sie ins Lager zurückkehren, damit die Hufspuren wieder aus dem Moor herausführen.

Teni hat lange vorher die Stellen im See beobachtet, wo das Hochwild suhlt. Sie zögert nicht, als sie ihr Pferd neben Daritai, allen anderen voran, in das Wasser treibt. Sie vergewissert sich nur am Stand der Weiden noch einmal, ob sie im Dunkel der Nacht auch bestimmt die richtige Stelle gefunden hat. Dann klopft sie dem Schimmel den Hals.

«Komm!», ruft sie und winkt Daritai zu.

«Scheck-scheck-scheck-scheck!», ermuntert Daritai sein Pferd, und nebeneinander waten die Tiere ins Schilf. Drohend gluckst es unter den Hufen, und je mehr Pferde das Wasser erreichen, desto lauter und vielfacher wird das schmatzende Gurgeln.

Schritt für Schritt kommen die Reiter vorwärts. Erst als das Schilf niedriger wird und den Pferden das Wasser schon bis an den Bauch reicht, übersieht Daritai die ganze Fläche des Sees. Wasser, nichts als schwarzes Wasser; vor ihm, neben ihm, hinter ihm. Wo ist das Ende? Wo ist das andere Ufer? Daritai überfällt es heiß. Werden die Pferde durchhalten? Und als habe Teni seine Gedanken erraten, sagt sie:

«Es ist nicht so weit, wie es aussieht. Die Nacht täuscht dich. Außerdem habe ich die günstigste Stelle gesucht. In der Mitte wird es seicht. Dort können die Pferde ruhen. Ich kenne den See. Ich weiß von den Hetzjagden her, wo ihn Elche und Hirsche durchrinnen. Die tiefste Stelle kommt jetzt. Gib Acht, gleich müssen die Pferde schwimmen!» Sie dreht sich um und schnalzt mit der Zunge. Es ist das verabredete Zeichen für die Reiter, die Füße aus den Steigbügeln zu ziehen. Daritai hört noch, wie seine Krieger das Schnalzen weitergeben. Dann ist es ihm plötzlich, als ob sein Pferd unter ihm wegsackt. Er krallt die Hände an Zügel und Mähne, um den Schecken nicht zu verlieren, und sucht mit

den Beinen Halt am Sattel. Als die ersten Augenblicke des Unge-
wohnten überwunden sind, trägt ihn das Pferd schwimmend
mit. Und jetzt, da fünfhundert Pferde sich durch das Wasser
kämpfen, ist es, als ob unterirdische Mächte den See zum Kochen
gebracht hätten. Es schnaubt und klatscht, es zischt und brodelt
unheimlich in der Finsternis.

Vor sich sieht Daritai immer wieder den hellen Kopf von Tenis
Schimmel auftauchen. Ohne suchen zu müssen, findet sie die
Sandbank, auf der die Pferde ruhen können, um danach die
zweite Hälfte, die kürzere, zurückzulegen.

Durchnässt bis über die Kragen ihrer Röcke treiben die Reiter
ihre Pferde die niedrige Böschung hinauf. Aufgescheucht fliegen
verängstigte Enten aus dem Gebüsch, und ihr erschrockener
Schrei bevölkert die nächtliche Einsamkeit. Eine kurze Rast nur,
in der sich die Pferde das Wasser aus dem Fell schütteln, die
Männer die Stiefel auskippen, dann geht es weiter. Und als die
Sonne den Tag bringt, sehen sie die Zelte eines Ordus vor sich,
von einer dichten Wagenburg umstellt. Teni macht Daritai ein
Zeichen mit der Hand. «Der Ewige Blaue Himmel hat sich gütig
über uns gewölbt. Schau, Daritai, wir sind bei meinem Vater.»
Und zum ersten Mal lächelt sie.

Kriegsrat in der Palastjurte

Als Daritai hinter Amanak die Jurte Kutschum-Khans betritt, klopft ihm das Herz so stark gegen die Rippen, dass er glaubt, sein Rock werde ihm zu knapp. Er beachtet die Enge der schnell aufgeschlagenen Jurte nicht. Er brennt nur darauf, den Mann zu sehen, der Kutschum-Khan ist, dessen Vorvater Dschingis war, der Herr der Welt mit den hellen Augen. Sorgsam achtet er darauf, die Schwelle nicht zu betreten, damit kein Unglück über Kutschum komme.

Noch versperrt ihm Amanaks Rücken den Blick. Er hört den Blutsbruder sagen:

«Erhabener Vater, der du nach dem Willen Allahs Khan von Sibir bist! Hinter mir steht Daritai, der Prinz der nogaiischen Tataren. Er hat uns ein Heer gebracht, das uns helfen wird, den Sieg zu erkämpfen. Erlaube ihm, dir den Gruß seines erhabenen Vaters zu bringen, welcher Khan von Sarai ist.»

«Tritt zur Seite, Amanak, damit Daritai zu mir kommen kann!» Als würde ein Vorhang weggerissen, so plötzlich hat Daritai den Blick auf Kutschum frei. Und während er die wenigen Schritte bis zum Thronsessel geht, ist in ihm eine Beklemmung, über die er sich vergebens bemüht, Herr zu werden.

Vor ihm sitzt ein hagerer Mann, der sich kerzengerade aufgerichtet hat. Ein dünner Hals reckt sich aus einem dunkelroten, schweren Gewand. Der Schein des Jurtenfeuers fällt auf ein schmales Gesicht mit einem eckigen Kinn und einem lippenlosen Mund. Aber das beachtet Daritai nur im Unterbewusstsein. Was ihn verstört, ist der Blick der hellen Augen, der an ihm vorbeigeht. Warum sieht mich der Khan nicht an? Warum sieht er mir nicht in die Augen?

«Ich bringe dir den Gruß Gulai-Khans, meines Vaters, der dich bitten lässt, fünfhundert nogaiische Krieger in dein Heer einzureihen, die für dich kämpfen – wollen – bis du –», immer stockender spricht Daritai. Die Offiziere des Khans werden aufmerksam. Was ist mit dem Prinzen aus dem Süden?

Daritai kann Kutschum nicht mehr ansehen. Der Blick des Khans ist unerträglich. Der Khan muss fühlen, dass ich ihm Lügen auftische. Er weiß, irgendwoher, welchen Kampf ich mit meinem Vater hatte, bis ich mit fünfhundert Kriegern ziehen durfte. Aber Daritai gibt sich einen Ruck und bringt die Begrüßung zu Ende:

«– bis du wieder Herr bist in deinem Reiche Sibir.»

Kutschum-Khan streckt die Hände vor. Daritai sieht die herrlichen Ringe, deren Steine vom Jurtenfeuer sprühen.

«Komm zu mir, mein lieber Sohn!»

Aber ich stehe doch vor ihm! – Daritai geht zwei Schritte näher. Die Hände des Khans erreichen ihn.

«Setz dich, Daritai.»

Der Khan läßt ihn nicht los. Daritai fühlt die Finger Kutschums auf seinen Schultern, an seinem Hals. Sie tasten sogar über sein Gesicht. Er hat das Gefühl, aufspringen zu müssen. Aber da zieht der Khan seine Hände zurück.

«Jetzt weiß ich, wie du aussiehst, Daritai, der du der Ande meines Sohnes Amanak bist. Seit der große Gott über mich beschlossen hat, dass ich im Dunkeln leben soll, müssen die Hände meine Augen ersetzen.»

Daritai ist es, als erhielte er einen Keulenschlag! Dieser Mann vor ihm ist blind! Ja, er ist blind! Aber hatte ich nicht davon gehört? Nein, nein, für mich gab es keinen blinden Kutschum!

Für mich gab es nur den großen Khan, den starken, den mächtigen, den helläugigen.

«Friede sei zwischen uns, Daritai! Zwischen mir und deinem Vater, zwischen meinen Söhnen und dir, zwischen meinem Volke und dem Volk der nogaiischen Tataren!»

Daritai reißt sich zusammen.

«Es sei Friede! – Nimm in deiner Güte, erhabener Khan, die Geschenke meines Vaters entgegen.» Daritai winkt seine Offiziere heran, die einen Gebetsteppich bringen und eine geschmiedete Kette aus Gold, an der ein Türkis hängt.

Von Daritai unbemerkt ist Amanak neben seinen Vater getreten. Und während der Khan die Kette in die Hände nimmt, sagt Amanak:

«Ist sie nicht wundervoll? Du hast nie eine bessere Arbeit zum Geschenk erhalten, und von so leuchtender Farbe wie dieser Türkis ist keiner deiner Steine.»

«Ja, das stimmt, mein Sohn», sagt der Khan.

Und als der Teppich ausgebreitet wird, sagt Amanak wieder: «Gulai-Khan hat dir den schönsten Gebetsteppich geschickt, den es in ganz Sarai zu finden gab.»

«Dann ist er aus dem Lande der Perser», sagt Kutschum, «und er ist von einer Röte, wie sie den Rosen in Persien eigen ist, ehe sie sterbend die Blätter verlieren. Ich werde mich zum Abendgebet auf ihm niederlassen und Allahs Segen für deinen Vater, sein Volk und sein Reich erflehen.»

Den Segen Allahs für meinen Vater!, denkt Daritai. Das sagt ein Mann wie Kutschum, der den Segen Allahs von allen Tatarenfürsten am nötigsten hat.

«Gib mir noch einmal deine Hände, Daritai!» Und als Daritai den festen Griff spürt, dessen Wärme ihm über die Arme heraufläuft, legt er sich Kutschums Hände auf das Gesicht und sagt:

«Ich gehöre dir mit meiner Ehre, mit meiner Freiheit und mit meinem Leben, erhabener Khan.»

Kein Laut ist in der engen Jurte. Es ist, als wären Daritai und der Khan allein.

«Hast du dich gewundert, dass ich dich vorhin meinen Sohn genannt habe?», fragt der Khan leise. «Siehst du, Daritai, Allah hat mir das Licht der Augen genommen, aber dafür den Blick der Seele geschenkt. Und dieser Blick ließ mich sehen, dass in deinem Herzen die Ehrlichkeit und die Tapferkeit herrschen, wie sie in den Herzen meiner eigenen Söhne sind. Deshalb bist du mein lieber Sohn, und solange du in Sibir bist, soll es so sein.»

Daritai sitzt auf dem Ruhelager in seiner Jurte. Es ist hoher Tag, und trotz der Müdigkeit in den Gliedern will ihm der Schlaf nicht kommen. Aufgewühlt bis ins Innerste legt er die Hände an die heißen Schläfen. Das also ist Kutschum-Khan! Von dem sie in den Auls und Ordus der Steppe am Jurtenfeuer sprechen, weil er von Dschingis stammt. Hager, blind und alt, wenn man nur das Äußere sieht, aber stark, weise und gütig, wenn man ihn wirklich erkennt. Ist mir nicht zumute, als wäre ich heimgekehrt? Nach vielen Jahren endlich heimgekehrt!

Zur Stunde nach dem Abendgebet ruft der Khan seine Söhne und Tausendschaftsführer zum Kriegsrat. Daritai wundert sich über die Lautlosigkeit, die im Lager herrscht. Kein Mensch ist vor den Jurten zu sehen. Er hört kein Sprechen, er sieht kein Feuer. Nur die Gasse, die zur Palastjurte führt, wird von vielen Kriegern bewacht.

Amanak erwartet Daritai am Eingang der Jurte und setzt sich mit ihm neben den Khan.

«Wir sind vollzählig», sagt er, zu seinem Vater gewandt, und Kutschum beginnt sofort.

«Ich habe mich entschlossen, das Lager mit den Frauen noch mehr nach Süden zu legen. Die Herden müssen erhalten bleiben, denn der üppigen Zeit des Sommers folgt der Winter. Welchen Platz, Führer meiner Krieger, haltet ihr für den besten?»

Vier Tausendschaftsführer sehen ihn an. Bordschu, der älteste, mit einem Gesicht wie ein schlitzäugiger Teufel, sagt:

«Du hast gefragt, erhabener Khan, und immer ist es Sitte gewesen, offen zu antworten. Deshalb sage ich dir: Der beste Platz für das Volk ist dort, wo die meisten Krieger sind. Lass das Lager hier! Seit der Prinz der nogaiischen Tataren mit seinem Heer gekommen ist, hat das Lager die Stärke, die es braucht, wenn es zum Kampf kommt.»

«Was sagst du, Tausan?»

«Ich sage, dass es nicht gut ist, unser Heer noch mehr zu verteilen. Das neue Lager würde eine starke Bewachung brauchen, und wir sind schon genug auseinander gerissen.»

«Gut», sagt Kutschum. «Ihr beiden seid die Ältesten und hängt noch an den alten Kampfgewohnheiten. Aber was sagt ihr, Bala und Noyan?» Bala spricht zuerst.

«Ich meine, das Lager der Frauen ist noch zu leicht zu erreichen. Schicke es südlicher. Du kennst den großen Birkenwald, in dem vor Jahren der Brand gewütet hat. Dorthin lass das Lager bringen. Es ist kein guter Weideplatz für die Herden, aber er bedeutet Sicherheit für die Frauen, denn an seinem Rand wuchern die neuen Büsche üppig, und dichte Hecken ziehen sich darum.»

Und Noyan sagt:

«Tausan und Bordschu haben eine gute Meinung vertreten. Aber ich kann mich nicht entschließen, ihnen Recht zu geben. Wir ziehen seit Jahren umher, und wir können unsere Freiheit nur erhalten, wenn wir keinen festen Platz einnehmen. Die Krieger des Weißen Zaren dürfen nie wissen, wo wir sind und wo wir auftauchen könnten. Und wenn es zur Schlacht kommt, dürfen sie nicht auf das ganze Heer mit dem Lager treffen.»

«Und wie willst du mit diesem Geplänkel den Sieg erringen?», braust der schlitzäugige Bordschu auf, und sein Gesicht ist rot wie ein gesottener Krebs.

«Wann der Sieg auf unserer Seite sein wird, bestimmt Allah», sagt Kutschum beschwichtigend. Aber der Schlitzäugige ist nicht zu bremsen.

«Allah! Ich verlasse mich auf meinen Säbel und auf die Stärke des Heeres!»

«Die Stärke des Heeres war schon einmal groß», wirft Kutschum ein, «vor zwölf Jahren bei der Schlacht um Isker. Und doch war der Sieg nicht auf unserer Seite. Als er aber bei uns war, hat ihn eine Hand voll Krieger errungen!»

«Du meinst, als sie Jermak, den Unbesiegbaren, auf der Insel im Irtysch umbrachten. Jaja, aber was war das für ein Sieg! Er hat nicht länger als ein Jahr gedauert. Lass nicht immer mehr Zeit verstreichen, Kutschum, erhabener Khan! Sie nützt nur den Kriegern des Weißen Zaren.»

«Meinst du nicht, dass auch mein erhabener Vater den Sieg will?», fragt Amanak scharf. «Meinst du nicht, dass er endlich wieder sein Recht in seinem Reiche will? Und werden wir nicht bald beweisen können, ob es uns ernst ist mit diesem Willen? Aber was nützt uns der Sieg, wenn unsere Frauen und Kinder erschlagen sind!»

«Wir haben bisher nur verloren. In Isker zweimal und in jedem Lager, das wir zurückgelassen haben …»

«Aber unser Volk haben wir noch!», fällt Amanak dem hitzköpfigen Bordschu ins Wort.

«Wenn mir ein Wort erlaubt ist», sagt Daritai, «der ich der Jüngste in diesem Rat bin, so lasst mich euch sagen, dass ich an jeder Meinung Gutes finde. Aber wir wissen alle, dass der Kampf bevorsteht. Und wenn der Wald, in dem der Brand gewütet hat, sicher genug ist, erhabener Khan, dann lass das Lager dorthin bringen!»

Unter Bordschus pechschwarzen, langen Brauen zuckt es messerscharf zu Daritai hinüber.

«Was heißt sicher!», schäumt er auf. «Es ist so weit gekommen, dass für uns an keiner Stelle mehr Sicherheit ist. Und wir selbst sind nicht schuldlos daran. Rüste ein Heer, Kutschum, und lass uns alles niederbrennen und niederreiten, was von den russischen Eindringlingen da ist. Lass nicht einen von ihnen am Leben, lass uns über sie kommen, wie einst Dschingis über die ganze Welt kam!»

«Du vergisst, Bordschu, dass auch über Dschingis unzählige schwere Jahre waren», sagt Kutschum-Khan. «Damals, als er noch Temudschin hieß. Er wurde nicht als Dschingis geboren, er wurde es erst, nachdem er sich durch die schwersten Jahre seines Lebens gekämpft hatte. Wer hätte das Zaumzeug seines Pferdes für Temudschin gegeben, als er gefangen im Lager der Taitschiut-Sippe saß, ein Rad um den Hals, das ihn an der Flucht hindern sollte? Und doch wurde er Dschingis, der Herr der Welt!»

Bordschu senkt den Kopf. Er möchte erwidern: Das alles stimmt, nur eins war anders: Temudschin war zur Zeit seiner schweren Jahre jung, du aber bist alt, Kutschum, und wenn du den Tag erleben willst, musst du handeln. Aber Bordschu sagt es nicht.

«Ich habe nun eure Meinung gehört», spricht der Khan nach einer Pause, «und ich bin entschlossen, das Lager in den Brandwald zu führen. Mein Sohn, Prinz Abdul Chair, wird es begleiten. Bala, lass die Pferde an die Wagen spannen!»

Als der Tausendschaftsführer vor die Jurte tritt, jagt ein Reiter die Gasse herauf, springt vom Pferd und schreit:

«Gebt den Weg frei zu Kutschum-Khan!»

Bala erkennt den Reiter. Es ist ein Kundschafter aus dem verlassenen Ordu. Ein Wink zu den Wachen, und Bala tritt vor ihm in die Palastjurte.

«Um das Lager vor dem großen Sumpf tobt der Kampf, erhabener Khan», berichtet der Kundschafter. «Schicke Hilfe! Die Krieger des Weißen Zaren wüten furchtbar mit ihren Zauberwaffen. Deine Reiter halten stand, aber die Stämme der Eingeborenen laufen davon wie ein aufgescheuchtes Volk Rebhühner.»

«Zieht sich der Kampf an den Sumpf heran, wie es mein Befehl war?»

«Ja, o Khan.»

«Folgen die Ungläubigen?»

«Ja, o Khan.»

«Dann ist es höchste Zeit. Hört meinen Plan: Ihr wisst, es gibt nur zwei Wege durch den Sumpf. Auf den einen locken meine Krieger die Ungläubigen, den anderen wird ein Heer aus diesem Lager benützen, um den Ungläubigen in den Rücken zu fallen. Alle Krieger, die hier bleiben, erwarten die Russen an dieser Stelle. Die Jurten werden abgebrochen, und noch in dieser Stunde fahren die Frauen nach Süden, wie wir es verabredet haben.» Der Khan sagt alles, ohne einmal zu überlegen, und Daritai kommt der Gedanke, dass dieser Plan längst fertig war.

«Wer wird reiten, mein Vater, und wen behältst du hier?»

«Bordschu reitet und nimmt außer seinen Tataren drei Hundertschaften vom Heer des Prinzen Daritai mit. Zwei Hundertschaften aus dem Reich der Nogaier bleiben hier. Und jetzt das Wichtigste: Ist der Sieg auf unserer Seite, sammeln wir uns an dieser Stelle. Hat Allah gegen uns entschieden, werden wir das

Moor anzünden und uns dort sammeln, wo die Frauen hingebracht werden. Mein Sohn Amanak bleibt an meiner Seite, und du, Prinz Daritai, reitest mit Bordschu.»

Daritai sieht zu dem Schlitzäugigen hinüber. Er sieht, wie sich Bordschu die Lippen leckt, wie sich über seinen breiten Backenknochen hellrote Flecken zeichnen.

«Die Zeit drängt, erhabener Khan, wir wollen reiten!», sagt Bordschu und springt auf.

«Reiten und siegen!», ruft Daritai.

«Der Segen Allahs sei mit euch allen!» Damit entlässt Kutschum den Kriegsrat.

Amanak bringt Daritai ins Lager seiner Krieger. Er hält ihm den Bügel, als er aufs Pferd steigt. Sie sprechen kaum.

«Leb wohl, Ande», sagt Amanak nur. Die Reiter sitzen auf.

«Leb wohl, Amanak, und sage Teni meinen Gruß, bevor sie mit den Frauen abfährt.»

Amanak nickt. Dann muss er zurückspringen. Der Schecke seines Blutsbruders steigt mit den Vorderhufen steil hoch, so sehr hat ihn Daritai die Fersen spüren lassen.

Die Falle

In eine Staubwolke gehüllt, prescht das Heer davon.

«Jetzt will ich sehen, ob deine Männer reiten können, junger Prinz!», schreit der Schlitzäugige und schiebt sich neben Daritai.

«Da wir von Sarai aus nicht mit den Wolken gesegelt sind, glaube ich, dass sie es können.»

«Oho, das sagt nichts! Meine Geschwindigkeit ist nicht für jeden!»

«Einem Prinzen gegenüber hast du ein ziemlich großes Maul, Bordschu! Aber da du an Jahren dem erhabenen Khan nur wenig nachstehst und bei ihm durch deinen Mut hohes Ansehen zu genießen scheinst, sage ich dir: Führe du uns an!»

In der Dunkelheit sieht Daritai, wie Bordschus Augen herüberblitzen, und er glaubt Zufriedenheit in seinem Gesicht zu erkennen. Daritai winkt seine beiden Offiziere heran.

«Presst euch auf die Pferde, dass ihr die Mähnen mit den Zähnen fassen könnt – und dann hinter ihm her!»

Die beiden nicken grinsend und geben Daritais Befehl an die Reiter. Nach zwei Stunden grunzt der Schlitzäugige:

«Hm, hm, du und deine Männer, ihr könnt es. Aber pass auf, Prinz, jetzt werdet ihr auch noch zeigen müssen, ob ihr Kämpfer seid.»

«Meinst du, in Sarai sind die Krieger zum Schafehüten da?»

«Hm», grunzt der Schlitzäugige noch einmal und jagt weiter. Während ihm das Heer dicht an dicht folgt, überlegt Daritai:

Um Mitternacht müssen wir auf den Feind treffen. Wir werden also bald einen ruhigen Trab einlegen müssen, wenn wir die Pferde ausgeruht in den Kampf reiten wollen.

Da – plötzlich – bricht es von vorn wie ein Unwetter los. Aus mehr als hundert Gewehrläufen schlägt es in das anrückende Tatarenheer. Die ersten Reihen der Krieger kommen ruckartig zum Stehen. Im Nu prallen die Nachfolgenden in sie hinein. Die Vordersten werden von dem schmalen Pfad gedrängt und geraten in den Sumpf. Die anderen rasen in das donnernde Gewehrfeuer.

«Verrat!», schreit Bordschu. Er hat nur einen einzigen Augenblick lang Zeit zu überlegen: Entweder in den Kampf oder in den Sumpf.

«Wir reiten den Angriff!», brüllt Daritai und sprengt den Kriegern voran. «Wir müssen durch!»

Das Heer stürmt ihm nach – mitten hinein in das krachende Feuer!

Hinter Daritai sinken die Getroffenen vom Pferd, stöhnen die Verletzten, brechen die Pferde zusammen. Und noch immer sind sie nicht am Feind!

«Wo bleiben die Bogenschützen?», schreit Daritai. «Ich habe noch keinen Pfeil fliegen sehen! Wo sind die Lanzenträger?» Sein Schreien geht unter im Durcheinander des Überfalls. Ein Offizier seines Heeres, der ihm antworten will, rutscht plötzlich vom Pferd. Kein Laut ist mehr von ihm zu hören.

Und noch immer sind sie nicht an den Feinden. Von wo kommt das schreckliche Feuer? Jetzt schlägt es auch von den Flanken zwischen die tatarischen Krieger. Aber nirgends feindliche Reiter! Eine furchtbare Verwirrung ergreift das Heer, und so laut Daritai auch schreit: «Angriff und Sieg für Kutschum-Khan!» – es werden immer weniger Krieger hinter ihm. Denn wer sein Pferd zum Stehen bringt, wendet und sprengt zurück ...

Die Fliehenden suchen sich im Gestrüpp des Moores zu decken, treiben die Pferde hinein, obwohl sie wissen, dass es ihr sicheres Verderben ist.

Und ohne Unterlass rollt der Donner der Schüsse in den zusammengeballten Reiterhaufen, der Bordschu und Daritai noch folgt. – Am Ende des Sumpfes aber warten vier Hundertschaften Kosaken auf das zusammengeschmolzene Tatarenheer. Sie lassen es anreiten wie in einen Sack. Dann bricht es aus vierhundert Kehlen:

«Für Russland, das wir unser Mütterchen nennen!» Der Kampf beginnt.

Als einer der Ersten ist Daritai am Feind. Wohin er in der Finsternis blickt: Klingen, Dolche, Pferdeköpfe – denen die Augen aus den Höhlen quellen wollen. Er krallt die Hände um das Krummschwert und schlägt und schlägt ... Ich könnte die Augen zumachen und würde doch immer treffen, durchfährt es ihn. Es sind so viele! Wenn er merkt, dass sein Schlag gut gesessen hat, verstärkt sich seine Kraft zum nächsten Hieb. Die fremden Laute, mit denen sich die russischen Krieger anfeuern, steigern die Wut in ihm zu solcher Heftigkeit, dass es ihn schüttelt wie im Fieber. Und in diesem Fieber haut er eine Gasse, damit seine Tataren sich zusammenfinden können. Es gelingt für kurze Zeit, das Heer zu sammeln. Dann schlägt die Übermacht der Kosaken es wieder auseinander.

Und immer und immer wieder greift Daritai an und reißt seine Krieger mit. Er spürt, dass er zum Hauptziel des russischen Angriffs wird. Aber sie kriegen mich nicht, sie kriegen mich nicht!, hämmern seine Gedanken. Der Fahnenträger neben ihm erhält einen Säbelhieb über den Kopf. Er hält sich noch lange genug aufrecht, bis Daritai den Fahnenschaft packen kann. Soll es ihm zum Verderben werden? Er hat in diesem Augenblick nicht alle

Aufmerksamkeit auf denen gehabt, die ihn vom Pferd stoßen wollen. Er sieht den Säbel über sich und weiß, dass ihn sein Arm nicht mehr abwehren kann. Da sackt der Schecke plötzlich vorn zusammen, und der Schlag über Daritai geht ins Leere.

Daritai greift Halt suchend in die Mähne, presst die Pferdeohren mit den Fäusten und fliegt kopfüber aus dem Sattel. Böse wiehernd steigt der Schecke mit den Hinterhufen und keilt um sich. Daritai stürzt mit dem Gesicht in den Sand. Aber im nächsten Augenblick ist er wieder hoch. Neben ihm stampft sein Pferd, dass der Dreck fliegt. Er kann einen herabhängenden Steigbügel fassen. «Scheck-scheck-scheck!», lockt er, als er merkt, wie das Pferd noch wilder stampft. Aber der Schecke ist völlig verwirrt. Wie von einem bösen Geist besessen, rast er davon und schleift Daritai hinter sich her – mitten in den Sumpf hinein.

Der Lärm der Schlacht bleibt zurück. Wie eine schäumende Woge ist der Kampf auf Daritai zugekommen, hat ihn überspült und verrinnt nun in der Ferne.

«Komm, Scheck, komm! Warum kommst du nicht, du miserabler Gaul?» Daritai schiebt sich auf dem Bauch bis an den Zügel. «Bring mich heraus aus dem Sumpf, in den du mich geschleift hast! Los, bring mich wieder heraus! Merkst du nicht, wie es unter uns walkt? Warum stehst du wie angenagelt? Rühr dich, Scheck, rühr dich!» Daritai reißt am Zügel. Das Pferd ruckt den Kopf hoch. Daritai kniet sich und will den Zügel wieder fassen. Da bemerkt er, wie durch den schweren Pferdeleib ein Zittern rinnt. Immer stärker. Daritai springt auf. Er fühlt nach dem Pferdekopf. Die Nüstern sind aufgebläht, und warm läuft es über Daritais Hände. «Blut», flüstert Daritai rau. «Nein, Scheck, nein!» Zweimal stöhnt das Tier laut, dann knickt es ein und zittert mit den Vorderfüßen.

«Scheck! Scheck, ich brauch dich! Scheck, du kannst mich

nicht im Stich lassen! Was soll ich ohne dich machen? Scheck!»
Daritai fühlt die Nase des Tieres an seiner Hand. Dann ist es
vorbei. Das Pferd fällt zur Seite.

Über dem Moor im Süden steht es so rot, als brächte die Sonne
den neuen Tag schon. Daritai sieht es nicht. Er sieht nur schwach
die Umrisse seines Pferdes und weiß: Mein Scheck ist tot. Er war
getroffen, als er mich aus der Schlacht zog, er war getroffen, als
ich den Säbel über mir sah, dem ich nicht mehr ausweichen
konnte. Er war getroffen – und ich habe es nicht einmal gemerkt!

Was hat ihn getroffen? Ein Feuerpfeil? Ein Säbel? – Ich weiß es
nicht, aber ich weiß, dass er mit seiner letzten Kraft mein Leben
gerettet hat.

Und jetzt sitze ich neben ihm im Sumpf, und er ist tot. Aber er
ist noch warm wie in seinem Leben. Genauso warm wie damals,
als ich ihn vom Großvater bekam, damals, als ich ihm zum ersten
Mal in die Mähne griff, als ich ihn das erste Mal zwang, mich zu
tragen. Noch ist er warm wie damals, aber die Kälte wird kommen. Ich kann sie nicht aufhalten, und wenn ich mich über ihn
werfen würde. Aber eines wird gut sein: Der Sumpf wird ihn
begraben, noch bevor der Morgen da ist. Keine Krähe wird ihn
finden und kein Wolf.

Das Moor reicht Daritai schon eine Handbreit über die Knö-
chel, als er sich besinnt. Er setzt sich auf den Leib des toten
Pferdes und zieht die Füße aus dem zähen Grund. Dann rutscht
er Stück für Stück über das Moor, krallt sich in jeden Strauch, an
jedes derbe Grasbüschel, um sich weiterzuziehen – und spürt
nach Stunden endlich festen Boden.

Der Erste, den Daritai findet, ist ein Krieger aus Sarai. Daritai
würde ihn in seinem Versteck nicht entdeckt haben, wenn ihn
der Mann nicht gerufen hätte.

«Prinz Daritai! Prinz Daritai!»

Im grauen Frühlicht taucht ein Gesicht über breiten Schilfhalmen auf. «Komm zu mir, Prinz Daritai! Hier ist ein Platz, wo man es aushält.»

Daritai kriecht hin. Der Krieger sitzt auf strähnigem Sumpfgras.

«Du lebst, Prinz Daritai, und Allah sei Dank dafür!» Daritai lässt sich fallen.

«Hier, erhabener Prinz, trink sie!» Er schiebt Daritai zwei große Gänseeier hin. «In diesem Land gibt es viele Gänse, und Allah hat mich diesen Platz finden lassen, wo sie brüten.»

Daritai fasst achtlos zu.

«Woher kenne ich deine Stimme? – Warte – ich weiß es! Du bist der Krieger, der das alte Mongolenlied gesungen hat.»

«Ja, der bin ich.»

«Sind wir als Einzige am Leben geblieben?»

«Wo denkst du hin, Prinz Daritai! Warte nur ab, bis es Tag geworden ist; dann werden sie hervorkriechen wie die Maulwürfe nach dem Winterschlaf. Aber dann müssen wir schnell sein, denn drüben, wo die morschen Weiden stehen, siehst du, dort grasen zwei Pferde. Die sind unser, Prinz Daritai. Ich werde sie holen. Deinen Schecken bist du auch losgeworden, nicht wahr?»

«Sollten wir nicht das ungewisse Licht ausnützen und versuchen, zu Kutschum-Khan zu kommen?», fragt Daritai.

«Allah wird uns den erhabenen Khan schon finden lassen. Wir wollen warten, bis der Tag da ist.»

«Deine Jahre sind zahlreicher als meine und deine Kämpfe erst recht», sagt Daritai. «Ich will auf dich hören.»

Sie schwiegen eine Zeit lang.

«Ob Kutschum glücklicher gekämpft hat als wir?», fragt Daritai. «Kannst du daran glauben, nachdem die Verräter in den Reihen seiner besten Krieger sind?»

«Du meinst, dass der Kundschafter, der die Nachricht vom Kampf in Kutschums Ordu brachte, ein Verräter war?»

«Was sonst, Prinz Daritai?»

«Ich will es nicht glauben. Warum hätte er es tun sollen?»

«Warum? Wer kann das sagen! In jeder Brust wohnt Gut und Böse. Sie wohnen sehr nahe beieinander, und einmal ist das Gute obenauf und einmal das Böse.»

«Wenn es so wäre, dann dürfte ich dem nicht mehr trauen, der neben mir reitet.»

«Du hast die Wahrheit erkannt, Prinz Daritai.»

«Nein, Krieger, das kann die Wahrheit nicht sein! Welchen Sinn hätte es dann noch, zu kämpfen? Welchen Sinn hätte es noch, zu leben?»

«Wenn man jung ist wie du, fragt man danach. Wenn man alt ist wie ich, nicht mehr.»

«Aber wenn ich jetzt denken soll, dass du, der hier neben mir sitzt, mich morgen verraten könntest, dass du morgen vielleicht Kutschum verrietst ...»

«Warum willst du es nicht auch von dir selbst denken, Prinz Daritai?»

Daritai fährt auf.

«Ich werde weder dich noch Kutschums gerechte Sache verraten.»

«Gerechte Sache», sagt der Krieger gedehnt. «Du siehst sie von deiner Seite, die Krieger des Weißen Zaren besehen sie von ihrer, und wenn du erlaubst – der Mann, der Kutschum verraten hat, von seiner Seite.»

«Sage mir, wie du kämpfen kannst mit diesen Gedanken?»

«Wie ich kämpfen kann? Ja, was sollte ich denn sonst tun?»

Unter denen, die sich einfinden, als es Tag wird, ist auch der Schlitzäugige. Sein Rock ist blut- und dreckverkrustet, und er presst die Hand in die Seite.

Daritai findet ihn, wie er dasitzt und vor sich hinstiert.

«Du lebst auch noch, junger Prinz», sagt er ohne aufzusehen, «und hast es sogar schon wieder zu einem Pferd gebracht.»

«Du kannst es kriegen, Bordschu. Hast du große Schmerzen?»

«Ach …», er macht eine wegwerfende Handbewegung.

«Meinst du, dass wir den Weg durch den Sumpf zu Kutschum nehmen können?», fragt Daritai.

«Warum nicht? Die Ungläubigen sind fort.»

«Aber könnten sie nicht auf diesem Weg wieder zurückkommen?»

«Ach, du kennst die Hundesöhne schlecht. Jetzt plündern sie die Herden Kutschums, jetzt zeigen sie sich als Sieger in den Ordus der Steppe. Jetzt siegen sie erst richtig, wenn sie den Treueeid bei den Stämmen fordern. Und wieder werden Stammesälteste ihre Nacken über die blutigen Russensäbel beugen müssen, und wieder hat Kutschum viele Getreue verloren.»

«Aber diese Männer werden die russischen Säbel unter Zwang küssen, und einen erzwungenen Eid brauchen sie nicht zu halten.»

«Sie schwören nicht unter Zwang, sie tun es aus Angst! Und das ist das Verderben.» Bordschu schielt böse zu Daritai hinauf. «Wie steht es denn damit bei dir? Warum hast du mich gefragt, welchen Weg wir zu Kutschum nehmen wollen?»

«Glaubst du aus Angst?» Daritai stampft empört mit den Füßen. «Was würden Kutschums Sache zu allem Unglück noch hundert Tote mehr nutzen? Wir können nicht mehr kämpfen! Sieh dir doch die Männer an! Die meisten von ihnen haben keine Säbel. Weniger als die Hälfte werden nur zu Pferde sein. Wir sind keine Krieger mehr, wir sind Geschlagene!» Indem Daritai dies bekennt, ist auch schon der Wille in ihm, das Unglück zu überwinden. «Wer von uns beiden übernimmt die Führung?», fragt er.

«Die Führung der Männer übernimm du, Prinz Daritai, den Weg werde ich euch zeigen.»

Daritai gibt Befehl, bei den Erschlagenen nach Säbeln zu suchen. Er schickt Männer aus, die reiterlosen Pferde zu fangen. Sie schlagen starke Äste und binden sie mit dem Lederzeug der toten Gäule zu notdürftigen Schlitten zusammen, verlängern die Gurte und hängen sie an das Zaumzeug ihrer Pferde. Auf diesen rumpelnden Gestellen werden sie die Verletzten mitschleifen.

Allmählich kommt Ordnung in den Zug. Jedes Pferd, das sich wieder zu ihnen findet, ist Daritai so viel wert wie ein Mann. Bordschu beobachtet alles. Manchmal steht er auf und versucht zu gehen. Aber der Schmerz wirft ihn wieder ins Gras. Böse flucht er in sich hinein.

«Wirst du reiten können?», fragt Daritai. «Du kannst sonst auf einen Schlitten.»

«Ich reite!», faucht er.

Die Männer braten das Fleisch erschlagener Pferde, stopfen sich die Mägen voll bis zum Platzen, und der Rückweg beginnt.

Zwei Tage und zwei Nächte brauchen sie. Zwei Tage und zwei Nächte, in denen das Stöhnen der Verletzten um sie ist, in denen sie aus den modrigen Wasserlöchern den Durst stillen, in denen sich ihre Kiefer lahm kauen an dem zähen Pferdefleisch, das sie mitgenommen haben. Zwei Tage, in denen die Sonne auf sie niederbrennt, dass sie meinen, das Moor müsste jeden Augenblick zu kochen beginnen. Und zwei Nächte, in denen sie von der Kälte aus dem kurzen Schlaf gejagt werden.

Am Morgen des zweiten Tages müssen sie den Schlitzäugigen auf dem Pferd festbinden und in der zweiten Nacht heult er auf vor Wut, dass er nicht stark genug ist, den Schmerz zu überwinden.

Je näher sie der Stelle kommen, wo Kutschums Ordu gestanden hat, desto heftiger wird der kalte Brandgeruch, den ihnen der warme Wind entgegentreibt.

«Na, junger Prinz, wie findest du den Geruch der verlorenen Schlacht?», quält der Schlitzäugige.

«Ich finde ihn schlecht, aber nicht schlecht genug, dass er sich nicht ertragen ließe.»

«Du und Kutschum, der erhabene Khan, ihr passt zusammen! Ihr werdet noch an den Sieg glauben, wenn euch das Messer in der Brust steckt. Jahr für Jahr erlebe ich es nun. Jahr für Jahr verlorene Kämpfe, und von einem zum andern kann ich diesen Geruch schlechter ertragen.» Er schüttelt sich und hustet. «Ich will ihn nicht mehr ertragen! Ich will den Sieg oder – ich will tot sein!»

«Warum bist du so verzweifelt, Bordschu? Hat nicht Kutschum-Khan selbst den Befehl gegeben, alles anzuzünden, damit den Russen nichts in die Hände fallen soll?»

«Diesen Befehl kenne ich – auch seit Jahren! Weißt du, wie der Khan in Isker lebte? Er wohnte in einem Palast. Und heute? Seine Jurten werden immer kläglicher, die Prinzessinnen pferchen in einer einzigen zusammen. Immer weniger Zelte können für Offiziere und Krieger aufgeschlagen werden. Ist das noch ein Ordu, das einem Herrscher aus seinem Blute zukommt? Und jahrelang höre ich nichts anderes als: ‹Wir werden siegen!› – Aber wie? Aber wodurch? – Ich will nichts mehr hören.»

Sie umgehen den Platz des Ordus und finden in der Steppe zwei Hirten, die ihre Herde in eine abgelegene Heide getrieben haben.

«Gib uns zehn deiner Männer mit», sagen sie zu Daritai. «Wir werden euch Stutenmilch und Hammelfleisch geben. Auch haben wir Hammelfett für die Wunden deiner zerschlagenen Reiter.» Daritai sieht die Hirten misstrauisch an.

«Warum sollen wir nicht alle mit zu eurer Herde kommen?»

«Verzeih die Vorsicht, erhabener Krieger,» sagt der Ältere, «aber zögen alle, es gäbe eine breite Spur, und nur Allah weiß, ob sie nicht gefunden wird.»

«Weißt du etwas über die große Schlacht?»

«Ich weiß nur ... aber warst du nicht selbst dabei?»

Daritai spürt, wie sich Argwohn zwischen ihn und den Hirten drängt.

«Wir waren nicht beim Hauptheer, auch wenn wir für Kutschum gekämpft haben.»

Daritai braucht noch viele Worte, um alle Zweifel zu zerstreuen. «Was wisst ihr also von der Schlacht?», fragt er noch einmal.

«Wir wissen nur, dass der Zug mit den Wagen überfallen wurde.»

In Daritais Kopf beginnt es zu hämmern. Der Zug mit den Wagen? Die Frauen wurden überfallen? Teni?

«Dort drüben, wo der Wald beginnt, war es. Mehr weiß ich nicht.»

Daritai drängt:

«Dann lasst uns jetzt zur Herde reiten!»

Sie kommen zurück, beladen mit Ledersäcken voll Milch und Fleisch und Fett. Sie bringen Schaf- und Jakfelle und einen zusammengepressten Ballen Wolle.

«Nimm, was wir haben. Jetzt im Sommer ist es nicht viel. Bringe es glücklich zu Kutschum, dem erhabenen Khan. Allah segne ihn und dich, der du ein Prinz aus dem nogaiischen Reiche bist, wie du sagst.»

Sie erreichen, als der dritte Tag hoch steht, die ersten, weit vorgeschickten Wachen des Khans. Ein schmächtiger Reiter führt sie das letzte Stück des Weges. Wie ein Stein fällt es von Daritais Seele. Er erkennt den Reiter sofort, aber er lässt es nicht merken.

Tenis Gesicht ist wie erstarrt. Nur die Augen sind lebendig. «Im Lager herrscht Trauer», flüstert sie Daritai zu.

«Der Khan?», fragt er bestürzt.

Sie schüttelt den Kopf.

«Nein, mein Bruder Abdul Chair. Die Krieger des Weißen Zaren haben ihn fortgeschleppt. Und sein Schicksal teilen zwei Frauen meines Vaters. Susbeka, das ist Abdul Chairs Mutter, und Khoa – das ist meine Mutter.» Sie sagt es so leise, dass Daritai es kaum versteht, und ihre Stimme zittert dabei.

Zauber der Feuerpfeile

Als der Zug das Lager vor sich hat, fällt Daritais Blick auf eine Stange, die hoch über die Jurten ragt und auf deren Spitze der Kopf eines Mannes steckt. Zänkisch kreischende Krähen umfliegen ihn.

«Habt ihr den Verräter gefasst?», fragt Daritai.

«Ja. Amanak selbst ist es geglückt.» Aber Teni sieht nicht an der Stange hinauf.

Daritai findet in der Palastjurte einen ernsten, aber keinen geschlagenen Khan.

«Ich danke dir, Daritai, und dir, Bordschu, für die Tapferkeit, mit der ihr beide für mich gekämpft habt.»

«Danken, erhabener Khan», sagt Bordschu verbittert, «danken für die Niederlage?»

«Auch uns hat der Große Gott den Sieg verwehrt, Bordschu.»

«Weil Verräter unter uns sind!», stößt Bordschu heraus.

«Ja, deshalb. Die Krieger im ersten Ordu waren längst niedergemacht, als der Verräter den Hilferuf brachte. Deshalb glückte den Russen der Plan. Wir teilten hier unsere Streitmacht, und ihr, die ihr geritten seid, gingt ihnen ins Netz.»

«Als wir noch mitten in den Vorbereitungen zum Kampf waren, überfielen uns fünfhundert Reiter des Weißen Zaren», sagt Amanak. «Dann kamen die anderen, die ihr aufgehalten hattet. Es mögen noch einmal vierhundert gewesen sein.»

«Und wer überfiel den Zug der Wagen?», fragt Daritai.

«Ein Trupp, der während des Kampfes ausbrach», antwortet Amanak. «Sie glaubten wahrscheinlich, dass mein erhabener Vater sich bei den Wagen befinden würde.»

«Mein Scham wird deine Wunden heilen, Bordschu», sagt der Khan. «Er wird sich deiner annehmen, als ob ich es selber wäre. Da du aber große Schmerzen leidest, soll Daritai von der Schlacht berichten.»

Und Daritai spricht. Er schildert den scharfen Ritt durch die Nacht, den Feuerüberfall und den Kampf. Zuletzt spricht er von dem jammervollen Rückzug.

«Wenn ich dich recht verstanden habe, Daritai», sagt der Khan, «so war das Entscheidende in eurer Schlacht die Überraschung, der unerwartete Überfall. Ja, so machen sie es immer, die Ungläubigen.»

«Erhabener Khan, das Entscheidende war nicht der Überfall an einer Stelle, an der wir ihn nicht vermuteten, sondern die furchtbare Verwirrung entstand durch die Feuerpfeile. Wir hatten keinen Feind vor uns, wir konnten nicht schlagen und stechen und die Bogen spannen – und wurden doch getroffen! Was ist das für eine Waffe, mit der die Ungläubigen kämpfen?»

«Das ist ein Geheimnis, dem wir seit Jahren gegenüberstehen.»

«Ich habe schon davon gehört, erhabener Khan. Immer wenn Krieger in die Stadt meines Vaters zurückkehrten, haben sie mit aufgerissenen Augen von dieser Waffe gesprochen.»

«Es gibt nur eine Erklärung», sagt der Khan, «die Ungläubigen sind mit dem Bösen im Bunde. Es muss nicht leicht sein, diese Macht zu erhalten, und sie werden bestimmt einen hohen Preis dafür zahlen müssen: das Heil ihrer Seelen, den Frieden ihrer Herzen – und nur die Verruchtesten werden dazu bereit sein. Denn nicht alle Krieger des Weißen Zaren haben diese Waffen!»

«Bist du sicher, erhabener Khan», fragt ein Offizier aus Sarai, «dass es überhaupt Menschen sind, die mit den Feuerpfeilen umgehen? Wir haben nicht einen gesehen, als das Feuer blitzte und der Donner rollte und die Krieger von den Pferden riss.»

Bordschu auf seinem Lager lacht mit geschlossenen Augen und schüttelt den Kopf.

«So kann nur einer fragen, der alles zum ersten Male erlebt hat. Natürlich sind es Menschen! Schwarzbärtige, rotbärtige, hellbärtige. Dass du keinen gesehen hast, lag an der Dunkelheit und an dem verfluchten Verrat. Sie hielten sich versteckt und ließen uns in die Falle reiten, wie der Zobel in die Schlinge tappt. Ich habe sie auch bei Tage schon gesehen. Sie brüllen und laufen wie jeder Mensch, nur eines scheinen sie für ihren Zauber hergeben zu müssen: ihr Hinterteil zum Reiten, denn ich habe noch nie einen zu Pferde gesehen.»

«Habt ihr noch keinen dieser Männer erschlagen?», fragt Daritai.

«Nein. Niemand kommt an sie heran. Warum fragst du das?»

«Weil wir uns diese Feuerpfeile einmal ansehen müssten.»

Bordschu reißt die Schlitzaugen auf.

«Wer von uns, die wir an Allah glauben, sollte einen solchen Pfeil des Teufels berühren und unrein werden? Wer?» Empört richtet er sich auf.

«Was erregst du dich so sehr, Bordschu?», fragt der Khan. «Prinz Daritai hat nicht nur ein kühnes Herz, sondern auch einen neugierigen Kopf. Dafür ist er jung – und er ist nicht der Erste, der diesen Gedanken ausgesprochen hat. Auch von meinem Sohn Amanak habe ich solche Worte schon gehört.»

«So! Dann will ich euch heilen für alle Zeiten von diesen Gedanken!» Der Schlitzäugige reißt den Rock auf. «Hier! Hier, seht es euch an, dieses Loch, das mir ein Feuerpfeil geschlagen hat.»

Amanak und Daritai blicken auf eine faustgroße Wunde in Bordschus Hüfte. Schwarz, tief gebrannt und schwärend, die ganze Hüfte zu einem roten, harten Klumpen geschwollen.

«Und jetzt reitet, reitet, bis ihr einen findet, der einen Feuer-

pfeil schießt, ihr jungen Prinzen mit den neugierigen Köpfen!»
Bordschu fällt zur Seite, und Amanak und Daritai sehen, wie ihm
der Schweiß über die Stirn läuft und hinter den Ohren im ge-
flochtenen Haar verrinnt. Ihre Augen finden sich im gegenseiti-
gen Einverständnis.

Um Bordschu nicht noch mehr zu erregen, fragt Amanak:

«Lass uns wissen, mein erhabener Vater, was du für Pläne hast.»

«Bis die Verwundeten wieder auf den Beinen sind, bleibt das
Lager hier. Dann ziehen wir weiter. Die Wagen werden nicht
ausgepackt.»

Amanak und Daritai gehen zusammen aus der Jurte.

«Wollen wir ein Stück ausreiten, wenn du geruht hast, Ande?»

«Ja, Amanak.»

In der Stunde des Abendrotes reiten sie davon. Beide haben sie
kleine Jagdpfeile im Köcher, als wollten sie am Rande des Brand-
waldes zur Entenjagd. Unauffällig reitet Amanak in die Nähe der
Wachen, um zu sehen, ob alle auf dem Posten sind. Dann sucht
er sich und Daritai einen ungestörten Platz. Hinter dem Schirm
niedriger Kiefern setzen sie sich auf einen umgestürzten, verkohl-
ten Stamm, den frisches Moos überwächst.

«Du ahnst, warum ich dich zu diesem Ritt gebeten habe?»

«Ja, Amanak. Ich habe mich gewundert, dass dein Vater so
offen von deinem Gedanken sprach.»

«Und ich habe mich nicht weniger über deine Kühnheit
gewundert, Daritai. Es war deine erste Begegnung mit diesen
geheimnisvollen Waffen, aber sie scheinen dir keinen großen
Schrecken eingejagt zu haben.»

«Das stimmt nicht, Amanak. Du glaubst nicht, wie furchtbar
es war, als das donnernde Feuer von allen Seiten in unser Heer
stob. Den meisten von uns haben sich die Sinne verwirrt. Sie
wussten nicht mehr, wohin sie ritten. Sie vergaßen, dass sie Pfeile

und Lanzen hatten. Aber meinst du nicht, dass es gerade das ist, was die Männer des Weißen Zaren erreichen wollen? Liegt nicht darin immer ihr Sieg, noch bevor der Kampf begonnen hat?»

«Du glaubst nicht an einen Zauber, Daritai?»

«Nein! Ich kann mir nicht denken, dass es dem Zaren möglich ist, jahrelang Männer zu finden, die ihre Seelen verkaufen. Ich glaube, dass die Feuerpfeile nur etwas sind, das wir nicht kennen – noch nicht kennen! Aber wir sollten uns nicht länger davon zum Narren halten lassen. Ich will dir etwas sagen, Amanak: Bevor ich lesen und schreiben lernte, glaubte ich von jedem, der es schon konnte, dass er ein besonderer Mensch sei; von Allah oder dem Ewigen Blauen Himmel ausgezeichnet – wie du willst. Bin ich nun etwas Besonderes, seit ich es kann? Nein, Amanak. So leicht lassen sich weder der große Gott noch der Ewige Blaue Himmel bewegen, und mit den Mächten des Bösen wird es nicht anders sein. Es ist nur die Einfältigkeit, die das Unbekannte geheimnisvoll macht.»

«Du musst ein seltsames Leben gelebt haben in den vergangenen Jahren, Daritai.»

«Ich weiß nicht, Ande – ich habe nur seltsame Dinge gesehen, seltsame Gedanken kennen gelernt. Aber wovon sprechen wir? Wollten wir nicht einen Plan fassen, wie wir den Männern des Weißen Zaren hinter ihre List kommen?»

«Mir scheint es, als hättest du schon einen Plan.»

«Einen Plan nicht, aber es gibt nur einen Weg: Wir müssen einen solchen Feuerpfeil in die Hände kriegen!»

«Wie können wir das, wenn wir nie in die Nähe dieser Männer kommen?»

«Habt ihr es denn schon versucht? Seid ihr nicht immer vor diesen Teufeln zurückgeschreckt?»

«Du hast Recht mit deinen Worten, aber mein Vater würde

auch nie seine Einwilligung geben, wenn er von einem solchen Plan wüsste.»

«Muss er es wissen?»

«Ich soll es heimlich tun, meinst du?»

«Du nicht, Amanak – ich!»

«Daritai! Mit dir sind wahrhaftig kühne Gedanken in unser Lager gekommen. Aber du musst es sehr heimlich anfangen, denn keiner wird auf deiner Seite sein. Im Gegenteil, sie werden …»

«Warte es ab!»

«Und wie willst du es machen?»

«Ich bin mir noch nicht klar, aber wenn ich darüber nachdenke, sage ich mir, wir müssen einen Mann mit einem solchen Pfeil fangen. Dann werden wir ihn zwingen, uns zu zeigen, wie er damit umgeht. Es kommt jetzt darauf an, wo wir ihn finden.»

«Da diese Männer nicht reiten, wird es schwer sein, weil sie sich zu gut verbergen können.»

«Sind in den kleinen Festungen überall Männer mit Feuerpfeilen?»

«Nein, nicht überall.»

«Aber wenn wir wüssten. in welchen sie sind, gäbe es einen Weg.»

«Welchen?»

«Einen Weg der List!»

«Nicht den des Kampfes?»

«Nein.»

Über Daritai und Amanak rudert ein Flug grauer Schwäne vor den leichten Wolken dahin, die zartrosa gesäumt am Himmel hängen. Und gerade, als Daritai weitersprechen will, schwirrt ein Pfeil dicht neben ihnen den großen Vögeln nach.

Amanak und Daritai fahren herum. Sind sie belauscht worden? Sie sehen sich an. Ein zweiter Pfeil wischt vorüber. Und kurz darauf knackt es in den Büschen. Der Kopf eines weißen Pferdes taucht auf und darüber ein schmales, blasses Gesicht mit traurigen Augen.

«Ich sah Jagdpfeile in euren Köchern, als ihr davongeritten seid. Ihr sollt nicht mit leeren Händen ins Lager kommen, denn in unserem Lande gibt es so viel Wild, dass es einen schlechten Eindruck machen würde.»

«Du bist uns gefolgt, Teni?», fragt Amanak und beherrscht seine Missbilligung nicht.

«Du siehst es. Aber ich habe lange nach euch suchen müssen.»

«Ich will nicht, dass du mich suchst.»

«Ich wollte Daritai finden. Ich möchte, dass er mir ein wenig von Sarai erzählt, damit ich an etwas anderes denken kann, mein Bruder.»

Amanak weiß, dass es das Schicksal ihrer Mutter ist, was ihr das Herz schwer macht.

«Komm in unsere Mitte, kleine Teni», sagt er.

Herrlich ist das Land im Süden

In den Tagen und Wochen, die nun folgen, fällt es Daritai immer wieder auf, welche musterhafte Ordnung im Lager herrscht. Es ist, als hätte es keine Niederlage gegeben. Kein Mensch spricht mehr davon. Jeder ist an seinem Platz beschäftigt, das Zerschlagene zu ersetzen, die Lücken zu füllen.

Die Schmiedeknechte haben ihre Ambosse von den Wagen geholt und schlagen neue Speer- und Pfeilspitzen. Die Wagenmacher arbeiten mit Hammer und Meißel an neuen Stangen und Rädern. Unter den Händen der Ledermacher entsteht neues Geschirr für die Pferde. Schafe und Rinder werden geschlachtet, ihr Fleisch in Stücke geschnitten und getrocknet. Die Sehnen bekommen die Röckemacher zum Nähen gebracht. In dicke Dampfwolken gehüllt, stehen die Filzmacher an ihren Bottichen voller Schafwolle, in die sie kochendes Wasser gegossen haben. Im Gleichmaß schlagen sie mit den Holzstampfern. «Filz-für-Jur-ten, Filz-für-Jur-ten», klingt es dabei eintönig im Takt.

Die Frauen bereiten in Schläuchen aus Ziegenhaut den klaren Kumis, andere tragen zwischen den Zelten der Verwundeten heißes Wasser, den Sud von Kräutern, Salben aus Schaf- und Rinderfett. Sie bringen es an die Zelteingänge, und die Gehilfen der Schams nehmen es ihnen ab.

Unablässig wechseln die Wachen. Keine bleibt länger an ihrem Platz als einen Tag. Durch den Verräter ist Kutschum gewarnt. Er will verhindern, dass Bekanntschaften geschlossen, Verabredungen getroffen werden können. Heute sind die Krieger auf Wache, morgen, wenn sie aufsitzen, erfahren sie, dass sie zur Jagd reiten müssen.

Daritai und Amanak sind dem Lager oft tagelang fern, um in den kleinen Ordus und in den Siedlungen der eingeborenen Jäger den Tribut für den Khan einzutreiben. Daritai lernt Abwehr, Niedergeschlagenheit und unverhohlene Aufsässigkeit den Forderungen gegenüber kennen, die Amanak stellt.

«Wievielmal im Jahr sollen wir Tribut zahlen, erhabener Prinz? Erst kommen die Männer des Weißen Zaren und wollen ihn, dann kommst du und holst ihn noch einmal.»

«Euer rechtmäßiger Herrscher ist Kutschum, der erhabene Khan!»

«Von den Russen haben wir gehört, dass unser rechtmäßiger Herrscher der Weiße Zar ist.»

«Wer war zuerst in diesem Land? Mein erhabener Vater oder die russischen Eindringlinge?»

«_ _ _»

«Na, dämmert es in euren hohlen Köpfen, wie haltlos es ist, was sie sagen? Warum gebt ihr den Russen, was sie von euch verlangen?»

«Warum gebt ihr! Wenn wir nicht geben, nehmen sie es sich und brennen noch obendrein unsere Jurten nieder.»

«Wollt ihr mir nun den Tribut verweigern?», fragt Amanak drohend.

«Sieh dir doch unsere Herden an, erhabener Prinz. Zwölf Jahre ist Kampf im Lande. Zwölf Jahre! Bevor er begann, waren wir wohlhabend. Und jetzt? Meinst du, unsere Schafe setzen im Jahre zweimal Lämmer, nur weil sie sich nicht einig werden können, dein erhabener Vater und der Mann, den der Weiße Zar geschickt hat? Wenn wir doch in ein Rattenloch kriechen könnten, damit uns keiner fände, bis dieser Kampf vorbei ist.»

«Aber das Recht ist auf unserer Seite. Seht hier, mein Begleiter ist der Kronprinz der nogaiischen Tataren. Er ist mit einem ganzen Heer zu uns gekommen. Nicht mehr lange, und mein Vater wird wieder herrschen in Sibir.»

Das macht den Männern großen Eindruck. Der Kronprinz der Nogaier mit einem ganzen Heer? Dann sollte es gut sein, sich die Gunst des erhabenen Khans zu erhalten. – Sie wissen nicht, wie viel Mann das Heer aus dem Süden zählt, und sie wissen nicht, dass es in der verlorenen Schlacht schon zusammengeschmolzen ist. Sie geben den geforderten Tribut. Es ist das Letzte, was sie haben.

Als die beiden wieder auf dem Heimweg sind, fragt Daritai: «Hast du erfahren, in welchem Ostrog wir die Männer mit den Feuerpfeilen finden werden, Amanak?»

«Nein, noch nicht. Mein Vater hat jede Berührung mit den Russen verboten. Wir dürfen ihre Aufmerksamkeit nicht auf uns lenken, weil wir das Lager in den nächsten Tagen abbrechen wollen.»

Ungeduldig sieht Daritai zu Amanak hinüber.

«Aber jeder Tag, der vergeht, ohne dass wir unseren Kriegern die Furcht vor den Feuerpfeilen nehmen, ist ein Tag gegen deinen Vater.»

«Du magst Recht haben, Daritai. Aber gegen seinen Befehl zu handeln, würde ich niemals wagen, und ich würde niemals meine Zustimmung dazu geben. Auch dir nicht, Ande.»

Schweigsam lenken sie die Pferde auf das Lager zu. Als sie es fast erreicht haben, hält Amanak plötzlich an.

«Bist du überhaupt sicher, dass du die Furcht bannen kannst, wenn du weißt, was hinter diesen Feuerpfeilen steckt? Wird nicht die Wirkung, wenn sie abgeschossen werden, dieselbe bleiben?»

«Nein, Amanak! Die Feuerpfeile werden zwar das Fleisch treffen wie bisher, aber dem Mut unserer Reiter werden sie keine Löcher mehr schlagen!» Daritai sagt es und will keinen Einwand mehr gelten lassen.

Am anderen Morgen tritt eine tief verschleierte Sklavin in Daritais Jurte. Sie lässt sich dicht neben dem Eingang nieder.

«Was willst du?», fragt Daritai, der eben aufgewacht ist.

«Die erhabene Prinzessin schickt mich. Ich soll dich fragen, ob du Lust zu einem Jagdritt verspürst.»

«Sage der erhabenen Prinzessin, dass ich immer Lust habe, zu jagen und zu reiten. Ich komme.» .

Am Südausgang des Lagers sieht er Tenis Schimmel. Er will zu ihr, aber noch bevor er sie erreicht, galoppiert sie durch die Wache.

Während er sie einzuholen versucht, fällt ihm auf, dass sie heute nicht die Kleidung der Krieger trägt, sondern dass ihre Arme aus einem kurzen Chalat hervorsehen, der weit und weiß über dem Pferderücken flattert. Darunter bauschen sich die weißseidenen Hosenbeine.

«Teni! Teni!», ruft Daritai. «Warum bist du mir ausgerückt? Warte doch, Teni!» Aber er sieht, dass sie ihr Pferd immer wilder vorantreibt.

Daritai lässt es bei dem Abstand, weil er sie so besser beobachten kann. Wie geschickt sie reitet, denkt er, als er sieht, wie sie ihrem Pferd am Zügel die Hilfe gibt, wenn es über einen gestürzten Baum oder über Gestrüpp geht. In ihrem Ritt ist die Freude, zu Pferde zu sein, und wieder blitzt durch Daritais Kopf das alte Mongolenlied: «Ihre Gesichter glichen Schalen aus roter Jade ...»

Ich will Teni ansehen! Ich will sehen, ob ihr Gesicht die Blässe verloren hat, ob sie aussieht wie die Töchter der Steppe, die damals über das Land ritten. Kleiner wird der Abstand zwischen ihnen – jetzt hat er sie erreicht. Er schaut zu ihr hinüber. Ihr

Gesicht ist gerötet, der Schleier hat sich gelöst, sie hält ihn mit den Zähnen. Merkt sie überhaupt, dass ich neben ihr reite? Sie ist wie versunken in ein großes Glück.

Daritai bleibt dicht neben ihr. Sie lenkt den Schimmel durch niedriges Kieferngestrüpp und hält auf einer weiten Heidefläche an. Ihr Atem geht schnell und der Schleier rutscht aus ihren Zähnen. Nun ist ihr Gesicht wirklich wie aus leuchtend roter Jade.

«Es ist schön, mit dir zu reiten», sagt sie, aber ihre schwarzen Augen streifen sein Gesicht nur.

Warum ist sie verlegen, denkt Daritai, warum ist sie nicht wie sonst, wenn Amanak dabei ist?

«Weshalb ist es schön, mit mir zu reiten?»

«Weil du nicht nach dem Wohin gefragt hast», sagt Teni. «Du bist einfach mitgeritten. Es ist so, wie ich es mir immer gewünscht habe.»

Daritai sucht ihr Gesicht, aber er sieht nur ihren hellen Nacken durch das offene, schwarze Haar schimmern. Er möchte sie am liebsten am Arm fassen und zu sich herumziehen. Aber als habe Teni seine Gedanken erraten, lenkt sie ihn schnell ab.

«Ich dachte, wir würden Galdan finden.»

Daritai durchschaut sie.

«Galdan?», fragt er. «Wer ist das?»

«Das ist ein Hirt, der eine Herde Schafe meines Vaters weidet, ein alter Wogule. Ich reite oft zu ihm. Er ist ein wunderlicher Mensch. Niemand weiß, woher er gekommen ist. Eines Tages war er da. Er erzählt die schönsten Geschichten, die du dir vorstellen kannst. Ich möchte, dass du eine von ihm hörst.»

«Wolltest du nicht jagen?»

«Aber ich jage doch schon!», lacht sie in sein erstauntes Gesicht. «Ich jage nach der Freude, wenn ich auf dem Schimmel sitze, nach der Sonne, nach dem glücklichen Leben. Und ich bin noch nie leer heimgekommen. Verstehst du mich, Daritai?» Zum ersten Mal wendet sie sich ihm ganz zu.

«Ja, ich verstehe dich gut. Du hast dich schon immer vor der Dunkelheit gefürchtet, Teni. In Sarai hast du es mir einmal gesagt.»

«Und du weißt es noch?»

Er nickt.

Mit einem Mal wirft sie die Arme hoch.

«Sieh doch, wie hell alles ist, Daritai. Die Sonne, die Erde, mein Pferd. Überall ist es hell. Dunkel wird es erst sein, wenn ich den Ewigen Blauen Himmel nicht mehr sehen kann.» Sie greift dem Pferd in die Mähne und fliegt wieder davon. – Daritai ist es, als hätte er sie zum ersten Mal gesehen.

Am Rande der weiten Heide wölkelt es grau durcheinander.

«Dort, dort, Daritai! Das ist Galdan mit der Herde!», ruft Teni und zeigt geradeaus.

Sie halten darauf zu. Die Schafe hören auf zu fressen, als sich die Pferde nähern. Sie werfen die Köpfe hoch, drängen zusammen und wollen sich zur Flucht wenden. Aber der lockende Ruf des Hirten beruhigt sie.

Den zwiefachen Ledersack auf Brust und Rücken, sieht der Mann den Reitern entgegen.

«Friede!», sagt er mit einer tiefen Stimme, als sie vor ihm anhalten.

«Friede auch dir!», erwidern Daritai und Teni.

«Ist das der Prinz aus dem Süden, von dem du immer gesprochen hast, erhabene Prinzessin?»

«Ja, das ist er.»

Unter einer uralten löcherigen Pelzmütze sehen zwei freundliche Augen zu Daritai hinauf.

«Man sieht ihm nicht an, dass er aus dem Süden kommt, erhabene Prinzessin. Er sieht aus, als wäre er einer deiner Brüder. – Nimmst du aus meiner gesprungenen Schüssel einen Trunk, erhabener Prinz?»

«Wie könnte ich zurückweisen, was du mir in gütiger Gastfreundschaft reichen willst.»

Der Ledersack gleitet von der Schulter. Die eine Hälfte wird aufgeschnürt, und nachdem der Hirt einen Augenblick darin gekramt und eine Schüssel ans Licht gebracht hat, wartet Daritai, bis sie aus der anderen Hälfte des Sackes mit Milch gefüllt ist.

Daritai trinkt und reicht die Schüssel Teni hinüber. Dann sitzen sie ab.

«Wie steht es um die Herde?», fragt Teni.

«Nicht schlecht und nicht gut. Den Lämmern macht das viele Laufen zu schaffen. Jetzt haben sie ein wenig Kräfte aufgeholt, aber wie lange noch, dann müssen wir weiterziehen.» Er macht ein bekümmertes Gesicht.

«Ja, das stimmt. Aber kannst du dich auch schon nicht mehr dieses einen Tages freuen, des heutigen und des morgigen?»

«Oh, ich kann es noch!» Ein strahlendes Lächeln glättet seine Falten. «Ich habe etwas für dich, Prinzessin.» Er setzt sich ins Heidekraut und kramt wieder im Ledersack. Nach einer Weile hält er den getrockneten Kropf einer Wildgans in den braunen Händen, den er mit Moos gefüllt hat und in dem eine leuchtende große Margeritenblüte steckt.

«Schau, erhabene Prinzessin», sagt er, «ist sie nicht schön? Drüben über der Heide ist ein kleiner Teich, dort steht ein ganzer Plan von deinen schönen Schwestern. Die Allerschönste habe ich gepflückt und dir mitgebracht. ‹Seid nicht traurig, ihr andern›, habe ich gesagt, ‹es kann wirklich nur die Schönste von euch mitkommen zu ihrer großen Schwester, die auch am liebsten ein weißes Kleid trägt wie ihr und deren Herz eine solche Sonne ist wie eure Herzen.'»

Teni nimmt die Blüte behutsam zwischen die Finger.

«Wann wäre ich schon einmal zu dir gekommen, ohne dass du mir nicht eine Freude machst. Glaubst du, dass diese Blume traurig war, weil sie von den anderen fortmusste?»

«Aber wo denkst du hin! Hätten sich ihre feinen weißen Blätter dann nicht zusammengerollt, wären sie dann nicht braun und hässlich geworden?»

«Ich glaube, du hast Recht, Galdan. Ich danke dir.»

Daritai möchte lächeln über die Einfältigkeit der beiden. Aber es will ihm nicht gelingen. Wie vieles gibt es, an dem ich achtlos vorüberreite, denkt er, und wie wenig braucht es, um Kutschums Tochter eine Freude zu machen. Daritai beobachtet den Hirten. Wenn ich ihn reden höre, könnte ich denken, die Narrheit spräche aus ihm. Aber es ist keine Narrheit. Er sieht es richtig. Die Blüten sind wirklich wie Teni, so strahlend und weiß.

«Galdan», bittet Teni, «ich habe dem Prinzen von deinen Geschichten erzählt. Wir möchten dir gerne zuhören.»

«Eine Geschichte …?» Galdan ist unsicher. «Was soll der erhabene Prinz von mir denken, wenn ich Geschichten erzähle?»

«Am Jurtenfeuer meines Großvaters war der Mann hoch geachtet, der es verstand, uns die langen Winternächte mit Geschichten kurz zu machen», zerstreut Daritai die Scheu des Hirten.

Stolz lächelt Galdan vor sich hin.

«Also gut. Aber ich will der erhabenen Prinzessin noch etwas holen. Wartet einen Augenblick.»

Als er gegangen ist, sagt Teni:

«Ich hätte es gern gesehen, wenn er im Lager meines Vaters leben würde. Es ist die einzige Bitte, die Galdan mir nicht erfüllt.

‹Im Lager höre ich nicht mehr, was sich die Bäume erzählen›, sagt er, ‹und ich kann nicht mehr hören, was der Wind spricht.› Nun dränge ich ihn nicht mehr.»

Dann sitzen sie und warten, und Daritai denkt: Träume ich das nun alles, oder ist es wahr? Ich sitze hier neben Teni, und wir warten auf einen Wogulen, der uns eine Geschichte erzählen will. Und über uns ist ein blauer Himmel und vor uns liegt eine weite Heide. Wie komme ich nur hierher?

Der Hirt steht wieder vor ihnen. Er hat seine hohlen Hände mit Himbeeren und Blaubeeren gefüllt. Er setzt sich und hält sie Teni hin. Dann beginnt er zu erzählen:

«Weit, weit im Norden, wo die Dunkelheit der Nacht länger dauert als das Licht des Tages, wo Eis und Schnee sich so mürrisch zurückziehen wie die Bären vom Bienenstock, lebte ein kleines Volk. Es war arm und suchte sich kümmerlich seine Nahrung. Aber es hatte einen König, der war stark und schön, und er hatte seinem Volk gesagt: ‹Einer aus meinem Geschlechte wird euch den Weg zeigen in ein besseres Land. Es liegt tief im Süden. Immer ist es warm dort, denn die Sonne scheint so lange, wie bei uns die Nacht währt. Keiner kennt den Weg in dieses Land, aber einer aus meinem Geschlecht wird ihn wissen.› Als dem König ein Sohn geboren wurde, musste er eine Amme suchen, die den Sohn nährte, denn Trum, der Große Gott, hatte die Mutter zu sich über den Geistersee geholt. Die Amme war eine kluge Frau und verstand die Sprache der Schwäne, die zur Zeit des Sommers aus dem Süden kamen, um im Land der Dunkelheit zu brüten. Sie erzählte dem Königssohn, was sie von den Schwänen erlauscht hatte. Die Schwäne hatten gesagt: ‹Herrlich ist das Land im Süden, reich und schön. Golden ist das Gras auf den Weiden und weich. Milch ist in den Teichen, weiß und süß. Und der Baum des Lebens wächst in diesem Land. Hoch steht er und breit ist seine Krone. Er würde Schatten geben allen, die im Gras ruhen – aber es ruht niemand dort, denn keiner kennt den Weg dorthin. Und wer ihn wüsste, würde sein Ende nicht erreichen, denn der Weg ist furchtbar. Nur wer Flügel hat wie wir, kommt nach Süden. Der Weg führt über Berge, von denen das Eis nie schmilzt, durch Moore und Sümpfe, in denen jeder Fuß versinkt. Hier ist die Erde schlimmer als das Wasser. Doch dann ist das Wasser schlimmer als die Erde, denn es ist reißend und stürzt von hohen Felsen herab. Und wenn einer wäre, der das alles bestünde, so käme er zuletzt an den großen Berg, der durchsichtig ist wie klares Wasser. Nur *einem* Pfeil wird sich dieser Berg öffnen: dem Pfeil, der aus dem unteren Beinknochen dessen geschnitzt ist, der den furchtbaren Weg überstanden hat. Aber wer weiß das! Wer weiß das!› Die Schwäne schrien ein hämisches Lachen aus ihren Hälsen. – So sagte die Amme zu dem Knaben. Seinen Beinen fehlte noch die Kraft zum Gehen, aber er sprach: ‹Ich werde der Erste sein, der das Land im Süden betritt!› Als er zu einem starken Königssohn herangewachsen war, machte er sich auf den Weg. Zuerst kam er an die schneebedeckten Berge und stieg hinauf. Der Nebel stand vor der Sonne, dass er mit den Händen jeden Schritt ertasten musste. Dann kam er zu den tiefen Sümpfen, und wieder stand Nebel vor der Sonne. Er aber lauschte auf den Schritt der Elche und schlich hinter ihnen her. Er erreichte das breite, schnelle Wasser und schwamm den Fischen nach, denn der Nebel wich nicht. Dann aber stand er vor dem durchsichtigen Berg, der in Finsternis gehüllt lag. Nun kam das Schwerste. Er musste sich aus dem Knochen seines Beines den Pfeil schnitzen. Der Königssohn stand lange, bevor er sein Messer aus dem Gürtel zog. ‹Habe ich alles überstanden, damit ich nun in der Finsternis sterben soll?›, sagte er und wagte den Schnitt. Furchtbar war der Schmerz, den er spürte, aber größer seine Kraft. Als er den Pfeil vom Bogen schoss, öffnete sich der Berg. Der Königssohn spürte keine Schmerzen mehr. Er konnte in das herrliche Land des Südens gehen, das vor ihm lag mit goldenen Wiesen, mit Teichen, in denen die Milch quoll und wo in der Mitte der Baum des ewigen Lebens stand. Da legte sich der Königssohn in den kühlen Schatten und ruhte aus von dem langen, schweren Weg.» Der Hirt schweigt.

«Und?», fragt Teni. «Ist er nicht zurückgekehrt, um sein Volk zu holen?»

«Nein, er ist nicht zurückgekehrt.»

«Aber warum nicht? Er war doch ausgezogen, um das Volk seines Vaters in ein besseres Leben zu führen. Wie konnte er das vergessen?»

«Vielleicht hat er es nicht vergessen. Vielleicht ist in diesem Südlande ein Tag so lang wie bei uns viele, viele Jahre. Vielleicht wird er noch kommen? – Vielleicht sitzt er neben uns, der Prinz aus dem Süden.»

Daritai und Teni sehen den Hirten an. Dann lacht Daritai.

«Ein Prinz bin ich, und aus dem Süden komme ich auch. Aber dort sind die Wiesen nicht golden, dort sind sie braun von der Sonnenglut, und in den Teichen ist Wasser. Wer Schatten will, der muss in die Häuser gehen. Und in den Häusern ruht man nicht, dort wird gehandelt, um Schätze, um Reichtum. Aber deine Geschichte war schön, sie hat mir gefallen.»

Als Daritai in dieser Nacht in seiner Jurte liegt, hat er einen seltsamen Traum: Er sieht sich mitten in einer Schafherde stehen, und Teni kommt auf ihn zugeritten. Sie trägt ihren weißen Chalat und hält vor ihm an. Unter ihrem Schleier sieht er kein Gesicht. «Wo ist mein Vater?», fragt sie. «Daritai, sage mir, wo ich meinen Vater finde.» Und er antwortet: «Ich weiß es nicht.» – «Doch, du weißt es! Du weißt, wo die weißen Blumen zu finden sind, die du meine Schwestern nennst, du weißt auch, wo mein Vater ist.» – «Ich weiß es nicht. Und warum nennst du mich Daritai? Daritai war ein Prinz – ich bin ein Hirt!» – «Das ist nicht wahr! Ich sehe, dass du Daritai bist, und ich werde dich finden, wohin du mit deiner Herde auch ziehst. Immer werde ich dich fragen, wo mein Vater ist.» Daritai kommt von diesem Traum noch am anderen Tage nicht los. Ich wüsste gern, was er bedeutet, denkt er. Ich möchte den Schamanen fragen. Aber wenn dieser Traum ein Unglück verheißt?

Khan oder Gefangener

Es geschieht immer häufiger, dass Daritai gerufen wird, wenn Amanak in der Jurte seines Vaters sitzt, und seine Bewunderung für den blinden Khan wächst mit jedem Zusammensein.

«Wie steht es um die Gesundheit der Krieger? – Sind die Vorräte aufgefüllt? – Was melden die Hirten von den Herden?»

Es gibt nichts im Ordu, von dem sich Kutschum nicht berichten ließe. Er vergisst nach keinem Stamm zu fragen, der verpflichtet ist, ihm Tribut zu entrichten. Unerbittlich ist er in seinen Forderungen.

«Ein Khan, der auch nur ein einziges Fell nachlässt, ist kein Khan mehr. Die Zeit, in der wir leben müssen, ist zu hart, als dass meine Untertanen mir Nachgiebigkeit als Großmut auslegen würden; für sie wäre es ein Zeichen von Schwäche. Sie würden sagen: ‹Seht, der erhabene Khan ist mit allem zufrieden, weil er uns auf seiner Seite behalten will!› Und beim nächsten Mal hätten sie überhaupt nichts mehr für mich.»

Am selben Tage, an dem Kutschum-Khan bekannt machen lässt, dass alles zum Aufbruch vorzubereiten sei, wird das Lager in Aufregung versetzt. Die am weitesten nach Nordosten vorgeschobene Späherwache bringt einen vornehmen tatarischen Händler. Er hat die Augen mit einem Tuch verbunden, das ihm die Wachen erst abnehmen, als sie sein Pferd die Gasse zur Palastjurte hinaufführen.

Die plötzliche Helligkeit blendet den Reiter. Er blinzelt und reibt sich mit den Handrücken die Augen, bevor er absitzt und hinter Amanak in die Jurte tritt. Kaum hat der Prinz seinem

Vater gesagt, wer angekommen ist, als der Khan auch schon beide Hände ausstreckt.

«Es ist selten, dass sich Gäste in meiner Jurte einfinden. Wenn dann aber ein Freund kommt, ist meine Freude doppelt groß.» Der Händler tritt vor den Khan. Seine Begrüßung ist lang und voller Ehrerbietung, ganz wie in alten Zeiten, wenn er nach Isker kam.

«Ich bin glücklich, dich in meiner Jurte zu wissen, Munglik», sagt der Khan noch einmal. «Dein Besuch war für mich immer mit Freude verbunden. Ich hoffe, dass es auch diesmal so sein wird.»

«Ich wünschte es auch, erhabener Khan, aber die Zeiten sind schwer.»

«Macht dir nur die Ungewöhnlichkeit Sorgen, mit der du zu mir geleitet worden bist?»

Munglik weiß, dass der Khan die verbundenen Augen meint.

«Nein, o Khan», sagt er ruhig, «ich füge mich in alles, was dir nützen könnte. Ich meine etwas anderes.»

«Sprich, Munglik! Außer meinem Sohn Amanak und dem Prinzen Daritai, der mir treu ergeben ist, hört uns niemand. Du kannst offen reden. Dein Ansehen ist groß wie deine Jurte, die am Flusse Tara liegt, wo sich die Männer des Weißen Zaren festgesetzt haben – und es treffen sich in deiner Jurte nicht nur Händler, die mit tatarischer Zunge reden. Du wirst mir deshalb viel Neues berichten können.»

«O Khan, ich bin glücklich, dass du dich noch an alles erinnerst, wenn du auch in deiner Güte vieles bedeutender siehst, als es ist. Vielleicht war es einmal so, wie du sagst. Aber das ist lange her. Ich wünschte, ich hätte dir bringen können, was ich dir immer besorgen durfte: die Heilkräuter aus Buchara für deine kranken Augen. Zwei Männer waren damit unterwegs zu mir, aber sie wurden von Kriegern des Weißen Zaren abgefangen, die ihnen alles abnahmen, was sie im Auftrage ihres Fürsten in meine Jurte bringen sollten. Mit leeren Händen kamen sie bei mir an. Erhabener Khan, es wird mir schwer, dir dieses zu sagen.» Das Gesicht des hoch gewachsenen Mannes ist auf den Khan gerichtet. Sein grauer, langer Bart, der in zwei dünnen Strähnen von der Oberlippe über die Mundwinkel herabhängt, zittert leicht, denn der Mann in dem vornehmen, dunklen Chalat beißt sich auf die Lippen, um seiner Erregung Herr zu werden.

«Das ist keine gute Nachricht, wahrhaftig, Munglik. Aber die Sorgen um die Freiheit unseres Tatarenvolkes sind größer als die Schmerzen in meinen Augen. Da du aber selbst diesen Weg zu mir gemacht hast, glaube ich, du bringst noch eine andere Nachricht für mich.»

«Du hast die Wahrheit erkannt, o Khan.» Munglik zögert, als suche er nach den richtigen Worten. Daritai und Amanak sehen, wie er die Hände bewegt, die er in die weiten Ärmel seines Rockes gesteckt hat. «Ich bringe dir einen Brief des russischen Heerführers, dessen Name Jeletzkij ist.»

Der Khan fasst so heftig an die Armlehnen seines Sessels, als wolle er aufspringen. Es ist totenstill in der Jurte. Daritai wagt kaum zu atmen. Er sieht von den weißen Fingerknöcheln Kutschums hinauf zu dessen Gesicht. Er sieht die hochrote Stirn, die weit aufgerissenen Augen, und Daritai denkt: Jetzt kann er sehen! Aber der Blick Kutschums geht über den Kaufmann weg. «Dich also hat der fremde Krieger, dessen Name Jeletzkij ist, zu seinem Boten gemacht!»

«Nein, o Khan, so sollst du es nicht sehen. Ich stehe nicht in seinem Dienst. Es ist vielmehr so, dass er immer von neuem um meine Freundschaft wirbt. Wenn du, o Khan, seinen Brief aus meinen Händen erhältst, dann musst du wissen, dass es mich aus mir selbst auf den Weg zu dir getrieben hat, und zum andern war es der Wunsch aller Mursen und Stammesältesten aus dem Bezirke Tara.»

Wieder ist einen Augenblick Totenstille. Als Munglik gerade weitersprechen will, sagt Kutschum:

«Ich kenne den Inhalt dieses Briefes, ohne dass er mir vorgelesen wird. Es ist nicht der Erste, den ich erhalte. Es steht darin: ‹Unterwirf dich der Herrschaft des Weißen Zaren, und nichts wird dir geschehen. Du sitzt zu Unrecht in Sibir, Khan Kutschum, Sibir gehört dem Zaren von Moskau ...› Das alles kenne ich. Neu ist nur, dass mir diese Nachricht ein Mann überbringt, für dessen Treue ich meinen Kopf verpfändet hätte!» Dick wölben sich die Adern unter der dünnen, welken Haut an der Stirn Kutschums. «Und neu ist außerdem, dass sich dieser Mann auch noch zum Sprecher anderer Verräterseelen macht.»

Wie unter einem Hieb ist Munglik zusammengezuckt. Aber er fasst sich schnell und beginnt wieder zu sprechen, ebenso ruhig, wie er vorher alles gesagt hat.

«Erhabener Khan, hätte Allah uns Menschen die Gabe verliehen, einem anderen ins Herz zu blicken, du würdest sehen, wie bitter es mich ankommt, dir diese Stunde zu bereiten, und wie schweren Herzens ich mich auf diesen Weg begeben habe. Ich ahnte, dass du nicht Treue darin sehen würdest, sondern Verrat. Deshalb habe ich vor meinem Ritt alle Geschäfte in die Hände meines Sohnes gelegt, denn ich werde meine Familie und meine Jurte niemals wieder sehen, wenn du nicht Ergebenheit in meinem Besuche erkennst. Bevor du jedoch über mein Leben beschließt, was dir beliebt, lass mich die schwere Bitte aussprechen: Mache Frieden mit dem Zaren von Moskau. Denn diesmal steht am Anfang des Briefes, den ich unter dem Rock trage: ‹... Lass uns miteinander reden, Kutschum-Khan, und lass uns gemeinsam Frieden schließen.› Und es steht auch darin, dass du Khan von Sibir bleiben wirst, wenn du den Kampf beendest. Ich habe in vielen Stunden mit dem Fürsten Jeletzkij zusammengesessen, und ich habe immer für dich gesprochen. Von deinem Recht, von deiner Macht, von deinem Blut. Und ich habe erreicht, dass er dir deine Freiheit zusichert, wenn du dich unterwirfst. Das ist ein furchtbares Wort für dich, ich weiß es, aber es gibt keinen anderen Weg mehr, o Khan. Der Weiße Zar ist so mächtig, dass du ihn niemals mehr durch Kampf aus diesem Lande vertreiben wirst. Zehn seiner Zauberwaffen erreichen mehr als tausend deiner Pfeile. Sieh dir dein Land an. Den Norden haben die Russen bis an den Ob hinauf in ihrer Hand. Ganz Mangaseja gehört ihnen. Und dann sieh dir dein Volk an. Es ist zerrissen bis in jedes Ordu, bis in jeden Aul, bis in jede Familie. Die einen sind für dich, die andern für den neuen Herrn. Es gibt kaum noch Satte in diesem Land – und für dieses Leben sollen die Männer dann auch noch kämpfen! Nein, o Khan, mach Frieden, ich flehe dich an! Ich flehe dich im Namen der Angesehenen und Edlen an, die mich schicken. Wenn es noch einen Weg gibt, ein Stück Freiheit für uns und unser altes Mongolenland zu retten, dann ist es der Frieden. Du kannst mehr für uns tun, wenn du mit weniger Rechten unser Khan bleibst, als wenn du noch jahrelang Blut von uns forderst und zuletzt ein Gefangener des Zaren von Moskau bist.»

Längst hat Kutschum die Röte im Gesicht verloren. Blass sitzt er in seinem Sessel, und als er jetzt die Hände hebt, um sie über die halb geschlossenen Augen zu decken, sieht er derart müde und alt aus, dass Munglik erschrickt.

«Du hast deine Worte so gesetzt, dass sie mein Herz getroffen haben. Ich will darüber nachdenken.»

Fassungslos starrt Amanak den Vater an.

«Du willst darüber nachdenken! Aber es gibt doch nur eine Antwort: Niemals!»

«Du hast gehört, was dein Vater gesagt hat, mein Sohn. – Munglik, gib den Brief an Daritai, damit er ihn mir vorlesen kann.»

Und nachdem Daritai widerstrebend und stockend Wort für Wort herausgebracht hat, sagt der Khan:

«Was ist dieser Ungläubige für ein Mann? Glaubst du, dass ich seinen Worten trauen darf, Munglik?»

«Ich glaube es fest. Fürst Jeletzkij ist klug. Er hat längst erkannt, dass er dich im Kampf noch lange nicht besiegen wird. Deshalb sucht er deine Freundschaft, erhabener Khan. Daraus aber solltest du deinen Nutzen ziehen. Versuche, dich mit ihm zu befreunden, dann wird Frieden im Land und Zufriedenheit im Volk sein. Glaube mir, o Khan, auf diese Weise wird der Zar von Moskau nie nach Süden vordringen können, niemals!»

«Dein Plan ist der eines Kaufmanns, nicht der eines Herrschers, und ich kann mir nicht denken, dass ihn der Führer der Ungläubigen nicht durchschaut hat. Dann wäre er entweder nicht klug, oder sein Spiel wäre falsch. – Ich bitte euch alle, lasst mich allein. Aber wartet in euren Jurten auf meinen Ruf.»

Nachdem Munglik zwei Tage lang Gast bei Kutschum gewesen ist, bringt ihn die Leibwache des Khans wieder aus dem Lager. Mit seinem Wunsch, ihm die Augen zu verbinden, ist er dem Gebot Kutschums zuvorgekommen.

Wie bei seiner Ankunft trägt er einen Brief unter seinem Rock, dessen Inhalt so schwerwiegend ist, dass er Munglik wie eine Last drückt.

Habe ich richtig gehandelt, dass ich den erhabenen Khan so

sehr beeinflusst habe? Wieder und wieder muss der Kaufmann das denken. Und in der Finsternis vor seinem Blick wird diese Frage immer drohender. Allah soll euch strafen, wenn die Zweifel, die der Khan an der Ehrlichkeit des russischen Fürsten hegt, berechtigt sind. Und Mungliks Gedanken gehen Zeile für Zeile durch den Brief, den Daritai auf Kutschums Geheiß geschrieben hat …

«Gott ist groß!

Der freie Mann Khan Kutschum entbietet dem Fürsten den Gruß. Wovon willst du mit mir reden? Hast du Befehl von deinem Herrscher, dem Weißen Zaren? Wenn du Befehl hast, bin ich bereit zu einer Unterredung. – Mein Wort lautet so: Ich bitte den Weißen Zaren, mir das Land jenseits des Irtysch zu belassen. Dich, Fürst, aber bitte ich um Folgendes: Zwei Leute, die für mich unterwegs waren, hat der Große Gott in deine Hand gegeben. Was sie mir an Geschenken bringen sollten, haben deine Männer genommen; behalte es. Nur um eines bitte ich dich: Meine Augen sind krank, jene Boten brachten Heilkräuter. Um diese bitte ich dich!

Ich habe seit der Ankunft Jermaks mein Wort nicht gebrochen. Ich habe euch Sibir nicht gegeben – selber habt ihr es euch genommen. Jetzt bin ich bereit, Frieden zu schließen. Schicke Gesandte – lass uns miteinander reden.»

Einer muss am Leben bleiben

Das erste Ereignis, das die Zweifel des Khans zu bestätigen scheint, ist die Nachricht, die der Kundschafter Kötschu zu Beginn des Herbstes ins Lager bringt: Am See Usiuk haben Krieger des Weißen Zaren das kleine Heer überfallen, mit dem Prinz Alei die Unternehmungen der Russen aus nächster Nähe beobachtet hat.

«Es kann nicht anders als durch Verrat gekommen sein, dass die Männer des Weißen Zaren erfahren haben, wo dein erhabener Sohn sein Lager aufgeschlagen hatte», berichtet Kötschu. «Sie überfielen es so unerwartet, wie ein Gewitter im Blütenmonat plötzlich über den blauen Himmel zieht. Von allen Seiten zuckten die Blitze, und der Donner rollte überall, wohin die Reiter deines erhabenen Sohnes sich auch wenden wollten.»

«Was ist geblieben von seinem Heer?»

Kötschu schweigt.

«Und mein erhabener Sohn?», fragt Kutschum.

«Er soll aus vielen Wunden geblutet haben, aber er ist nicht tot.» Keiner der Männer, die in der Jurte und um den Khan sitzen, wagt ein Wort.

«Nun sind drei meiner Söhne in den Händen der Ungläubigen – drei meiner Söhne.» Er stützt den Kopf in die Hände. «Mametkul war der Erste, dann Abdul Chair und jetzt Alei. Die Prüfungen, die mir Allah auferlegt, sind sehr hart.» Der Khan spricht es mehr zu sich als zu den andern.

Nur Bordschu kann nicht länger an sich halten:

«Das also ist der Frieden, zu dem Munglik geraten hat! Der

Teufel soll ihn an der Zunge durch die heiße und die kalte Hölle ziehen! Hat Munglik nicht gesagt, dass der Fürst der Ungläubigen mit dir reden will? Nun hat dir dieser Fürst gezeigt, welche Sprache er meint. Erhabener Khan, antworte ihm in der Gleichen!»

«Was beleidigst du Munglik? Ich zweifle an seiner ehrlichen Absicht nicht. Wenn einer falsches Spiel treibt, dann dieser Russe. Und nicht einmal das ist sicher, denn mein Sohn Alei lagerte mit seinen Reitern so weit von Tara entfernt, dass den Überfall ein anderer Trupp der Ungläubigen gemacht haben kann.»

«Ach, ist das nicht gleich! Nimm Rache, erhabener Khan! Räche deine Söhne nicht einmal, sondern zehnmal, hundertmal!»

Der Khan wendet den Kopf in die Richtung, aus der Bordschu gesprochen hat.

«Einmal berät mich ein schlauer Krämer und einmal ein hitziger Säbelträger, und jeder würde den Rat des anderen verwerfen. Aber noch geschieht, was ich will! Ich habe mein Wort gegeben, nicht zu kämpfen, bis mir Munglik die Antwort bringt. Erfüllt sie meine Erwartungen, wird Frieden sein; erfüllt sie meine Erwartungen nicht, werden wir in die Schlacht ziehen. Diese Schlacht aber wird über unser Leben entscheiden, über das Leben eines jeden von uns.»

Damit sind die Männer entlassen.

Noch am gleichen Tage treffen sich Amanak und Daritai. Warm und strahlend fällt die Sonne durch die Öffnung des Jurtendaches. Wie eine helle Glocke hängt das Licht in der Mitte des runden Raumes, in dem Dämmerung herrscht, denn sie haben die Tür vorgezogen. Gedämpft sind die Stimmen, die aus diesem Halbdunkel kommen. Nur einmal sind die Worte deutlich zu vernehmen, als Daritai fragt:

«Glaubst du wirklich an Frieden, Ande?»

«So wenig wie du.»

«Dann stelle dich nicht länger gegen meinen Plan.» Die letzten Worte verschwimmen schon wieder wie im Nebel.

Am anderen Morgen führt Amanak einen Kaufmannswagen an der Nordwache vorbei, den ein Trupp von zwanzig Reitern in die Mitte genommen hat.

Die Wächter sehen hinterher.

«Schon wieder ein Händler im Lager des erhabenen Khans, und sogar mit einem Wagen. Hätte der Mann nicht die Augen verbunden, könnte man glauben, es wären friedliche Zeiten gekommen», sagt einer.

«Und es müssten nicht so viele Krieger bei einem Kaufmann sein», sagt ein anderer. Und ein dritter, der noch kein Auge von den Reitern gelassen hat, sagt: «Ich möchte bloß wissen, was Kötschu bei denen zu suchen hat!»

«Kötschu soll dabei gewesen sein?», fragen die andern wie aus einem Mund.

«Ja, Kötschu – oder ich schiele.»

«Dann kannst du auch behaupten, dass der Kaufmann im Wagen so aussah wie Prinz Daritai!», lacht einer. Dann verstummen sie schnell. Amanak reitet an ihnen vorbei, ins Lager zurück.

Vier Tage ist Daritai mit seinen Begleitern unterwegs. Längst hat er das Tuch von den Augen genommen. Am ersten Tag ritten sie in wärmender Herbstsonne, am zweiten Tag wölbte sich der Himmel grau über ihnen, am dritten Tag durchnässte die Reiter ein anhaltender Regen.

Heute, am vierten Tag, treibt der Sturm dicke, graue Wolkenmassen über ihnen hin. In einem undurchdringlichen Laubwäldchen halten sie an.

«Sturm oder Regen», sagt Kötschu zu Daritai, «das ist das beste Wetter, das wir uns wünschen können. Allah ist mit uns!» Daritai nickt.

Die Erregung flackert in den Augen jedes einzelnen Reiters. Die Spannung steht ihnen greifbar im Gesicht. Sie lassen keinen Blick von Daritai, der mit dem Messer in seinen Pelzkragen schneidet, den Ärmel aufschlitzt, ein Loch in die Mütze sticht, seine Stiefel auffetzt und Hände und Gesicht zerkratzt, dass ihm das Blut in die Kleider rinnt. Er ist ganz ruhig, als er noch einmal vor die Reiter tritt.

«Amanak, der erhabene Prinz, hat euch mit mir geschickt, weil er sich für den Mut eines jeden von euch mit seinem Leben verbürgen würde. Ihr wisst, dass ich Männer mitbringen will, die Feuerpfeile bei sich tragen. Schlagt sie nieder, aber denkt daran: Einer muss am Leben bleiben – einer muss leben! Lasst euch weder von dem Blitz noch von dem Donner verwirren, es ist kein Zauber dabei, glaubt es mir! Denkt daran, dass wir der Sache unseres erhabenen Khans mit dem, was wir vorhaben, einen großen Dienst erweisen.» Jetzt lächelt Daritai sogar, dann springt er aufs Pferd.

«Vergiss nicht, erhabener Prinz», sagt Kötschu, «die ganze Talsenke ist vom Ostrog aus zu übersehen.» Und dann sagt er feierlich: «Allah segne deinen Weg.»

Solange von Daritai noch etwas zu sehen ist, folgen ihm die Blicke seiner Krieger.

Bevor Daritai in die ungeschützte Ebene reitet, sieht er, gedeckt von den letzten niedrigen Büschen, ins Land. Vor ihm liegt, noch unscheinbar, das Viereck einer kleinen Festung. Eine hohe hölzerne Mauer, aus der sich an den Ecken niedrige Türme erheben, verschließt die Sicht ins Innere. Ich kann den Weg nicht verfehlen, denkt Daritai. Er ruckt am Zügel, und das Pferd tritt aus dem Wald.

Der Kommandant des Ostrogs hat gerade seinen Kontrollgang beendet. Schwer lässt er sich auf die Holzbank mit dem weißen Schaffell sinken und greift nach dem Tonkrug. In langen Zügen trinkt er und setzt ihn erst ab, als er Luft holen muss.

«Kumis», lacht er vor sich hin. «An was man sich alles gewöhnen kann! Schmeckt gar nicht so schlecht, wenn man nichts anderes hat. Bloß zu viel muss man davon saufen, bevor einem warm wird.»

Plötzlich poltert es die Treppe herauf. Die Tür wird aufgerissen. «Väterchen Jakov Michailowitsch, du bekommst Besuch. Sieh her, wen wir bringen!» Zwei Wachsoldaten schieben einen Mann in den Raum.

Der Kommandant setzt den Krug hin.

«Ihr bringt einen Tataren, wenn ich richtig sehe», sagt er würdevoll. «Woher kommt dieser Mann?»

«Am Südtor hat er um Einlass gebeten», gibt einer der Soldaten Auskunft. «Er scheint nicht ganz richtig im Kopf zu sein. Entweder vor Angst, oder er ist schon so auf die Welt gekommen. Er redet alles durcheinander.»

«Der Mann blutet», sagt der Kommandant, stellt sich breitbeinig hin und stemmt die Arme ein. «Wo kommst du her, Sohn der Steppe?»

«Oh, oh!», stöhnt der Tatar und schlägt die Hände vor das Gesicht. «Unglück! Viel Unglück! Vater erschlagen – Sklaven erschlagen! Alle tot!»

«Erschlagen? Wo erschlagen?», fragt der Kommandant.

«Alle tot!», klagt der Tatar. «Nur ich leben! Wagen umgeworfen, Pferde gestohlen!»

«Wer hat den Wagen umgeworfen und die Pferde gestohlen?»

«Tatar! Tatar! Weil Vater bringen viele Sachen zu dir, großer Mann von Weißer Zar.»

Der Kommandant versteht nicht so schnell. Er fragt immer wieder, bis er endlich begreift: Dieser Tatar und sein Vater wollten Waren in den Ostrog bringen. Unterwegs wurden sie von Getreuen Kutschums überfallen.

«Setz dich, Steppensohn», sagt der Kommandant. «Hier, trink!» Der Tatar setzt den Krug an den Mund.

«Kumis», lächelt er blöde, «guter Kumis.» Aber bevor er trinkt, heult er wieder. «Vater tot – Wagen umgestoßen – Vater tot!»

«Wer tot ist, wird auch vom Heulen nicht mehr lebendig!» Der Kommandant wird ungeduldig. «Was hattet ihr denn im Wagen?»

«Gute Sachen. Viele Pelze, schöne –», der Tatar sucht nach dem richtigen Wort und fasst an den Rock des Kommandanten. «Hier! Hier!»

«Du meinst Stoffe, mein Sohn», sagt der Kommandant wohlwollend.

«Fleisch, Fleisch von – määäh!» Der Tatar blökt, dass die drei Russen sich umsehen, ob nicht wirklich ein Schaf in der Stube ist.

«Gut, mein Sohn», sagt der Kommandant noch um einiges freundlicher.

«Und noch hier …» Der Tatar zeigt umständlich, dass er eine Kette meint. «Für großen Mann von Weißer Zar. Und hier …», er deutet einen Ring an, «auch für großen Mann von Weißer Zar.»

Die Augen des Kommandanten beginnen zu glänzen.

«Du bist ein guter Steppensohn. Und jetzt zeig mir, wo euch Kutschums Männer überfallen haben.» Er zieht den Tataren ans Fenster.

Sofort geht das Zetern wieder los. Dann zeigt er in die Richtung nach Süden.

«Männer von großen Khan nicht alles genommen. Bloß Vater tot – Wagen um – und reiten, reiten!»

«Aha, so ist das! Warum hast du das nicht gleich gesagt?» Der Kommandant sieht die beiden Wachsoldaten an. «Dann werden wir uns den Wagen holen. Du kommst mit und zeigst uns, wo er liegt.»

Der Tatar zieht den Kopf zwischen die Schultern.

«Oh!», wimmert er. «Krieger von Kutschum-Khan!»

«Ach was, mit denen werden wir fertig!»

«Du reiten mit großem Donner?» Das Gesicht des Tataren verzieht sich zu einem immer breiteren Grinsen. «Ich mit, wenn du nimmst großen Donner.»

Der Kommandant macht ein nachdenkliches Gesicht. «Gewehre mitnehmen?», fragt er die Wachsoldaten.

«Warum nicht, Väterchen Jakov Michailowitsch? Irgendwo werden die Tataren vielleicht lauern. Wenn wir Gewehre mithaben, wagen sie sich nicht heran.»

«Du hast Recht, Brüderchen. Also sattelt zehn Pferde.»

«Reitest du selbst mit, Vater Jakov?»

«Aber wo denkst du hin! Mein Ansehen würde leiden, wenn ich mich wegen eines umgestürzten Wagens aus dem Ostrog begäbe. Was stehst du so nachdenklich da, Wanja?», wendet er sich an den anderen Wachsoldaten.

«Ich weiß nicht, ich weiß nicht! Mir ist nicht wohl bei der Sache.»

Da lacht der Kommandant schallend heraus.

«Denkst du, es ist eine Falle? Diese Zeiten sind für uns vorbei! Fallen werden Kutschum gestellt, uns nicht mehr. Außerdem, sieh dir doch diesen Steppensohn an, der hat wirklich gekämpft!»

Als die Reiter aus dem Ostrog sich der Stelle nähern, wo der Wagen liegen soll, beginnt die Dämmerung zu sinken. Heulend fegt der Sturm über ihnen. Immer ängstlicher sieht sich der Tatar nach allen Seiten um. Die Reiter, die ihn in ihre Mitte genommen haben, machen sich über seine Angst lustig. Er lacht blöde mit über ihre Späße und schielt auf ihre Gewehre. Dann jammert er wieder.

Als sie kurz vor dem Walde sind, zeigt er plötzlich nach rechts, und ein Schwall tatarischer Laute kommt aus seinem Mund. Die russischen Reiter sehen es auch: ein umgestürzter Wagen.

Sie galoppieren hin. Leblose Gestalten liegen neben dem Gefährt.

Die Reiter sitzen ab und steigen über die regungslosen Körper. Der Erste hat den Wagen erreicht. Er steckt den Kopf unter die Plane, die sich über einem Gestell aus Weidenruten spannt. Plötzlich stolpert er. Ein unverständliches Grunzen ist noch von ihm zu hören, dann verschwindet er im Innern.

Im Aufheulen des Sturmes knacken und brechen die Bäume. Die Russen achten nicht darauf. Nur zwei, die auf den Pferden geblieben sind, sehen die hervorbrechenden Reiter. Sie schreien auf, aber ihre Rufe kommen nur noch halb aus den Kehlen. Im nächsten Augenblick sinken sie von den Pferden.

Jetzt werden mit einem Schlage die Toten um den Wagen lebendig. Unter der Plane springen Krieger hervor, und der jammernde Tatar verwandelt sich in einen um sich hauenden Kämpfer.

«Für Kutschum-Khan!», schreit er.

«Und für Prinz Daritai!», brüllen die andern.

Die Überrumplung geht so schnell vor sich, dass nicht ein einziger Schuss fällt. Nur Schlagen und Stechen ist um den Wagen. Einer der Russen will sich aufs Pferd retten, aber Kötschu springt an den Zügel, reißt ihn vom Gaul und sticht zu.

Der Kampf ist vorüber. Neun tote Russen liegen im Gesträuch. Nur der, den sie in den Wagen gezogen haben, lebt. Daritai befiehlt, den Bewusstlosen aufs Pferd zu binden. Den Wagen lassen sie liegen. Die Pferde der Russen koppeln sie aneinander, um sie vor sich herzutreiben. Dann jagen sie davon.

Daritai rechnet damit, dass der Kommandant des Ostrogs die Verfolgung aufnehmen wird, sobald er merkt, dass seine Männer doch in eine Falle gegangen sind. Es gilt, einen großen Vorsprung zu bekommen und vor allem Begegnungen zu vermeiden, denn jeder Mensch in der Umgebung wird ausgefragt werden. Um sie geschickt zu führen, ist Kötschu, der Kundschafter, gerade der Richtige.

Kugeln und Pulver

«Mein erhabener Vater!», beginnt Amanak einige Tage darauf ein Gespräch vor dem Khan. «Ich weiß, dass du mir gram sein wirst wegen der Eigenmächtigkeit, mit der ich gehandelt habe. Ich weiß, dass ich lange auf dein Verzeihen werde warten müssen, weil ich ohne deine Zustimmung und ohne dein Wissen einem Tun Hilfe geleistet habe, das du in deiner Weisheit nicht billigen wirst. Ich bitte dich aber, zu bedenken, bevor du alles verwirfst, dass mich die Sorge um unseren Kampf dazu verleitet hat ...»

«Was willst du mir nun sagen, mein Sohn?», unterbricht der Khan und lächelt.

Amanak holt tief Luft.

«Verzeih mir, mein Vater – hier in deinem Lager befinden sich fünf Feuerpfeile und ein Mann des Weißen Zaren, der damit umzugehen versteht.» Und jetzt, da es heraus ist, spricht Amanak schnell weiter. «Er hat es uns gezeigt, wie sie abgeschossen werden, und ich weiß bestimmt, dass kein Zauber dabei ist. Wenn du es erlaubst, soll es bald jeder deiner Krieger wissen, damit die Furcht von ihnen genommen wird.»

Der Khan zieht den Arm zurück, auf dem Amanaks Hand lag.

«Sage mir, wie es möglich war, dass dieser Mann in mein Lager kam.»

«Der Plan, ihn zu holen, ist von Daritai. Aber das soll meine Schuld nicht kleiner machen, denn ich kleidete Daritai als Händler, gab ihm den Wagen und suchte ihm die besten meiner Männer aus. Und ich befahl Kötschu, sie an den Ostrog zu führen.»

Mit wenigen Worten weiß Kutschum, wie es weitergegangen ist. Er lehnt sich im Sessel zurück.

«Ist es schon so weit, dass der Sohn keine Ehrfurcht mehr vor dem Willen des Vaters hat?», fragt er streng. «Wie kann ich Gehorsam von den Männern meines Volkes erwarten, wenn mein Sohn Entscheidungen trifft, von denen ich nichts weiß.»

Der Khan wirft Amanak nicht Ungehorsam vor, und Amanak versteht, was das bedeutet.

«Deine Güte ist so groß, dass mein Verstand es nicht zu fassen vermag, erhabener Vater.»

«Erzähle mir alles, was du weißt», sagt der Khan.

Amanak langt in die Tasche seines Rockes und legt eine Kugel in die offene Hand Kutschums.

«Hier, mein Vater.»

«Was ist das? Du hast etwas Rundes in meine Hand gelegt.»

«Es ist die Kugel, die aus dem Rohr fliegt, wenn der Russe den Feuerpfeil abschießt.»

Der Khan richtet die Augen darauf, als könnte er sie sehen.

«Bevor er sie aber aus dem Rohr drücken kann, muss er erst ein wenig Pulver hineinstreuen und mit einem Feuerstein daraufschlagen. Das ist der Blitz und der Donner.»

«Aus ein wenig Pulver fährt Blitz und Donner? Und dabei soll kein Zauber sein?»

«Nein, mein Vater, denn es ist kein gewöhnliches Pulver. Aber wenn es nass wird, ist es so kraftlos und ungefährlich wie Steppenstaub.»

«Und der russische Krieger? Wie ist dieser Mann?»

«Er trinkt und isst und schläft, und ich habe gesehen, dass er an einer Kette ein Bild trägt, auf dem der Christengott zu sehen ist. Und wenn ich sage, er soll den Feuerpfeil schießen, dann macht er es. Es stimmt auch nicht, wie Bordschu vermutet, dass die

Männer nicht reiten können. Dieser Mann reitet vorzüglich, und er hat uns gesagt, dass die Träger der Feuerpfeile nur deshalb nicht zu Pferde sind, weil sich das Pulver beim Reiten schlecht aufschütten lässt. Und er hat noch gesagt, dass er nicht mehr schießen kann, wenn das Pulver verbraucht ist.»

«Also liegt doch ein Zauber bei diesem Pulver!»

«Nein, erhabener Vater!», sagt Amanak fest.

«Warum bist du so überzeugt?»

«Weil Daritai auch mit dem Feuerpfeil umgegangen ist.»

«Daritai?», fragt der Khan fassungslos.

«Ja. Und Daritai kennt bestimmt keinen Zauber.»

«Sag mir die Wahrheit, mein Sohn, hast du diesen Feuerpfeil ebenfalls berührt?»

«Ja.»

«Großer Gott! Warum hast du mir das Licht meiner Augen genommen, dass ich nicht mehr sehen kann, ob mein Sohn noch so aussieht wie immer!»

Amanak nimmt die Hände seines Vaters und legt sie sich auf das Gesicht.

«Fühle, es, mein Vater!»

Eine Zeit lang ist Schweigen. Dann sagt der Khan:

«Lass alle Krieger auf den Platz vor meiner Jurte holen, und wenn sie versammelt sind, lass meinen Sessel hinaustragen. Dann führe den Krieger in unsere Mitte, damit jeder den Feuerpfeil berühren kann. Der Mann soll meinen Reitern zeigen, wie er ihn abschießt. Vielleicht wird Daritais Mut dazu beitragen, dass wir den Sieg erringen, wenn wir noch einmal zum Kampf reiten.»

Es gibt in den nächsten Wochen im Ordu kein anderes Gespräch als von dem Mann mit dem Feuerpfeil. Die alten unter den Kriegern machen noch immer abwehrende Gesichter und wenden sich weg, wenn sie hören, wovon gesprochen wird. Die jungen aber sagen:

«Wir müssten diese Rohre auch haben, dann wäre der Kampf nicht mehr ungleich!»

Wojeikow lachte nur

Der Sturm aus der Gobi, der das Nahen des Winters verkündet, weht seit Tagen über dem Lande. Er rüttelt an den Wagen, zerrt an den Halteseilen der Jurten und treibt die Herden dichter zusammen. Hoch wirbeln die Distelbüsche, und die Menschen ducken sich: Die Steppenhexen sind in der Luft! Schließt die Jurten gut vor ihnen!

Von Tag zu Tag unruhiger sitzt der Khan in der Jurte. Nicht selten, dass er aufsteht und umhertastet, und nicht selten, dass er sich von Amanak den Schimmel bringen lässt, um mit ihm auszureiten. Immer lenkt er seinen Ritt nach Nordosten.

«Sage mir, was du siehst, mein Sohn.»

Amanak weiß, dass sein Vater darauf wartet, zu hören: Ich sehe Reiter, einen kleinen Trupp; sie haben einen Mann in der Mitte, der nicht die Kleidung der Krieger trägt. Aber Amanak sieht einen solchen Trupp nicht.

Und als diese Reiter eines Tages wirklich auf das Ordu zuhalten, sitzt der Khan in der Jurte, den Kopf weit zurückgebeugt an die Sessellehne. Er horcht auf die eintönige Melodie, die ein Krieger auf der Hirtenflöte spielt. Frauen und Töchter des Khans hocken auf den Teppichen, und Teni, die neben dem Vater sitzt, singt leise vor sich hin …

«Es weht und weht der Wind.
Wenn der Wind weht, wachsen die Rosen.
Wenn ich mein Lied anstimme,
kommen mir meine Freunde in den Sinn …»

«Singe weiter, meine Tochter», sagt der Khan und legt die Hand auf ihren Kopf, und seine Finger spielen mit den goldenen Tropfen, die an ihrem Kopfschmuck hängen.

Und wieder beginnt sie:

«Von hohen, hohen Jurten
steigt der Rauch in die Höhe,
einem Pferdehaare gleich.
Wenn die Heimat mir in den Sinn kommt,
wird die Nacht einem Jahre gleich ...»

«Schweige, Teni!», sagt der Khan plötzlich. «Ich höre Reiter in scharfem Trab die Gasse heraufkommen.»

Der Spieler setzt die Flöte ab. In diesem Augenblick betritt Amanak die Jurte.

«Der, auf den du lange warten musstest, ist in dein Lager gekommen, mein Vater.»

«Munglik!» Aufrecht sitzt der Khan im Sessel. «Geht hinaus, meine Frauen und Töchter, die ich gern um mich hatte. Jetzt ist die Zeit der Entscheidung gekommen, und in meiner Jurte haben nur noch die Männer Platz.»

Als Munglik eintritt, sitzen Amanak und Daritai neben dem Khan, und als er am knisternden Jurtenfeuer vorbeigeht, denkt er: Es ist gut, dass Kutschum blind ist, denn könnte er mir ins Gesicht blicken, wüsste er alles. So aber bleibt ihm die Hoffnung noch zwei Atemzüge länger.

«Du hast sehr auf mich warten müssen, o Khan», sagt Munglik.

«Gewiss, Freund», antwortet der Khan, «aber jetzt bist du hier und die Ungeduld ist vergessen. – Hattest du Ungemach zu dulden auf deinem Ritt?»

«Nein, o Khan. Der Ritt war leicht; nur an dem Brief, den ich bringe, habe ich schwer getragen.»

«Dann ist es nicht die Nachricht, die wir erhofft haben!», sagt der Khan gefasst, und es klingt beinahe, als ob er in der ganzen Zeit des Wartens mit nichts anderem gerechnet hatte.

«Es ist, wie du sagst, o Khan.»

«Hat der Fürst ein falsches Spiel getrieben?»

«Nein, o Khan. Ich war meiner Sache bei dem Fürsten sicher. Seine Zusicherungen kamen aus einem ehrlichen Herzen. Aber als ich in meine Jurte heimkehrte, erfuhr ich, dass Fürst Jeletzkij zu seinem Zaren nach Moskau gerufen wurde und dass ein neuer Heerführer in Tara eingezogen sei. Kein Fürst, sondern ein Offizier, ein Woiwode, wie es in der Sprache der Russen heißt. Sein Name ist Wojeikow. Ich habe ihn sogleich gebeten, mein Gast zu sein. Er aber kam nicht, sondern ließ mich in sein Haus holen. Und als ich ihn sah, o Khan, wusste ich – es ist alles vergebens gewesen.»

«Was sagte er zu meinem Brief?»

«Verzeih, o Khan …» Munglik senkt den Kopf, als schäme er sich. «Wojeikow lachte», sagt er leise. «‹Sibirien gehört dem Zaren von Moskau!›, rief er, ‹und wenn dieser Khan ohne Land und Recht nicht von selbst kommt, dann werde ich ihn fangen und nach Moskau bringen. Ich sehe, es war Zeit, dass Jeletzkij aus Tara fortkam. Mit Kutschum verhandeln! Um eine Sache feilschen, die uns längst gehört, das fehlte mir! Von jetzt ab weht ein anderer Wind in Sibirien. Kutschum wird es bald merken, und er soll es gleich mit diesem Brief erfahren, den du ihm bringen wirst.› So war seine Rede, o Khan. Erspare mir, jedes Wort zu wiederholen. Du ahnst nicht, wie betrübt mein Herz ist über den Fehlschlag meiner Bemühungen.»

«Warum ist dein Herz über etwas betrübt, das weder ein Pferd noch ein Ochse geworden wäre! Ich habe Zeit gehabt, über alles nachzudenken, und ich glaube, dass es gut ist, wie es nun kommt.»

«Du meinst, die Entscheidung durch den Kampf ist die bessere?»

«Ja, Munglik.»

«Aber woher wirst du die Reiter nehmen, die du gegen Tara führen willst?»

«Mein Plan ist lange fertig. Ich werde mit dem Lager in die Baraba-Steppe ziehen.»

«Du willst in die Baraba-Steppe, jetzt, da der Winter hinter dem Sturm wartet?»

«Ja, ich will es! Dort habe ich viele Freunde, und es sind Tataren, denen das Blut, aus dem ich stamme, noch genug gilt; denen der Kampf für die Freiheit unserer alten Erde noch wichtiger ist als der Platz am warmen Jurtenfeuer und die Schätze unter dem Truhendeckel.»

«Deine Worte sind Pfeile, o Khan, und ich weiß, dass du die Gedanken jener Männer treffen willst, die im Sommer in meiner Jurte saßen und mich baten, zu dir zu reiten. Aber du sollst wissen, dass die meisten von ihnen jetzt, da Wojeikow in Tara sitzt, wieder auf deiner Seite sind. Sie werden mit ihren Reitern bei deinem Heer sein, wenn der Kampf beginnt. Lass mich wissen, wann du gegen Tara ziehen wirst. Ich werde rechtzeitig für dich werben.»

«Im ersten Monat der abwärts wandernden Sonne.»

Noch in der Nacht beginnen die Vorbereitungen zum Aufbruch. Schnelle Reiter jagen aus dem Lager, um die Herden an das Ordu heranzutreiben. Im Morgengrauen werden die Jurten abgebrochen, ihr Filz und die hölzernen Gestelle auf die Wagen gepackt. Die Reitpferde werden auf dem Platz vor der Jurte des Khans gesammelt.

Blökend wuseln die Schafe am Lager durcheinander. Die jüngsten Lämmer werden herausgesucht und in Weidenkörbe gepfercht. Wenn der Zug losgeht, wird jede Frau, die zu Pferde ist, ein Lamm unter ihren Pelz nehmen. Vorbei ist die Zeit der bunten Chalate, der leuchtenden Röcke, der geschmeidigen Schuhe. Dicke Pelze und wulstige Filzstiefel sind von den Wagen geholt worden. Jeder weiß, was dem Zug bevorsteht, der sich mit dem Winter auf halbem Wege treffen wird.

Kein unnötiges Wort fällt. Nur die Kinder tollen ausgelassen im Durcheinander des Packens. Sie klettern auf die Wagen, verstecken sich unter Pelzen und Decken, zupfen die Lämmer an den Schwänzen und fragen immer wieder:

«Wann fahren wir endlich? Wann geht es los?»

Bevor die Palastjurte aufgeladen wird, sitzt Daritai noch einmal mit dem Khan und Amanak zusammen.

«Ich werde ein großes Heer brauchen, wenn es gegen Tara geht», sagt der Khan und wendet sich Daritai zu.

«Und je tapferer es ist, um so besser für dich», sagt Daritai.

«Glaubst du, dass dein Vater bereit ist, mir noch einmal Krieger zu schicken, Daritai?»

Mein Vater – Sarai – wie lange ist es her, dass meine Gedanken dorthin gefunden haben, geht es Daritai durch den Kopf. Aber jetzt kommen sie auf ihn zu, immer drängender, immer drohender: Krieger aus Sarai für Kutschum? Er besinnt sich auf den bösen Streit, den er mit seinem Vater hatte, um die fünfhundert Krieger zu bekommen. Nun will Kutschum abermals …

«Sarai ist sehr weit von Sibir, erhabener Khan, und mein Vater führt ein anderes Leben als du …» Er weiß nicht weiter. Er sucht verzweifelt nach den richtigen Worten. Da fällt ihm etwas ein. «Ich wüsste eine Möglichkeit, meinen Vater zu bewegen», sagt er. «In deinem Lande gibt es Tiere, die Marale heißen. Wenn du meinem

Vater einige Geweihe dieser Tiere zum Geschenk machst, wird es leicht sein, von ihm Krieger zu erhalten.»

Verständnislosigkeit zeichnet sich auf dem Gesicht Kutschums.

«Dein Vater würde Krieger für Maralgeweihe tauschen?»

«Ja, erhabener Khan. In Sarai wird gehandelt.»

«Auch in Isker wird gehandelt, aber diese Art des Handelns begreife ich nicht. – Warst du gern in Sarai?»

«Erlass mir die Antwort.»

«Gut, ich werde Geweihe nach Sarai schicken.»

Wiedersehen und Abschied

Tag um Tag strebt der Zug nach Osten, dem Sturm entgegen, dem Winter entgegen. Eben noch waren den Menschen die Pelze lästig. Aber je länger die Nächte werden, desto notwendiger wird ihnen die wärmende Kleidung. Besonders am Morgen, wenn der Reif auf der Steppe liegt und der Zug lange vor Tagesanbruch zum Weiterziehen rüstet.

Sie kommen gut voran, denn der Weg durch die Steppe ist ohne Hindernisse. Nur weit ist er, sehr weit. Die Pferde, die Ochsen vor den Wagen, die Herdentiere werden mager. Aber noch finden sie nachts ihre Weide. Und als der erste Schnee fällt, ist er nass und gibt nur eine dünne Decke, die sich gut von den breiten Hufen wegscharren lässt.

Um die Zugtiere zu schonen, laufen die Kinder neben den Wagen her. Wenn der Zug hält, suchen sie trockene Disteln und Tamariskenbüsche, damit der Feuerungsvorrat aufgespart werden kann.

Als der Zug das Hügelland vor der Baraba-Steppe erreicht, horchen die Menschen eines Morgens verwundert aus den Wagen.

Eine unheimliche Stille liegt über dem Lande. Der Sturm, der sie seit dem Aufbruch begleitet hat, ist wie aus der Welt verschwunden. Als sie weiterziehen, bedeckt sich der Himmel mit dunkler Bläue. Kutschum gibt Befehl, dichter als bisher zusammenzuhalten. Kein Wagen darf zurückbleiben.

Schweigend setzen sie den Weg fort. Nur die Tiere sind unruhig und störrischer als an den Tagen vorher. Und dann – um die

Tagesmitte ist da, was alle befürchtet haben: Die Nacht bricht über die Erde herein!

Der Sturm scheint aus der Hölle zu kommen, und tausend Teufel scheinen ihm mit der Peitsche im Nacken zu sitzen.

«Eine Wagenburg!», ist Kutschums Befehl.

In rasender Eile wird sie gefahren. Nur an einer Seite bleibt eine Lücke, durch die das Vieh getrieben wird. Aber noch bevor die letzten Tiere herein sind, ist im eisigen Schneesturm alles in tiefe Nacht gehüllt. Die Männer schreien sich heiser, um verstanden zu werden. Die Frauen suchen nach den Wagen, auf denen ihre Kinder sind. Das Vieh brüllt und drängt durcheinander, die Pferde versuchen auszubrechen. Und der Sturm heult und treibt den Schnee in jeden Spalt, durch jede Ritze der Wagenplanen.

Zwei Tage und Nächte – oder vier Nächte lang! Denn die Menschen wissen nicht mehr, wann es Tag ist. Kein Feuer in dieser Zeit, keine Schüssel voll wärmender Milch, nur rohes, gefrorenes Fleisch. Und Kälte, die unter jeden Pelz kriecht, die zuletzt jeden Arm, jedes Bein erstarren lässt. Als der Zug weiterzieht, bleibt vieles zurück, das der Schnee verweht hat: Menschen, Tiere, Wagen.

Langsam geht es voran. Die vordersten Reiter, die den Weg bahnen, müssen ständig wechseln, weil die Pferde vor Anstrengung fast zusammenbrechen. Keiner hat ein Auge für die weiße Erde, die glitzernd in der Sonne liegt. Mit hängenden Köpfen trotten die Tiere, mit glanzlosen Augen schauen die Menschen vorwärts. Wie viel Tage noch?

Nur einer ist im Zug, dem Weg und Wetter die Freude nicht nehmen können: Daritai! Ihm sind die Hügel und Ebenen vertraut, er kann dem Zug den günstigsten Weg weisen. Dieses Land ist die Heimat seiner Kinderzeit. Für ihn gibt es keinen anderen Gedanken, als dass die kommende Zeit eine glückliche sein wird.

Daritai irrt sich nicht. Als der Zug das Ordu des Fürsten Iliten erreicht, der ein Bruder des Khans ist, hat alle Mühsal des Weges ein Ende. Neben dem Ordu des Fürsten wird das Lager Kutschums auf der festen Schneedecke gebaut. Es gibt frisches Fleisch, wenn die Stücke auch klein sind, es gibt frische Milch, wenn die Schüsseln auch nur halb sind, und es gibt ein wärmendes Feuer.

Sobald die Männer wieder Kräfte gesammelt haben, schickt Kutschum seine Reiter aus. Sie treten in keine Jurte, in der sie nicht aufgenommen würden, wie es sich für Gesandte eines Khans aus dem Blute des Dschingis gebührt. Die Nachricht, dass Kutschum zu den Leuten der Baraba-Steppe gekommen ist, hört bald jedes Ordu, der kleinste Aul, jede Jurte. Sie scheint auf den Strahlen der Sonne dahinzutanzen, das kalte Licht des Mondes scheint sie davonzutragen.

Und mit dieser Nachricht geht eine andere von Mund zu Mund: Wisst ihr, wer mit ihm gekommen ist? Daukais Sohn! Er ist mit vielen Reitern beim Heere des Khans. Und denkt euch, sein Vater, der Khan von Sarai, hat ihn zum Kronprinzen gemacht! – Wen kann das wundern, da er Daukais Sohn ist?! Das Bild der schönsten und klügsten aller Steppentöchter wird heraufbeschworen. Am greifbarsten im Ordu des Fürsten Itimur, dessen Schwester sie gewesen ist.

Als Daritai eines Tages mit seinen Begleitern in dieses Ordu reitet, strömt alles, was laufen kann, aus den Jurten in den kalten Wintertag hinaus. Mit offenen Mündern, mit geweiteten Augen sehen sie dem jungen Tataren ins Gesicht, der stolz und gerade auf dem Pferd sitzt und ihnen freundlich zulacht.

«Wahrhaftig, das ist Daukais Sohn!», sagt einer. «Es ist Daritai, den wir immer nur fröhlich zwischen den Jurten springen sahen, von dem keiner ein Schimpfwort vernahm, der es nicht verdient hätte.»

Daritai ist längst an ihnen vorbei, aber die Männer drängen ihm hinterher. Er hält sein Pferd vor der Jurte des Fürsten an, um ihm den Gruß des Khans zu bringen. Bevor er sie aber betritt, sieht er in die Gesichter, die ihn anstarren.

«Wenn ich herauskomme, müsst ihr mir sagen, wer ihr seid. Ich kenne euch nicht mehr wieder, und ich will es von jedem wissen, hört ihr?»

Da rufen die Männer aus vollem Halse:

«Der Ewige Blaue Himmel wölbte sich über deinen Wegen in Freundlichkeit, Daritai, der du Daukais Sohn bist!»

Nach dem Gastmahl beim Fürsten betritt Daritai die Jurte, die Schira gehört.

Krumm vor Gicht und Gliederreißen liegt der Alte auf den Fellen. Er versucht sich aufzurichten, um Daritai entgegenzugehen.

«Bleib liegen, mein Alter, ich komme zu dir!» Daritai hockt sich ganz eng neben ihn und nimmt seine steifen Finger in die Hände.

«Es ist schlimm, wie du mich sehen musst, so alt und elend», sagt Schira rau.

«Ich freue mich, dass wir uns überhaupt wieder sehen. Für mich bist du der gute, treue Schira, mein Lehrer und Großvaters Waffenmeister geblieben. Dass du hier liegst, nun – der Jüngste bist du nicht mehr, und der Winter setzt den Knochen zu, die ein Leben lang durch Wind und Wetter geritten sind. Aber ...» Daritai stockt. Er sieht, wie es über Schiras von hundert Falten durchzogenes Gesicht rinnt. «Aber mein alter Schira», sagt er und legt ihm den Arm um die Schulter.

«Wie ist es dir in Sarai ergangen?», fragt Schira, nachdem er sich geräuspert hat. «Die Vorwürfe lassen mich nicht zur Ruhe kommen. Immer sage ich mir, dass ich dich nicht hätte nach

Sarai bringen dürfen. Ich hätte lieber mit dir in die Steppe ziehen sollen.»

«Was quälst du dich? Bin ich nicht Kronprinz geworden?»

«Jaja, aber…»

«Ich habe lesen und schreiben gelernt, ich verstehe die Sprache der persischen und türkischen Kaufleute. Ich …»

«Jaja, aber bist du glücklich?»

«Wie kann ich unglücklich sein, da ich wieder in der Steppe bin, da Kutschum-Khan mich achtet wie einen seiner Söhne! Und sonst – ach, Schira, wer von uns darf immer glücklich sein? Empfänden wir es noch als Glück, wenn es dauernd um uns wäre?»

Schira sieht Daritai lange an.

«So würde auch deine Mutter gesprochen haben. Aber rede wie du willst, ich werde die Sorge um dich nicht los.»

«Deshalb sprechen wir jetzt von etwas anderem.» Daritai erzählt von dem großen Heer, das Kutschum gegen Tara führen wird und mit dem er als Sieger nach Isker ziehen will.

«Er ist gekommen, um Reiter zu werben, ich weiß», sagt Schira. «Aber ich werde nicht mehr bei ihnen sein. Wenn mich die Schmerzen quälen, dass ich sie nicht mehr ertragen kann, habe ich mir schon oft gewünscht, die ewige Nacht möge kommen. Aber jetzt möchte ich noch einmal auf dem Pferd sitzen, den Säbel schwingen und gegen die Feinde reiten. Neben dir möchte ich reiten, immer neben dir, Daritai. Wie schön müsste das sein.»

«Schira! Mein guter Schira. Lass nur den Blütenmonat ins Land ziehen. Dann wird die Sonne die Schmerzen vertreiben und deine Kraft wird zurückkehren, wie das saftige Gras der Schneedecke folgt. Wir reiten zusammen, ich weiß es!»

Der Alte schüttelt den Kopf.

«Nein, Daritai, auch wenn wir es wünschen, es wird nicht mehr sein.» Dann sagt er: «Du bist nicht auf dem Schecken gekommen, haben mir die Männer erzählt.»

«Nein, der Schecke liegt in Sibir.» Daritai beginnt von neuem zu erzählen und Schira kann nicht genug hören. Dann kriecht er vom Lager und humpelt neben Daritai zum Pferch, wo die Reitpferde stehen. Er schnalzt mit der Zunge, und eine Stute trabt heran. Ihr Fell glänzt goldbraun in der Wintersonne.

«Das ist sie, die ich dir zeigen will. Sie gehört mir, aber ich passe nicht mehr zu ihr. Sieh doch, wie jung sie ist. Es gibt kein klügeres Pferd, glaub mir, Daritai. Nimm sie mit. Du wirst Freude an ihr haben. Du kannst mit ihr reden, sie versteht jedes Wort. Nimm sie dir, es ist das Letzte, das ich dir geben kann. Nimm sie, Daritai, ich bitte dich. Du weißt, wenn ich in die ewige Dunkelheit gehe, würde sie mir nachgeschickt. Das will ich nicht.»

Am anderen Tage reitet Daritai auf der goldbraunen Stute davon.

Gegen Ende des Winters ruft Kutschum-Khan die Fürsten und Stammesältesten in seine Jurte. Er entfaltet eine Pracht wie in alten, hohen Zeiten. Die Gasse zur Palastjurte hinauf stehen die Pferde dicht gedrängt, auf denen Reiter die Ankommenden begrüßen. Das schneeweiße Filzzelt ist mit einem Dach aus Gold bedeckt. Die bunten Seidenfahnen wehen in der leicht bewegten Winterluft.

Amanak sitzt zur rechten Seite des Khans, Daritai zur linken. Neben ihnen sitzen die Offiziere und Priester. Im Hintergrund, an der Jurtenwand, haben die Prinzessinnen Platz genommen. Jede von ihnen trägt ihren Kopfschmuck aus schwerem Gold, an dem die Perlenschnüre herabhängen. Dicke Talgkerzen brennen auf hohen, goldenen Leuchtern. Sie geben mit dem Jurtenfeuer der ganzen Pracht das richtige Licht. Voller Bewunderung sieht es jeder, der eintritt und sich auf den leuchtenden Teppichen niederläßt, die den Fußboden bedecken.

So erhaben wie sein Zelt, so erhaben sitzt der Khan mit Ketten und Ringen und einem roten Rock angetan, auf seinem Sessel. Ehrfurchtsvoll lauschen die Gäste seinen Worten, mit denen er vom Volke der Mongchol erzählt, aus dem sein Vorvater Dschingis hervorging, der das Steppenvolk einte, um es zum Sieg über die ganze Welt zu führen.

«Er unterwarf Perser und Türken, seine Heere stampften über Slawen und Magyaren, sie drangen in das Land der Germanen und walzten das mächtige Chin-Reich nieder, dessen Männer auf das Volk aus der Steppe seit Jahrhunderten niedergesehen hatten wie auf das erbärmlichste Gewürm.» Der Khan hebt seine Stimme. «Jetzt aber ist die Zeit gekommen, wo wir wieder einig sein müssen, um unsere alte Erde, die noch niemand anderem gehört hat als uns, freizukämpfen von den Feinden. Jahr um Jahr werden die Eindringlinge mehr von ihr besitzen, wenn wir sie nicht verjagen und niedermachen. Deshalb fordere ich von euch jeden Mann, der den Bogen schießen, die Lanze werfen, das Schwert und das Messer führen kann. Ich fordere jeden! Und der Sieg wird bei uns sein!»

Es ist eine gewaltige Rede, und der Eindruck, den sie auf die Männer macht, ist ebenfalls gewaltig. Ein üppiges Mahl mit langen Gesprächen schließt sich an, und als die Gäste in der Nacht davonreiten, ist Kutschum sicher, dass er nicht vergebens gesprochen hat.

Die Schlacht um Tara

Als der Winter begann, zogen achthundert Krieger der Baraba-Steppe entgegen. Jetzt, da die Tulpen aufflammen, sind es doppelt so viel, die nordwärts reiten. Zwischen Wagen und Pferden zieht die Zuversicht mit. Wenn die Tage länger werden, wenn die Steppe blüht, wenn sie üppige Weide gibt und die Teiche voll sind mit gutem Wasser, ist noch immer Zuversicht bei dem Steppenvolk gewesen.

Am Irtysch wartet Kutschum auf das Heer aus Sarai. Er wartet lange, aber sooft er seine Kundschafter ausschickt, sie melden es ihm nicht.

Daritai vermeidet ein Zusammensein mit dem Khan. Ihm ist zumute, als trüge er die Schuld am Ausbleiben der Krieger. Er ahnt, wie sein Vater über ein neues Heer für Kutschum denkt, aber er darf es nicht sagen. Dass er mit niemandem darüber sprechen kann, drückt ihn nieder.

«Wenn ich meinen Plan nicht gefährden will, muss ich weiterziehen», sagt der Khan eines Tages. «Wir sind nicht nur Reiter und kommen mit dem ganzen Lager nur langsam vorwärts. Die Getreuen im Bezirk Tara würden denken, ich käme nicht.»

«Ich glaube, dass es gut wäre, die Wagen mit den Frauen hier zurückzulassen und allein mit dem Heer weiterzuziehen», sagt Amanak.

«Nein, mein Sohn. Dann müsste auch eine große Bewachung hierbleiben – ich zersplittere mein Heer nicht wieder! Diese Art des Kampfes hat uns keinen Erfolg gebracht.»

«Wenn du weiterwillst, erhabener Khan», sagt Daritai, «dann

bitte ich dich, mich mit einigen Reitern noch warten zu lassen. Wir werden deinen Zug trotzdem rechtzeitig erreichen.»

Der Khan überlegt.

«Da die Krieger aus Sarai jene Streitmacht unterstützen sollen, die den Angriff von Süden führt, will ich deine Bitte erfüllen, Daritai. Aber denke daran: Eile ist notwendig! Warte nicht zu lange. Du sollst an meiner Seite in die Schlacht reiten.»

«Du willst selber mit in den Kampf ziehen, mein Vater?», fragt Amanak bestürzt.

«Ja. Ich werde das Ostheer führen, du übernimmst das Südheer.»

Jetzt wissen Amanak und Daritai, welcher Kampf bevorsteht.

Die Ungeduld des Wartens schüttelt Daritai. Sie bringt ihn bis zur Raserei, als ein Tag nach dem anderen verstreicht, ohne dass etwas geschieht. Er jagt das goldbraune Pferd ziellos hin und her. Er weicht Gesprächen mit seinen Männern aus, denn er schämt sich der Gleichgültigkeit seines Vaters.

Eines Morgens weckt ihn der alte Krieger aus Sarai, der bei ihm geblieben ist.

«Erhabener Prinz! Erhabener Prinz! Sie kommen!» Mit einem Satz ist Daritai auf den Beinen.

«Sie kommen? Hast du es mit eigenen Augen gesehen?»

«Mit meinen Augen!»

«Wie viele sind es?»

«Vielleicht hundert.»

«Hundert, sagst du? Mehr sind es nicht?»

«– willst du ihnen entgegenreiten?»

«Nicht mehr als hundert!» Daritai ballt die Fäuste. Dann beherrscht er sich. «Entgegenreiten? Nicht einen Schritt!»

Wer führt die Reiter, denkt Daritai, als der Krieger gegangen ist. Wen hat der erhabene Vater dazu ausersehen, ganze hundert Reiter zu bringen, die mit in Kutschums schwersten Kampf ziehen sollen?

Er braucht nicht mehr lange zu warten, bis er es weiß. Als sie das kleine Lager erreichen und Daritai aus dem Zelt tritt – steht er vor Duba. Fassungslos starrt Daritai dem Bruder in das dicke, gerötete Gesicht, das ihm hochmütig entgegenlächelt.

«Frieden, erhabener Bruder!», sagt Duba und kneift die Augen zusammen. «Da du mir den Gruß nicht sagst, will ich es tun.»

Ich habe dem Vater Unrecht getan, denkt Daritai. Ich habe geglaubt, er achtet Kutschum nicht mehr. Ich habe mich für ihn geschämt vor den einfachen Reitern. Und jetzt schickt er Duba!

«Frieden sei zwischen uns, Duba», sagt er, «Frieden, mein Bruder.» Dabei zieht er Duba ins Zelt. «Setz dich, ruh dich aus. Du sollst bewirtet werden.»

«Lass!», wehrt Duba ab. «Mein Vater hat uns gut versorgt für den Ritt.»

«Dein Vater ist auch mein Vater, erzähle mir, wie es ihm geht.»

«Dem erhabenen Vater geht es gut. Er vermehrt seinen Reichtum täglich, und Sarai wird mit jedem Tage schöner.»

Daritai ist es, als ob er mit kaltem Wasser übergossen würde. Er möchte fragen: Hatte er keinen Gruß für mich? Aber er schluckt es hinunter. Der Vater vermehrt seinen Reichtum, Sarai wird schöner – Daritai möchte lachen, lachen, bis das Zelt zusammenstürzt.

«Ich hatte mir das Lager Kutschums ein wenig größer vorgestellt», sagt Duba, und sein Gesicht ist noch hochmütiger geworden.

«Dass dieses hier nicht Kutschums Lager ist, weißt du sehr gut!», stößt Daritai hervor, und jeder Wille, mit dem Bruder

Frieden zu halten, ist zertreten wie die letzte Glut des Jurtenfeuers. «Um auf Kutschum-Khans Lager zu treffen, hättest du in deinen Ritt mehr Eile legen müssen. Du hast die verabredete Zeit nicht eingehalten, und ich frage dich nach dem Grund.»

«Nach dem Grund fragst du? Es trifft sich gut, dass wir allein sind. So kann ich ohne Umschweife reden. Ich wollte absichtlich zu spät kommen, denn das Wort meines Vaters ist so: Vergieße keinen Tropfen Blut meiner Krieger für eine verlorene Sache. Dieses Wort gilt auch für dich, erhabener Bruder!»

«Warum bist du dann überhaupt gekommen?»

«Der Khan der Nogaier ist Kutschum ein Gegengeschenk für die Maralgeweihe schuldig. Sind sie mit hundert Kriegern nicht gut bezahlt?»

Daritai würgt, als ob sich sein Magen umdreht.

«Um das Wort meines erhabenen Vaters zu befolgen, bin ich selbst mit den Kriegern gekommen», fährt Duba fort. «Wenn ich für Kutschum in den Kampf reite, werde ich mich keinem Befehl unterordnen. Ich werde selbst entscheiden. Sollte der Kampf aber siegreich sein, werde ich bei Kutschum um Teni werben. Ich glaube, dass du nun Bescheid weißt, erhabener Bruder.» Duba lächelt breit, dass seine kurzen, gelben Zähne hinter den dicken Lippen zu sehen sind.

«Über dich habe ich immer Bescheid gewusst. Du hast mich schon angewidert, als ich dich das ersten Mal sehen musste. Aber auch ich muss dir noch einen Bescheid geben: Teni bekommst du nicht. Teni gehört mir! Und jetzt kann ich deinen Anblick nicht mehr ertragen.» Damit ist Daritai aus dem Zelt.

Als der Monat der abwärts wandernden Sonne kommt, ist alles zum Kampf um Tara bereit. Das Heer ist nicht so stark, wie Kutschum gehofft hatte, und er weiß, dass der Kampf sehr schwer sein wird. Alle Krieger, die nicht zu seinem Stammheer gehören, hat er unter die alten Reiter verteilt. Kutschum will vermeiden, dass durch den Schrecken der Feuerwaffen große Lücken entstehen.

Das Südheer unter Amanaks Führung wird den Überfall beginnen. Wenn der Kampf entbrannt ist, will Kutschum von Osten angreifen. Längst ist Amanak nicht mehr im Lager seines Vaters. «Achte auf Dubas Reiter!», hat Daritai den Blutsbruder beim Abschied beschworen.

«Du sagst es mir immer wieder, Ande. Warum?»

«Duba ist kein Kämpfer. Ich traue ihm nicht.»

«Schütze das Leben meines erhabenen Vaters, Daritai!» Das waren Amanaks letzte Worte. –

Wolkenlos kommt der Tag aus dem Osten, für den der Kampf angesetzt ist. Neben Kutschum hält Daritai mit seiner goldbraunen Stute, und hinter ihnen warten tausend Krieger auf das Zeichen zum Reiten. Unruhig tänzelt Kutschums Schimmel, er peitscht fortwährend mit dem langen Schweif. Wenn Daritai sich umsieht, bemerkt er die gleiche Ungeduld auch bei den anderen Pferden. Nur seine Stute wartet stocksteif, als ob sie den Krampf in den Beinen hätte. Höchstens wenn Kutschums Schimmel ihr zu nahe kommt, schüttelt sie den Kopf, als ob sie seine Unruhe nicht begreifen könnte. Dann klopft Daritai ihr den Hals und sie legt die Ohren rückwärts.

Immer wieder bemerkt Daritai, wie Kutschum sich horchend zur Seite dreht.

«Wann kommt Kötschu? – Wo bleibt Kötschu?»

Daritai selber denkt: Ich will mich nicht verwirren lassen. Kötschu wird kommen! Er sieht einer Lerche nach, die sich dudelnd in den blassen Himmel hebt. So viele Hufe haben die Erde seit Tagen zerstampft, und sie haben das Lerchennest doch nicht zertreten, denkt er. Ist das nun Glück gewesen, oder muss es so sein, dass neben dem Starken auch das Unscheinbare einen Platz zum Leben behält?

Da! Hufschlag! – Kötschu! Er liegt auf dem Pferdehals, Arme und Beine treiben das Tier.

«Erhabener Khan!», keucht er, als er heran ist, «im Süden ist Prinz Amanak am Feind! Die Ungläubigen stehen in dichten Reihen vor der Mauer des Ostrogs!»

«Für Allah und Sibir!», schreit der Khan. «Wir reiten!» Es ist genau der Augenblick, in dem die Sonne hinter ihnen leuchtend rot über den Himmel fließt.

Fünf Reihen sind es, und jede Reihe, eng zusammengepresst wie eine Mauer, zählt zweihundert Reiter. An der Flanke der ersten Linie reitet der Khan mit Daritai. An der Flanke der zweiten Linie reitet Bordschu, an der Flanke der dritten Noyan, an der vierten ein Offizier aus Sarai, an der fünften Tausan.

Immer näher kommen sie der Stadt. Immer deutlicher sehen sie die verhassten Mauern. Wilder und wilder wird ihr Geschrei. Jetzt krachen ihnen die ersten Schüsse entgegen! Aber noch ist der Abstand zu groß.

Auch hier haben sie uns also erwartet, denkt der Khan.

«Für Allah und Sibir!», schreit er. «Reitet die Ungläubigen nieder!»

«Vorwärts für Kutschum-Khan!», schreien die Offiziere.

Die Blitze zucken – die Pfeile schwirren. Die ersten Reiter sind am Feind! Sie jagen mitten hinein in das tödliche Feuer. Sie stechen mit den Lanzen auf die Schützen, wenden nach allen Seiten und treiben die Pferde wieder hinter die letzte Reihe.

Die zweite Reihe ist am Feind. Bordschu wütet wie der Teufel.

«Spannt die Bogen, ihr tapferen Söhne Allahs! Werft die Lanzen! Haut mit den Schwertern! – So müsst ihr es machen! Seht, die Köpfe der Ungläubigen sitzen nicht fest! Das Pulver soll ihnen nass werden vom eigenen Blut!» Er geifert, dass ihm der Speichel aus dem Mund läuft.

Die dritte Reihe greift an – und das Feuer reißt sie auseinander. Die vierte Reihe ist wieder dicht.

Als die fünfte Reihe zur Aufstellung zurücksprengt, fehlt Tausan. Fürst Iliten, der Bruder des Khans, übernimmt den Befehl. Und wieder führt Kutschum die erste Reihe gegen den Feind. Sie galoppieren über Tote aus dem eigenen Heer, über tote Russen – und kommen der Mauer ein Stück näher. Das steigert ihre Verwegenheit!

Wie das Wasser der Flut immer wiederkehrt und zurückgeht, so stürzt sich das Heer Kutschums gegen die Ungläubigen. Mit jedem neuen Sturm rücken sie dichter an Tara. Sie merken kaum, dass ihre Reihen kürzer werden, dass die Pferde nicht mehr Kopf an Kopf traben wie beim ersten Angriff. Nach dem fünften Sturm ist die Vereinigung mit den Kriegern Amanaks erreicht. Der Khan befiehlt eine Ruhepause.

Dann beginnt der Kampf um den Ostrog. Alle tatarischen Krieger reiten zugleich. –

Darauf hat Wojeikow, der Woiwode von Tara, gewartet! Er gibt Befehl, die Kanonen abzufeuern. Aus sechs dicken Rohren fliegt der Tod zwischen die Tataren. Es ist ein vielfacher, grausamer Tod, der breite Lücken reißt, dessen Donner furchtbar, dessen Blitze grell und rot sind, dessen Dampf sich stinkend niedersenkt wie der Atem der Hölle.

Wojeikow hat richtig gerechnet. Er lässt noch einmal feuern und noch einmal. Die Verwirrung unter dem tatarischen Heer ist fürchterlich. Vor dem kleinen Tod der Feuerpfeile hatte sie die Angst gebannt, vor dem großen Tod sind sie fassungslos.

Der Erste, der den Befehl zur Flucht gibt, ist Duba. Er öffnet die geschlossene Linie der Angreifer. In diese Lücke stürzen sich russische Kosaken und stürmen von zwei Seiten in das gespaltene tatarische Heer. Sie quellen in endlosem Zug aus dem Tor des Ostrogs, sie kommen mit Gewehren, Säbeln und Messern. Sie splittern die Tataren immer mehr auseinander und kreisen die Reiterhaufen ein. An den Kämpfenden jagen andere vorbei, greifen die Fliehenden an, stürmen weiter, weiter ...

Daritai und Bordschu haben den Khan in die Mitte genommen. Ein Trupp von vierzig Männern seiner Leibwache drängt die russischen Reiter immer wieder von Kutschum ab. Die Linie, die der Khan geführt hat, versucht von außen, sich an ihn heranzukämpfen. Keiner im Ring bei Kutschum weiß noch, was außerhalb geschieht. Daritai hat nur den einzigen Gedanken: einen Durchbruch hauen! Der Khan muss das Lager unversehrt erreichen!

Laut schreiend gibt Daritai seine Befehle und erzwingt eine Gasse für Kutschum. Bordschu deckt ihnen den Rücken. Und als wüssten die außen kämpfenden Tataren, wo Daritai durchbrechen will, greifen sie die Kosaken an der gleichen Stelle an. Ein Schreien ist über dem Platz, dass den Kriegern die Ohren bersten wollen. Es ist Kampf- und Schmerzensschrei zugleich, und die geduldige Erde nimmt das Blut auf wie Tau und Regen.

Keinen Augenblick zu früh sprengen die Tataren den Ring der Kosaken. Schon galoppiert ein Trupp russische Verstärkung heran, der von Schützen begleitet ist. Daritai fasst nach dem Zügel des Schimmels und jagt mit Kutschum davon. Die letzten seiner Leibwache folgen ihm, aber Bordschu ist nicht mehr dabei. Die restlichen Reiter der ersten Linie halten die Feinde ab, die Kutschum einholen wollen, bis der Vorsprung des Khans groß genug ist. Dann hetzen sie auf den Fluss Tara zu. Sie jagen die Pferde ins Schilf und halten an. Nur eine Atempause für die Pferde! Nur eine kleine Atempause! Vielleicht geben die Russen die Verfolgung auf. Das Schilf ist dicht, das Schilf ist hoch.

Ihre Hoffnung erfüllt sich nicht. Wie breit der Fluss ist! Der gute Fluss mit den vielen Fischen. Jetzt wälzt er sich drohend vor ihnen. Es gibt keinen anderen Weg, sie müssen die Pferde hineintreiben. Als die Russen am Ufer anhalten, sehen sie Pelzmützen auf dem Wasser, nackte Arme, nackte Schultern, Pferdeköpfe. «Schießt!», schreit ihr Anführer. «Schießt – schießt!»

Daritai hat den Zügel des Schimmels nicht losgelassen. «Siehst du das Lager schon?», ruft Kutschum.

«Nein, erhabener Khan.»

«Lass uns schneller reiten!» Er gibt dem Pferd die Peitsche. «Werden wir noch verfolgt?»

«Nein, es sind deine Krieger, die hinter uns kommen.» Da prescht ihnen ein Reiter entgegen. Es ist Kötschu.

«Halte auf den Fluss zu, Prinz Daritai! Im Lager hausen die Ungläubigen.»

Daritai schwenkt. Sie erreichen einen dichten Wald und treiben die Pferde in das brechende Holz. Ganz in der Nähe hören sie Hufschlag und Stimmen. Daritai springt ab. Er will sich davonschleichen, um zu erkunden, aus welcher Richtung die Russen kommen, wie viele es sind.

Kötschu hält ihn zurück. «Bleibe bei dem erhabenen Khan. Ich werde gehen.» Er macht sich davon.

Wie viel Säbel haben wir noch, wenn sie uns finden, denkt Daritai und zählt die Reiter. Sechzehn sind wir ohne den Khan.

Als Kötschu wieder auftaucht, winkt er.

«Keine Gefahr. Sie sind vorbeigeritten. Aber es wird gut sein, wenn wir hier bleiben, bis die Nacht kommt. Dann sind alle Ungläubigen zum Ostrog zurückgekehrt, und unsere Pferde haben geruht.»

«Dein Rat ist gut, Kötschu», sagt der Khan. «Wir werden erst in der Nacht weiterziehen.»

«Wohin, erhabener Khan?»

Jeder der Reiter sieht auf Kutschum. Der Khan sitzt zusammengesunken auf dem Schimmel. Sein Kinn liegt auf der Brust, seine Arme hängen herab, ohne die Zügel zu halten. Er antwortet nicht.

Da fragt Kötschu noch einmal:

«Wohin reiten wir, erhabener Khan?»

Und Kutschum antwortet:

«Ich weiß es nicht.»

Ein Pelz für Kutschum

Die Reiter ziehen am Lauf der Tara entlang, immer gedeckt von den dichten Wäldern. Wenn sie einen Aul anreiten, um einen Krug Milch, einen Hammel zu holen, sagen die Leute: «Zieht weiter! Verbirg dich, Kutschum-Khan! Männer des Woiwoden suchen dich.» Die Leute sagen nicht, dass es Tataren sind, die den Khan für Wojeikow suchen, wenn sie den blinden Greis auf dem Schimmel sehen. Sie sagen auch nicht, dass jedem, der Kutschum aufnimmt, schwere Strafen drohen. Sie geben den Reitern schnell, was sie begehren, und drängen: «Zieht weiter! Zieht weiter!»

Zu den siebzehn Männern, die den Khan begleiten, finden sich noch elf Versprengte, die in den Wäldern und in den Auls Unterschlupf gesucht hatten. Von ihnen erfährt der Khan das ganze Ausmaß seiner Niederlage: Seinen Sohn Amanak haben die Ungläubigen gefangen und mit ihm vier Fürsten. Sein Bruder Iliten ist tot. Sechs Stammesälteste und drei Fürsten aus dem Bezirk Tara sind in der Schlacht geblieben, fünf Stammesälteste und sieben Fürsten aus der Baraba-Steppe ebenfalls. Tausan ist tot, Bordschu ist tot, und keiner kennt die Zahl der toten Krieger. Nur die Reiter, die Prinz Duba führte, sollen gut davongekommen sein. Als die Ungläubigen in das Lager der Frauen brachen, fiel ihnen alles in die Hände. «Alles!», sagen die Männer, und Kutschum weiß, dass sie nicht nur seine Schätze, seine Wagen, seine Herden meinen, auch seine Frauen und Töchter und seine kleinen Söhne.

Als der Khan eines Nachts wach liegt und merkt, dass auch Daritai vergebens nach Schlaf sucht, sagt er:

«Meine kleinen Söhne werden ihre Heimat vergessen. Sie nehmen zu wenig Erinnerung mit in das fremde Land. Bibadscha ist acht Jahre. Er wird vielleicht noch manchmal an das weite Grasland denken. Aber Molla zählt vier Jahre und Kumysch zwei. Für sie wird es keine Steppe, keine Jurten, keine Pferdeherden mehr geben.»

«Sind nicht die Mütter bei ihnen und die Schwestern?», fragt Daritai.

«Glaubst du, dass sie bei ihnen sein dürfen?»

Daritai schweigt. Dann sagt er, weil er es allein nicht mehr ertragen kann:

«Meine Gedanken sind immer bei Amanak und Teni.»

«Schweig, schweig!», stöhnt der Khan. «Diese beiden Kinder nicht mehr um mich zu haben und sie in der Schmach der Gefangenschaft zu wissen, ist das Schlimmste in meinem Elend.»

Im Monat der wilden Äpfel erreichen sie den Lauf des Ob und folgen ihm – abermals der Baraba-Steppe entgegen. Immer noch leben sie von den kärglichen Gaben, die sie in den Jurten erhalten, und von dem Wild, das sie jagen. Sie haben kein Zelt, keine Pelze, denn als sie in den Kampf ritten, stand der Sommer hoch. Und immer wieder heißt es in den Ordus:

«Ziehe weiter, Kutschum-Khan! Du kannst eine Nacht bei uns bleiben, aber morgen musst du weiterziehen. Denn wo du hinkommst, folgen russische Krieger oder Tataren, die zu ihnen halten. Wir wollen keinen Kampf mehr, wir wollen Frieden.»

Der Khan ist zu müde geworden, um zu fordern. Er zieht mit den wenigen Getreuen weiter und bleibt jedem Ordu fern.

Tagelang reiten sie durch prasselnden Regen. Der Grund ist zu einem zähen Brei aufgeweicht und der dichte Wald bietet keinen

Schutz mehr. Wenn der Wind in die Baumkronen fährt, planscht es wie in Bächen auf sie nieder. Den Khan schüttelt der Husten, das Fieber rast durch seinen mageren Leib, dass ihm die Zähne aufeinander schlagen. Sein Gesicht ist rot, als fiele der Feuerschein darauf. Mühsam hält er sich auf dem Pferd.

Daritai schickt Kötschu mit einigen Reitern voraus.

«Sucht ein Ordu, einen Aul, ein Zelt! Und wenn sie den Khan nicht aufnehmen wollen, zwingt sie dazu.»

Vor der Nacht reiten sie in ein Ordu. Sie heben den kranken Khan vom Pferd und führen ihn zur Hauptjurte. Als Daritai den Fellvorhang zurückschlägt, sitzt kein Stammesältester am Feuer – sondern eine Frau.

«Friede sei zwischen uns!», sagt Daritai und blickt in kalte, unbewegte Augen.

«Ja, Frieden, aber nur für diese Nacht», sagt eine ebenso kalte, unbewegte Stimme. «Nicht einen Herzschlag länger!»

Da reißt es den Khan zusammen.

«Weib, was erdreistest du dich? Vor dir steht Kutschum-Khan!»

«Genügt dir eine Nacht nicht, erhabener Khan? Warte ab. Sie wird dir genügen, wenn du das Weinen der Frauen um ihre Männer, das Weinen der Kinder um ihre Väter vernommen hast, bis der Morgen kommt. Weißt du, wo die Männer aus diesem Ordu geblieben sind, erhabener Khan? Die einen blieben um Isker, die anderen um Tara. Als du Reiter für Isker fordertest, blieb der Herr dieser Jurte, dem ich zur Frau gegeben wurde; als du sie für Tara fordertest, blieben meine Söhne. Du hast immer nur an dein Recht, an deine Herrschaft, an dein Reich gedacht. Dafür war dir kein Blut zu viel, kein Kampf zu schwer. Aber jetzt ist es genug! Ich will nicht, dass dieses Ordu niederbrennt, weil du hier bist.»

«Geh aus der Jurte!», fährt Daritai die Frau an.

Als sie am Ausgang ist, dreht sie sich noch einmal um.

«Bevor der Regen kam, waren Tataren hier. Munglik nannte sich einer. Er suchte den erhabenen Khan, weil er eine Nachricht von dem Manne des Weißen Zaren hat, der Wojeikow heißt. In jedem Ordu hinterlässt Munglik diese Nachricht, damit Kutschum sie irgendwo erfährt. Wojeikows Worte sind: ‹Der Krieg ist beendet. Komme nach Moskau zu deinen Kindern und Frauen.›» Damit ist die Tatarin hinaus.

Kutschum sinkt auf die Felle. Der Schweiß perlt auf seiner Stirn. Ein Kind stolpert mit einer Schüssel Fleisch und einem Krug Milch herein. Scheu sieht es zu dem Mann auf dem Lager hin. Kutschum rührt weder Milch noch Fleisch an.

Als er eingeschlafen ist, sagt Daritai zu Kötschu:

«So geht es nicht weiter. Wie lange noch, dann kommt der Winter und der Khan hat nicht einmal eine Jurte.»

«Solange er lebt, wird Wojeikow hinter ihm her sein», sagt Kötschu. «Er braucht eine Bleibe.»

«Ich werde nach Sarai zu meinem Vater reiten. Zwischen dem Zaren von Moskau und meinem Vater ist Freundschaft. Kutschum soll Gast meines Vaters sein, wenigstens über den Winter.»

«Wenn es möglich wäre?»

«Es muss möglich sein. Morgen spreche ich mit dem Khan.»

Unruhig wälzt sich Kutschum auf dem Lager. Sowie er sich aufrichtet, kniet Daritai neben ihm.

«Willst du trinken, erhabener Khan?» Daritai sieht die aufgerissenen Lippen.

Der Khan schüttelt den Kopf. Seine heißen Hände tasten nach Daritai.

«Mein lieber Sohn», sagt er leise und schläft seinen unruhigen Schlaf weiter.

Mitten in der Nacht richtet er sich auf. «Ist Kötschu in der Jurte?»

«Ja, erhabener Khan, wir wachen gemeinsam», antwortet Daritai.

«Kötschu, du wirst morgen nicht mehr mit uns reiten. Suche den Weg zu Munglik und sage ihm meine Antwort auf Wojeikows Botschaft: Ich, Kutschum-Khan, bin nicht nach Moskau gekommen, als ich noch ein Mensch war. Ich bleibe in der Steppe und sterbe auf meiner Erde. Nur eine Bitte habe ich. Lass meinen Sohn Amanak zu mir zurückkehren! – Diese Antwort bringe Munglik. Danach kannst du entscheiden, ob du wieder zu mir kommen willst oder nicht. Ich danke dir für alle deine Dienste.»

«Ich werde tun, was du mir befiehlst, erhabener Khan», sagt Kötschu. Dann geht er aus der Jurte.

Vor dem Eingang stürzt er beinahe über einen zusammengekauerten Menschen. Mit einem Griff fasst Kötschu ihn am Rockkragen und reißt ihn hoch.

«Was willst du hier?», flüstert er heiser.

Ein zahnloser Alter starrt ihm erschrocken ins Gesicht.

«Ich wollte ihm meinen Pelz bringen», stottert er. «Ich habe gesehen, dass er nur einen Rock trägt, und ich habe gehört, dass er sehr krank ist. Leg du ihn hinein, Krieger.» Er macht eine Kopfbewegung zur Nachbarjurte hin. «Sie darf es nicht wissen! Sage dem erhabenen Khan, dass ich den Kindern in diesem Ordu von seinem Mut erzählen werde.»

Kötschu lässt ihn los, und der Alte verschwindet in der Dunkelheit.

Am anderen Tage ist der Khan vom Schlaf gestärkt. Die Hitze des Fiebers ist gewichen. Er isst und trinkt. Daritai braucht ihm kaum noch aufs Pferd zu helfen, als sie weiterreiten. Nachdem sie eine Zeit lang unterwegs sind, beginnt Daritai von seinem Plan zu reden.

«Wie könnte ich dir verwehren, nach Sarai zu deinem Vater zu gehen, Daritai. Er wird sich nicht weniger nach dir sehnen als ich nach meinen Kindern. Aber erbitte seine Gastfreundschaft nicht für mich. Ich werde in der Steppe bleiben und auf Amanak warten. Wenn mir dein Vater aber Filz für einige Jurten schicken will und eine kleine Herde, damit ich mit meinen letzten Kriegern den Winter überstehe, wird ihm der Segen Allahs gewiss sein.»

«Wo werde ich dich treffen, wenn ich dir diese Geschenke bringe?»

«Ich werde mit meinen Reitern an den oberen Ischim ziehen. Im Süden ist der Winter leichter zu überstehen. Suche dir zwei Begleiter aus und lasse sie dort zurück, wo wir uns wieder finden wollen.»

Noch einmal sucht Daritai dem Khan eine Jurte und wacht eine Nacht lang über seinen Schlaf. Als der neue Tag kommt, geht er leise hinaus und schwingt sich auf die goldbraune Stute. Wie ein Pfeil fliegt sie voran. Grenzenlos ist ihre Ausdauer. Ihre Bewegungen sind leicht und spielend. Zur rechten Zeit fällt sie in gemäßigten Trab. Sobald sie wieder Kräfte genug hat, dreht sie die Ohren rückwärts, streckt den Hals vor, und Daritai gibt ihr den Kopf frei. Wenn die Pferde seiner Begleiter schweißnass sind, ist die Goldbraune gerade warm geworden.

An der westlichsten Stelle des Ischim lässt Daritai die beiden zurück. Noch ein Tagesritt, dann hat er nogaiisches Gebiet erreicht.

Als er sich am Abend ein Lager sucht, sieht er vor einem kleinen Hang ein ärmliches Zelt stehen. Daritai hofft, dass es verlassen ist, und hält mit der Stute darauf zu. Es riecht nach kaltem Rauch, als er hineinkriecht, und Zweige häufen sich an der Feuerstelle. Auf der einen Seite liegt ein Schaffell, auf der anderen ein zwiefacher Ledersack. Daritai durchrinnt es heiß, aber dann sagt er sich, dass viele Hirten zwiefache Ledersäcke tragen. Er setzt sich auf das Fell und beobachtet die Goldbraune, die eifrig vor dem Zelt grast. Ich kann sie auch sehen, wenn ich mich ausstrecke. Daritai verschränkt die Arme unter dem Kopf. Er sinnt. Galdan ... Teni ... ein strahlender Sommertag in Sibir ... ist es nicht ein Schimmel, der draußen weidet? Tenis Pferd? Hat es nicht das Maul voller Margeritenblüten? Daritai schließt die Augen. Er lauscht dem Märchen, das Galdan erzählt. Leise hört er dazwischen die Schafe blöken. Jetzt blöken sie so laut, dass Galdan nicht mehr zu verstehen ist. Daritai fährt zusammen. Vor dem Zelt sind wirklich Schafe! Er springt auf, tritt hinaus. Drei Schafe heben erschrocken die Köpfe. Jetzt biegt ein Mann um den Hang: Galdan!

«Der Prinz aus dem Süden», sagt der Hirt und schaut zu Daritai hinauf. «Ich habe immer gewusst, dass ich dich noch einmal treffen würde. Du kommst wegen der erhabenen Prinzessin, nicht wahr?»

«Wegen Teni? Du meinst, ich möchte mit dir von Teni sprechen?»

«Ja, das meine ich. Komm mit ins Zelt. Eine Schale Milch habe ich für dich.»

«Weißt du etwas von Teni?»

«Ja.» Er gießt die Milch ein. Als Daritai getrunken hat, sagt er: «Auf dem Fell, das dir zum Sitzen dient, lag sie, als Trum sie über den großen Geistersee holte.»

Die Schale fällt aus Daritais Händen.

«Teni? Über den großen Geistersee? Teni lebt nicht mehr?»

Galdan nickt. «Weißt du nicht, dass sie mit den Kriegern für ihren Vater ritt? Ein Blitz aus der Hölle hat sie getroffen. Aber es blieb ihr noch genug Kraft, davonzureiten. Als sie mich fand, war über der Schlacht um Tara viele Male Tag und Nacht geworden. Sie war schon sehr schwach, als sie kam. Ich schlachtete eins meiner vier Schafe. Ich suchte Wurzeln und kochte sie. Die erhabene Prinzessin schlief fast immer. Aber wenn sie erwachte, fragte sie: ‹Wo mag mein Vater sein? Und wo ist Daritai?› – ‹Sie leben beide›, sagte ich. Sie nickte und schlief wieder. Nur als Trum schon vor dem Zelt stand, war sie wach. ‹Wenn du Daritai findest, sage ihm, dass ich keine Angst mehr vor der Dunkelheit habe. Sie ist schon um mich, und sie ist leicht wie die Wolke am Ewigen Blauen Himmel. Sage Daritai, dass ihm mein Herz gehört hat von dem Tage an, als ich ihn in Sarai das erste Mal gesehen habe. Sage ihm …› Aber da nahm Trum sie schon bei der Hand.» Galdan kriecht zu der Feuerstelle und bricht einen Ast in kleine Stücke. Dann sucht er die Feuersteine.

«Lass», sagt Daritai. «Du brauchst meinetwegen kein Feuer zu machen. Ich reite weiter. Leb wohl, Galdan.»

Daritai geht aus dem Zelt. Er kümmert sich nicht um die Stute. Er rennt davon durch die Finsternis. Er achtet auf keine Richtung, er läuft mit geschlossenen Augen, er hält sich die Ohren zu und entkommt doch dem einzigen Gedanken nicht: Teni!

Als die Stute an ihm vorbeitrabt, fasst er sie am Zügel. Nebeneinander gehen sie durch die Nacht. Daritai erzählt der Goldbraunen alles, was ihm das Herz zusammenpresst. Wenn er anhält, bleibt sie auch stehen, wenn er langsam weitergeht, setzt sie Huf vor Huf. Und als er sich ins Steppengras wirft, harrt sie geduldig bei ihm aus.

Die Perle aus roter Jade

«Immer, wenn du heimkommst, sind Gäste bei deinem erhabenen Vater», sagt der Offizier, der Daritai die Straße zum Palast Gulai-Khans hinaufführt.

«Gäste», sagt Daritai und denkt darüber nach, welche Gäste es damals waren, als er mit Schira in Sarai ankam. «Wer sind diese Gäste?», fragt er, um sich loszureißen.

«Alle nogaiischen Mursen sind gekommen.»

«Alle Mursen? Was für ein Fest wird denn gefeiert?»

«Kein Fest», antwortet der Offizier, «sie wollen über Kutschum beraten. Aber warum sage ich dir das! Du wirst glücklich sein, dass du wieder in Sarai bist, dass du dein Haus beziehen und das sorglose Leben wieder führen kannst. Betritt den Palast des erhabenen Khans erst, wenn die Fürsten gegangen sind.»

«Nein», sagt Daritai, «führe mich sofort zu meinem Vater. Vielleicht bin ich gerade im richtigen Augenblick heimgekommen!» Zuversicht klingt in seiner Stimme.

«Melde dem erhabenen Khan die Ankunft des Kronprinzen!», befiehlt der Offizier einem der Wächter vor dem Palast.

Als sich die Tür öffnet, ist es Daritai, als ob in diesem Saal nichts anderes als Augenpaare wären, die ihn anstarren. Er bleibt stehen und sieht in jedes Gesicht. Es ist keines dabei, das er nicht kennt.

«Friede sei zwischen uns», begrüßt er die Männer und geht auf seinen Vater zu.

«Friede sei auch zwischen uns, mein Vater.»

Eiskalt ist das Lächeln, in das er blickt, aber es verwirrt ihn nicht wie früher und es schmerzt ihn nicht mehr.

«Du hast mich lange auf dich warten lassen, Daritai. Dein Bruder ist längst heim. Außerdem war er dem Wort seines Vaters gehorsamer als du. Er schonte seine Reiter und brachte mehr als die Hälfte wieder zurück. Wie viele kamen mit dir?»

«Keine, mein Vater. Ich komme allein.»

«Sage es nicht nur mir, mein Sohn. Sage es den Männern, die in diesem Saal sitzen, denn es waren auch ihre Krieger, die mir dir zogen.»

Hoch aufgerichtet wendet Daritai seinem Vater den Rücken zu.

«Edle Männer aus dem Reich meines Vaters! Ihr habt meine Worte vernommen. Aber hört weiter: Ich kämpfte bis zuletzt neben dem erhabenen Khan. Ich half die Gasse schlagen, durch die er in die Freiheit reiten konnte, als die Ungläubigen sein Leben beinahe in ihrer Hand ...»

«Soll das heißen, dass der Khan selbst mit in den Kampf ritt?», unterbricht einer der Mursen den Bericht Daritais.

«Was sonst? Ich denke, meine Worte waren deutlich genug.»

«Aber Kutschum ist blind, Prinz Daritai! Hielt er sich nicht immer bei den Wagen auf, wo seine Frauen waren? Wenn ich den Bericht des Prinzen Duba gut verstanden habe, war es auch beim Kampf um Tara nicht anders.»

Mit einem Ruck fährt Daritai herum. Sein Blick sucht den Bruder, der sich neben dem Vater auf einem Ruhelager ausgestreckt hat. Dubas Gesicht ist eingefallen, mit brennenden Augen starrt er geradeaus. Die Beine hängen ihm herab, als gehörten sie nicht mehr zu seinem Körper. Er versucht sich aufzurichten. Kraftlos fällt er zurück. Daritai wendet sich ab.

«Wie konnte mein Bruder vom Kampf des Khans Auskunft geben, da er beim Heere des Prinzen Amanak ritt, das von Süden gegen Tara zog. Der erhabene Khan führte das Ostheer, und wir ritten nebeneinander an der Flanke der ersten Reiterlinie. Ich ersetzte ihm im Kampf die Augen, denn von dem Tage an, da ich zu ihm kam, hielt mich Kutschum wie einen seiner Söhne. Als das Glück der Schlacht sich gegen ihn wandte …»

«Wie kannst du es wagen, den Bericht deines erhabenen Bruders vor den Edlen meines Volkes als Lüge hinzustellen!», schreit Gulai-Khan außer sich. «Wer bürgt für deine Worte? Bist du nicht allein gekommen? Für Duba aber sprechen seine Krieger, und wären sie es nicht, dann wäre es die furchtbare Wunde in seinem Rücken, die seine Beine leblos macht, dass er nicht mehr gehen und sitzen kann. Mit welchen Wunden kommst du zurück? Wenn sich Kutschum nicht bei den Wagen aufhielt und du die Gasse für seine Freiheit schlagen halfst, wie kommt es, dass du nicht eine einzige Wunde hast?»

Vor Daritais Augen geht der Saal in einem Flammenmeer des Hasses unter.

«Wahrscheinlich hielt Allah, den du anrufst, seine Hand über mich!», schleudert er dem Vater ins Gesicht. «Hätte er es aber anders gewollt, so würde ich bestimmt keine Wunde auf dem Rücken tragen wie mein Bruder Duba. Auf dem Rücken wird nur verletzt, wer flieht!»

«Daritai!»

«Ich nehme deine Beleidigung nicht hin, ohne mich zu wehren, mein Vater. Ich werde mich von niemandem beleidigen lassen! Zu welcher Zeit ist im tatarischen Volke Rechenschaft von einem Kronprinzen für Krieger gefordert worden, die er nicht mehr aus dem Kampf heimbrachte? Zu welcher Zeit musste ein tatarischer Kronprinz vor die Mursen hintreten und sagen, warum er allein heimkehrte? Ist die Würde des Kronprinzen nicht mehr heilig genug, dass allein seine Entscheidung gilt? Das aber sage ich euch allen, ihr Edlen, und ich sage es auch dir, mein Vater: Glaubt nicht, dass euch der Kampf um die Freiheit erspart bleibt! Die Mauer, mit der Kutschum-Khan die Ungläubigen aufhielt, ist gefallen, und eines Tages werdet ihr kämpfen müssen wie er. Wenn ihr nicht alle dazu bereit seid, wird nichts von euren Fürstentümern und nicht ein einziges Khanat übrig bleiben! Ich weiß, dass ihr diese Worte nicht zum ersten Male hört, aber nie war es notwendiger, euch mit ihnen zu mahnen, als jetzt, da Kutschum besiegt ist.»

«Wenn die Aufsässigkeit gegen den Vater in der Jurte Kutschums Sitte war, gehörst du nicht mehr an meine Seite!» Gulai-Khan bebt am ganzen Leib. Aber bevor Daritai etwas erwidern kann, steht einer der Mursen auf.

«Gulai-Khan! Im Kreise der Edlen seine Meinung offen zu sagen, war noch immer das Recht des freien Mannes.»

Daritai geht zu ihm hin und hockt sich neben ihn. Er setzt sich nicht auf den Sessel des Kronprinzen. Gulai-Khan verfärbt sich. Er zerrt so heftig an der Kette aus roter Jade, dass sie zerreißt. Die Perlen rollen über seinen Rock auf den Teppich. Entsetzt sieht er ihnen nach. Daukais Kette! Das bedeutet Unglück!

Der Murse neben Daritai nimmt wieder das Wort.

«Wir wissen, dass Kutschum durch die Baraba-Steppe zieht, und wir vermuten, dass er nogaiisches Gebiet erreichen will.»

«Ja, das will er!», wirft Daritai ein.

«Überall aber suchen ihn die Krieger des Weißen Zaren.»

«Es ist, wie du sagst.»

«Sie werden also auch den Süden erreichen, denn niemals wird sich Kutschum ihnen freiwillig ergeben.»

«Nein, das wird er niemals!», sagt Daritai.

«Wir haben deshalb über Kutschum den Tod beschlossen – als du eintratst, wollten wir uns einig werden, wer zu ihm reitet.»

Daritai springt auf. Er stößt an den Tisch, dass der Kumis aus den Krügen schwappt.

«Ihr wollt Kutschum-Khan umbringen? Ihr wollt euch an einem Mann vergreifen, der aus dem Blute des Dschingis ist?» Daritai versucht vergebens, in die Gesichter der Männer zu sehen. Vor seinen Augen beginnt es zu tanzen. Gleich stürzen diese Mauern ein! Gleich stürzt der Ewige Blaue Himmel auf die Erde!

«Du gehörst auch zu uns!» Die Stimme seines Vaters reißt Daritai zurück. «Du selber hast dich in den Kreis der Edlen gesetzt, die sich zu diesem Schritt entschlossen haben.» Um Gulais Mund spielt das gleiche grausame Lächeln wie damals, als er Bedschak mit heißem Pech übergießen ließ.

In diesen Kreis gehöre ich nicht!, will Daritai schreien, doch der Murse kommt ihm zuvor.

«Du hast Kutschums großen Vorvater Dschingis beschworen, Prinz Daritai! Wir haben auch von ihm gesprochen, bevor du kamst. Du wirst es wissen wie wir, dass Dschingis einst seinen Bruder tötete, weil er das Leben der Familie in Gefahr brachte. Kutschums Leben aber bringt uns alle in Gefahr!»

«Ihr wollt einen Blinden töten, der sich nicht wehren kann, der euch ahnungslos am Feuer gegenübersitzt. Einen Mann, der seine Hände auf euer Gesicht legt, um euch zu erkennen Diesem Mann wollt ihr das Messer in die Brust stoßen, ihr edlen nogaiischen Mursen! Fühlt ihr nicht, wie elend ihr seid?»

Betreten schweigen die Männer. Nur Gulai-Khan führt den Gegenschlag.

«Kutschum war bereit, das Leben Tausender Krieger zu fordern. Wir fordern nur ein einziges Leben für unsere Freiheit. – Lass das Los nun entscheiden, wer reiten wird. Legt eure Mützen hinter das Lager meines Sohnes Duba. Er wird eine Perle meiner zersprungenen Kette in eine der neun Mützen legen. Stellt euch mit dem Rücken gegen sein Lager und ruft ihm zu, die wievielte

Mütze ihr wiederhaben wollt. Wer die Perle findet, wird reiten. Seid ihr mit meinem Vorschlag einverstanden?»

«Ich nicht», schreit Daritai. «Ich habe mit eurer Verschwörung nichts zu tun.»

«Wie du willst, mein Sohn», sagt der Khan mit tödlicher Ruhe. «Aber ich selbst stelle mich nicht abseits, wenn es um die Freiheit unseres Volkes geht. Hier ist meine Mütze.» Und zu den Mursen gewandt, sagt er: «Ich vertraue dem Kronprinzen meine Pflichten an. Er wird für mich losen – und wenn ihm die Perle zufällt – für mich reiten!»

Einen Augenblick sieht es aus, als ob sich Daritai auf den Vater stürzen will. Aber die Männer treten dazwischen, stellen sich auf und ziehen ihn in die Reihe.

Den teuflischen Gedanken meines Vaters ist niemand gewachsen, denkt er. In seinem Inneren ist die Hölle!

Wie aus weiter Ferne hört Daritai die ersten Rufe. Er sieht weder rechts noch links.

«Drei!», hört er von seinem Nebenmann, und als die Reihe an ihm ist, sagt er ohne Besinnung:

«Vier.»

Keiner bemerkt, wie sich erst jetzt Dubas Hand blitzschnell öffnet, als er die Mütze seinem Bruder hinüberreicht. Keiner, außer dem Khan.

In der Nacht tritt Daritai noch einmal in das Haus seines Vaters. Der Khan sitzt auf dem Ruhelager und besieht sich Steine und Ketten, die vor ihm auf einem Tisch ausgebreitet sind. Als er den Schritt hört, blickt er auf.

«Warum kommst du?», fragt er und wendet sich wieder seinen Schätzen zu.

«Weil ich dich an den Fluch Seidaks erinnern will, mit dem er dein Haus verließ.»

«Der Fluch des Räubers Seidak», lächelt der Khan verächtlich. Aber Daritai bemerkt, dass die Hände des Vaters unruhig über die Steine fahren.

«Du hast dich dem Glauben Allahs zugewandt», sagt Daritai. «Vielleicht deshalb, weil du dein Gewissen beruhigen willst, indem du dein Glück bei allem unehrenhaften Handeln dem gütigen Willen Allahs zuschreibst. Ich aber glaube noch an die Macht des Ewigen Blauen Himmels, wie es mich mein Großvater gelehrt hat, und ich glaube, dass Seidaks Fluch sich erfüllen wird. ‹Der Ewige Blaue Himmel soll dich strafen an deinen Söhnen!›, sagte er. An Duba hat er dich schon gestraft, und an mir wird er dich auch strafen, denn ich werde elend in meinem Herzen und in meiner Seele werden. Es ist gut, dass ich dich noch einmal bei dem gesehen habe, was dir mehr wert ist als alles andere auf der Welt: bei deinem Reichtum.»

Da springt der Khan auf.

«Geh hinaus!» Seine Stimme überschlägt sich. «Geh hinaus!»

«Ja, ich gehe – und du wirst mich nie wieder sehen!»

Die Nacht ist vorüber

Draußen über der Steppe hält der Sturm den Atem an. Solange es still ist, schweigt auch Daritai, der Hirt. Längst hat Mitja Nikolajewitsch das Schüren und Auflegen am Feuer übernommen. Als der Sturm von neuem seinen unheimlichen Tanz beginnt, redet auch der Hirt weiter.

«Mein Vater gab mir keine Möglichkeit, den Plan nicht auszuführen. Drei Mursen begleiteten mich und außerdem dreißig Krieger, die Duba ausgesucht hatte. Nur einen davon kannte ich. Es war der Krieger, der das alte Mongolenlied gesungen hatte. Ich gab ihm keinen Blick. Er aber ritt an meine Seite und sagte: ‹Ich bin mitgekommen, um es dir abzunehmen, Prinz Daritai, und vielleicht ist es auch gut für dich, zu wissen, dass noch ein Rest von Treue in den Herzen der Tataren ist.› Einer der Mursen fuhr ihn an: ‹Das Los zog Prinz Daritai!› – Als wir Kutschum fanden, war es Herbst und eine Nacht wie diese. Er fieberte wieder, als ich zu ihm in das Zelt trat, das seine Getreuen irgendwo mitgenommen hatten. ‹Mein lieber Sohn›, sagte er, ‹ich bin glücklich, dass du gekommen bist.› Und als er meine Hände hielt, fragte er: ‹Warum ist dein Blut so kalt, Daritai?› – ‹Das Wetter ist schlecht, der Sturm bringt den Winter›, wich ich aus. ‹Draußen mag es so sein›, sagte der Khan, ‹aber in mir ist die Wärme und die Freude des Sommers. Manchmal denke ich, Allah hat mir das Licht der Augen wiedergegeben, so deutlich sehe ich das Flammenmeer der Tulpen auf der Steppe. Ich sehe das weite grüne Land, über das ich so gerne geritten bin. Ich rieche den herrlichen Duft des Grases, sehe in der Ferne eine Herde Rinder weiden, und ich

brauche mich nur vom Pferd zu beugen, um die stolzen Feuerlili-
en zu brechen. Die Sonne brennt auf meinen Pelz, und der Wind
fährt unter die Mähne meines Schimmels.› Der Khan richtete
sich auf. ‹Ob ich wieder sehen kann, Daritai?› Ich konnte ihm
nicht antworten. Ich sagte nur mühsam: ‹Vielleicht.› – ‹Brennt
das Feuer?›, fragte er. ‹Ja›, antwortete ich. Er drehte das Gesicht
nach allen Seiten und schüttelte den Kopf. ‹Ich sehe es nicht›,
sagte er enttäuscht. Nach einer Weile fragte er: ‹Sind wir allein in
der Jurte? Mir war, als ob noch jemand eingetreten wäre.› – ‹Wir
sind allein›, erwiderte ich. Dann war es wieder still. - ‹Du bist
schweigsam, mein Sohn›, begann er von neuem. – ‹Verzeih, erhabener Khan, aber wir sind viele Tage und Nächte hintereinander
geritten›, log ich. Er gab sich zufrieden und sagte: ‹Dann wollen
wir schlafen. Wo nächtigen deine Männer?› – ‹Sie kriechen in
dieser Nacht nur unter die Pelze, denn um die Jurten aufzustel-
len, brauchen sie den Tag›, belog ich ihn weiter. – ‹Hast du ein
gutes Lager?› fragte der Khan. ‹Das Zelt ist sehr klein. Aber morgen liegen wir unter dem Filz.› – Zwischen dem Khan und mir
war nur das Feuer. Ich konnte mit zwei Schritten zu ihm kriechen, ich konnte ihn mit der Hand berühren. Ich sah seine geöff-
neten Augen. Mir fehlte die Luft zum Atmen. Ich kann es nicht
tun, dachte ich, niemals kann ich es tun! – Einmal sagte er noch:
‹Eines ist gewiss, Daritai, das Reich des Dschingis wird niemals
mehr auferstehen. Das Volk der Tataren wird immer ein Volk der
Hirten und Bogenschützen bleiben, das umherzieht und missachtet wird. Auch die Stadt deines Vaters wird vergehen.› – ‹Ja›,
sagte ich, ‹deine Worte sind die Wahrheit.› – Der Khan hatte
einen leichten Schlaf. Immer wenn ich Zweige auf das Feuer
legte, erwachte er. Manchmal weckte ihn auch der Sturm. Mitten
in der Nacht trat einer der Mursen ins Zelt und sah mich an. Als
er gegangen war, fragte Kutschum wieder: ‹Sind wir allein, Dari-

tai?› – ‹Ja, erhabener Khan›, gab ich zur Antwort. – Ich dachte an
alles, was ich erlebt hatte.

Ich dachte an Tara. Ich dachte an den Weg der Schmach, den
ich mit Kutschum danach zurückgelegt hatte. Ich dachte an das
einsame Weib in der Jurte, das den Khan angeklagt hatte – und
ich dachte daran, was ich tun musste. Der Sturm hetzte und
heulte. Mein Kopf glühte. Ich riss mir den Rock herunter und
spürte das Messer in meiner Hand. Das Feuer war ausgegangen.
Ich hörte Kutschums Atem, den das Fieber heftig gehen ließ. Der
Sturm raubte mir die Gedanken. Als der Khan plötzlich noch
einmal fragte: ‹Sind wir allein, Daritai?›, gab ich keine Antwort.
Leise sagte er vor sich hin: ‹Daritai ist hinausgegangen.› Dann
schlief er wieder.»

Der Hirt hält sich die Ohren zu. «Der Sturm! Wie der Sturm rast!
Ich kann es nicht hören! – Genauso raste er, als ich zu Kutschum
schlich … Der Khan sprach noch ein einziges Mal. Nein, er schrie.
‹Daritai, Daritai! Räche mich! Hier ist mein Messer!›»

Mitja Nikolajewitsch sieht den zusammengesunkenen Mann,
der das Gesicht mit den Händen bedeckt.

«Daran bin ich am elendsten geworden, dass er mir vertraute
mit seinem letzten Wort; dass er glaubte, ein anderer hätte ihm
den Tod gebracht. Es war die tiefste Schmach, die mir geschehen
konnte.» Er greift nach einem Ast und bricht ihn mittendurch.
«Ich trat vor das Zelt und sagte zu den Mursen: ‹Geht hinein und
seht euch an, was ich getan habe. Dann reitet und sagt es Gulai-
Khan. Ich werde Kutschum begraben, wenn es Tag geworden ist.›
– ‹Das lass die Krieger für dich tun›, sagten die Mursen. – ‹Keine
anderen Hände werden ihn berühren als meine!›, fuhr ich sie an.
‹Reitet voraus!› – Kutschums Getreue gingen den gleichen Weg
wie der Khan. Ich sagte dir ja, fremder Scham, dass mein Vater
dreißig Krieger mit mir schickte.»

«Hat dich dein Vater nicht suchen lassen, als du nicht nach Sarai heimkehrtest?», fragt Mitja Nikolajewitsch.

«Gewiss, fremder Scham, aber sie fanden den Prinzen Daritai nicht mehr. Einmal begegneten sie einem, dessen Gesicht zerschunden und zerkratzt war, denn die Not meiner Seele ließ mich toben mit mir selbst. – Im zweiten Sommer war ich ein Hirt wie Galdan. Ich hatte mir fünf Schafe zusammengestohlen. Wenn ich Reiter sah, trieb ich die Goldbraune davon, damit sie mich an ihr nicht erkennen sollten. Sie kam immer erst zurück, wenn ich wieder allein war. In den Nächten ging mir oft das Gespräch durch den Kopf, das ich mit dem alten Krieger im Sumpf gehabt hatte. ‹Warum denkst du nicht auch von dir selbst, dass du Kutschum verraten könntest?›, hatte er mich gefragt. Wie entrüstet war ich damals gewesen! – Ich floh und floh. Aber wohin ich auch zog, die Schuld blieb. – Und in dieses Leben trieb mich mein eigener Vater. Nun sage mir, fremder Scham, wer elender ist – er oder ich?»

Mitja Nikolajewitsch legt dem Hirten die Hand auf den Arm. «Wer von uns trägt keine Schuld? Weißt du einen, der ohne Schuld ist? Bevor ich einsah, dass es besser ist, Wunden zu heilen als Wunden zu schlagen, habe ich viele getötet.»

«Wenn du die Krieger meinst, die du im Kampf töten musstest, damit sie dich nicht erschlugen, das ist etwas anderes. An meinen Händen ist das Blut eines blinden Khans!»

«Auch an seinen Händen war Blut, viel Blut. Denk an die Klage der alten Tatarin. Ist mit Kutschums Tod nicht wirklich Frieden in dein Volk gekommen?»

Der Hirt nickt. «Ein Frieden, für den mein Volk mit der Freiheit zahlt», sagt er voller Bitterkeit.

«Ich verstehe dich gut, Daritai, aber bedenke: Einst kam Dschingis über die Menschen meines Volkes, und die er nicht erschlug, machte er sich untertan. Darüber sind vierhundert Jahre vergangen. Nun kommen Krieger meines Volkes und lassen euch die Unfreiheit spüren. Es ist wie das Hin und Her mit dem du deine Herde treibst. Wie es sein wird, wenn abermals vierhundert Jahre über diese Erde gegangen sind, weiß keiner. Unser Leben ist kurz, unser Blick geht nicht weit genug. Uns, die wir hineingerissen werden in dieses große Hin und Her, bleibt nur übrig, uns freizumachen von den Gedanken des Hasses und der Rache. Das ist schwer, Daritai, ich weiß es von mir selber. Aber wenn wir es fertig bringen, dann rechnen wir unsere Schuld nicht mehr gegeneinander auf, und dann ist es nur noch ein kurzer Weg bis zum Verzeihen. Im Verzeihen liegt Güte, und Güte ist auch das Einzige, mit dem wir Schuld überwinden können. Glaube mir, Daritai, auch das ist eine Freiheit, mit der du leben kannst. – Hier, Freund, ich lege das Messer in deine Hände zurück – es ist Kutschums Messer, nicht wahr? – Das Blut und die Tränen, die nicht mehr geflossen sind, die Wunden, die nicht mehr geschlagen, die Jurten, die nicht mehr verbrannt wurden, haben ausgelöscht, was du getan hast. Und genügt das alles noch nicht, dann vermöchte es die Not der langen Jahre, in der du gelebt hast.»

«Weisheit und Verständnis sind mit dir in mein Zelt gekommen. Auch ich möchte dich Freund nennen, aber ich wage es nicht, nach dem, was ich dir antun wollte.»

«Davon rede nicht mehr, Daritai, sondern sage mir, ob du über das nachdenken willst, wovon ich gesprochen habe. Ich frage dich, weil in Saraitschik ein alter, kranker Mann sitzt, der gebüßt hat wie du. Seine Stadt ist nicht mehr das herrliche Sarai, das du gesehen hast, und er ist allein in seinem Palast mit den Gedanken um Schuld und Reue.»

«Du treibst mich in die Enge wie den gejagten Steppenwolf. Ich kann nicht nach Sarai gehen. Ich will diese Stadt nicht sehen!

Ich will in der Steppe leben und meine Herde hüten. Die Goldbraune draußen und die kleine Dumme, die eines Nachts zu uns kam und nicht mehr ging, sind mir genug.»

«Du brauchst deinen Vater nicht schon morgen sehen, Freund. Der Weg nach Sarai ist lang, du hast genug Zeit zu denken. Und wenn du diesen weiten Weg hinter dich gebracht hast und du kannst dann noch immer nicht vor deinen Vater treten, dann lasse ihn wenigstens wissen, dass du lebst und dass du verziehen hast.»

«Würde ich tun, was du sagst, Freund – es wäre ein schwerer Weg.»

«Er führt nach Süden, Daritai. Denk daran, was Galdan von dem Weg nach Süden erzählt hat. Wenn du das Ziel erreichst, wird Frieden in dir sein und du wirst deine Herde fortan ruhig über die Steppe treiben.»

«Du musst wohl so zu mir sprechen, weil du ein Scham bist – oder du kannst es, weil du nicht zu meinem Volke gehörst. Ein Tatar würde mir deine Worte niemals gesagt haben.»

«Tataren haben dich zu deinem Elend gebracht, warum soll dir ein Mann aus dem Volke des Weißen Zaren nicht heraushelfen?»

Der Hirt sieht Mitja Nikolajewitsch an.

«Dass du mir das Messer zurückgabst, ist der Beweis für die Ehrlichkeit deiner Worte. Aber so lang der Weg nach Sarai auch ist, ich weiß nicht, ob die Zeit ausreicht, meine Bitterkeit zu überwinden.»

Das Gespräch im Zelt verstummt nicht, bis der Morgen kommt. Erst als die Schläfer vor dem Eingang erwachen und nach dem kranken Pferd sehen, steht Mitja Nikolajewitsch auf und geht ihnen nach. Als er wieder ins Zelt tritt, sagt er:

«Wir können weiterreiten.»

«Frieden sei auf deinem Weg!», sagt Daritai, der Hirt.

«Er sei vor allem auf deinem, Freund!», antwortet Mitja Nikolajewitsch. –

Endlos dehnt sich die Steppe. Weit, weit reicht der Blick über
die gelbgrüne Ebene. Als Mitja Nikolajewitsch sein Pferd anhält,
um noch einmal zurückzuschauen, sieht er, dass der Hirt sein
Zelt abbricht.

«Reitet voraus!», ruft er seinen Begleitern zu.

«Herr», mahnt der alte Wladimir, «unser Weg ist noch sehr
weit.»

Aber Mitja Nikolajewitsch hört nicht darauf. Er wartet, bis die
Schafe zu laufen beginnen. Und er sieht, dass Daritai, der Hirt,
seine Herde nach Süden treibt.

Nachwort

Nach Kutschum-Khans Tod wurde Sibirien von Russland endgültig erobert. Nicht nur Krieger und Händler setzten sich in den Ostrogs fest. Auch die Siedler, an erster Stelle Bauern und Jäger, strömten in das riesige Land, dessen unerschöpflicher Wildreichtum in den Wäldern, dessen unvorstellbarer Fischreichtum in den Flüssen bald bekannt wurde. Aber auch nach Süden, in die fruchtbaren Steppen, drängte es die Russen.

Bald erkannten die tatarischen Stämme, dass Kutschum-Khan mit seinen Mahnungen Recht gehabt hatte. Ein Ordu nach dem anderen kam unter russische Herrschaft und zahlte Tribut. Noch im 17. Jahrhundert flammte immer wieder der Kampf zwischen Tataren und Russen auf – erfolglos für das Steppenvolk. Sarai und das nogaiische Reich zerfielen wie einst Isker und Sibirien. Die Kinder Kutschums lebten als freie Menschen in Russland. Zwei seiner Nachkommen wurden Begründer der hoch angesehenen Fürstengeschlechter Kassimow und Sibirskij. Sie erloschen erst im 18. und 19. Jahrhundert. Was bei den Bewohnern der Steppe aber bis in die jüngste Vergangenheit nicht unterging, war der Glaube an die Wiederkehr eines Dschingis-Khan, der sie in die Freiheit führen würde. Mongolen, im Jahre 1928 nach dem Namen ihres Königs gefragt, antworteten voller Selbstverständlichkeit: «Dschingis-Khan.» Und sollten heutigentags in der Weite der Steppe noch irgendwo Filzzelte stehen, ist es sicher, dass der Großvater dem Enkel am Jurtenfeuer von den großen Zeiten erzählt.

Worterklärungen

Ande	Blutsbruder (tatarisch)
Aul	kleines tatarisches Zeltdorf
Chalat	Umhang (tatarisch)
Ewiger Blauer Himmel	die Gestalt Gottes bei den heidnischen Tataren
Jurte	Hauszelt aus Filz
Khan	asiatischer Herrschertitel (Khanat = Reich eines Khans)
Kumis	Bier aus gegorener Stutenmilch
Murse	tatarischer Fürst
Nogaier	türkische Tataren
Ordu	großes Jurtendorf, Lager eines ganzen Stammes
Ostjaken	eingeborener Volksstamm östlich des Urals
Ostrog	russische Festung
Scham	Arzt (tatarisch)
Schamane	bei gläubigen Tataren = Sterndeuter bei heidnischen Tataren = Priester (Geisterbeschwörer)
Trum	Gott der Wogulen und Ostjaken
Weißer Zar	tatarische Bezeichnung für den Zaren von Moskau (weiß = westlich)
Wogulen	eingeborener Volksstamm östlich und westlich des Urals
Wotjaken	eingeborener Volksstamm westlich des Urals
Zar	russischer Herrschertitel (Kaiser) entstanden aus «Cäsar»

Ein Jäger, der mit Raubvögeln jagt, wird als Falkner bezeichnet – gleich, ob er mit Falken, Adlern, Bussarden oder Habichten beizt. Zur Beizjagd müssen die Vögel abgerichtet – «locke gemacht» werden. Dazu gehört das «Aufbräuen» – das vorübergehende Zusammennähen der Augenlider.

Zeittafel

1582   wurde Isker, die Hauptstadt Sibiriens und Sitz Kutschum-Khans, von russischen Kosaken unter Jermak Timofejewitsch erobert. Flucht Kutschum-Khans in die Steppe.

1584   im August ertrank Jermak Timofejewitsch im Irtysch. Seine Kosaken räumten Isker und zogen sich aus Sibirien zurück.

1584   im Spätherbst erschien Kutschum-Khans Sohn Alei wieder in Isker. Kutschum-Khan selbst blieb in der Steppe.

1585   zogen wieder hundert russische Schützen über den Ural und gründeten Tjumen, eine Festung an der Tura.

1586   wurde Kutschum-Khans Sohn Alei durch Seidak, einem Nachkommen Sultan Etigers, wieder aus Isker vertrieben. Aber schon im nächsten Jahr musste Seidak ebenfalls aus Isker fliehen.

1594   gründete Fürst Jeletzkij, ein Heerführer des russischen Zaren, den Ostrog Tara. Anschließend zog er mit 1200 Reitern und 500 Mann Fußvolk gegen Kutschum-Khan in die Schlacht, die mit großen Verlusten auf beiden Seiten endete.

1596   war Kutschum-Khan zum ersten Mal zu Verhandlungen mit Fürst Jeletzkij bereit. Aber noch im gleichen Jahr wurde der Fürst nach Moskau beordert, und sein Nachfolger Wojeikow lehnte jede Verständigung ab.

1598   führte Kutschum-Khan ein starkes Heer gegen Tara, wurde aber vernichtend geschlagen. Noch in dasselbe Jahr fällt sein Tod.

Eine Königin kämpft gegen die Römer

ROSEMARY SUTCLIFF

Lied für eine dunkle Königin

Aus dem Englischen von Astrid von dem Borne.
195 Seiten, gebunden mit Schutzumschlag.

Als Cadwan, der alte Harfenspieler am Hofe der Icener, der kleinen Boudicca das Versprechen gibt, ein großes Lied für sie zu ersinnen, wenn sie Königin ist, ahnt er nicht, dass sie dereinst den Aufstand der Kelten gegen die Römer organisieren und anführen wird. Er kennt, liebt und verehrt das eigensinnige rothaarige Mädchen seit ihrer Geburt, und er singt das Lied von ihrem Leben: vom Tod des Vaters und der Mutter, von Prasutagus, ihrem Gemahl, den sie lange energisch abweist und dann doch liebgewinnt, von der Geburt ihrer beiden Töchter Essylt und Nessan. Allmählich wird der Schatten, den die Römer auf das Land werfen, immer dunkler. Als sie die keltischen Stämme Britanniens schließlich ganz ihrer Freiheit berauben wollen, erhebt sich Boudicca und sammelt ein Zehntausende zählendes Heer um sich …

Als die englische Originalausgabe *Song for a Dark Queen* 1978 erschien, wurde sie mit dem feministischen Literaturpreis *The other Award»* ausgezeichnet.

VERLAG FREIES GEISTESLEBEN

«Die Liebe, wie ich sie will»

BARBARA BARTOS-HÖPPNER
Die Königstochter aus Erinn
152 Seiten, gebunden mit Schutzumschlag.

In ihrer Jugend träumte Grainne, wie sie sich die Liebe vorstellt. Ein Lied, das ihr die Mutter einmal vorgesungen hatte, konnte sie nicht mehr vergessen. Es erzählte von zwei schönen Menschen, die sich liebten und nicht heiraten durften, weil der junge Mann nicht dem edlen Stand des Mädchens gleichkam.
Als Grainne das Lied zum ersten Mal hörte, weinte sie. Viel später empörte sie sich über die Eltern des Mädchens und meinte schließlich: «Ich würde mich nicht halten lassen.» Sie ahnte damals nicht, wie viel Mut und Ausdauer sie dieser Entschluss, sich nicht halten zu lassen, kosten würde. Sie will sich nicht in Abenteuer verlieren, sondern dem Mann folgen, den sie wirklich liebt, ganz egal, ob er ihrem Stand entspricht oder nicht! Und sie handelt entschlossen danach.

«In der Form der Sage verfremdet, stellt diese Geschichte alle Formen von Abhängigkeit und Liebe dar und ergreift entschieden die Partei der unerschütterlich gewachsenen Neigung.»
Sybil Gräfin Schönfeldt, Die Zeit

VERLAG FREIES GEISTESLEBEN